U0721745

突破式服务创新 价值共创与实现

狄蓉 著

清华大学出版社

北京

内 容 简 介

如今，中国服务经济发展迅速，突破式服务创新极大地改变了传统的服务方式，为人们的生活与工作带来了便利与快捷，同时新时代、新环境也对突破式服务创新的开发提出了更高的要求。本书重点挖掘突破式服务创新价值共创的实现过程和内在逻辑关系，剖析其在创新过程中企业与顾客之间互动关系对价值共创的影响，为服务创新的研究工作提供了新的研究视角，也为服务型企业创新活动的开展和实施提供了实践依据和支持。

本书内容完整，逻辑性强，适合从事服务创新、技术创新、创新管理的相关研究人员、管理类专业本科生与研究生、服务行业管理人员、服务政策研究人员、服务型企业高层管理者以及从事服务创新活动的其他相关人员阅读。

本书封面贴有清华大学出版社防伪标签，无标签者不得销售。

版权所有，侵权必究。举报：010-62782989，beiqinquan@tup.tsinghua.edu.cn。

图书在版编目(CIP)数据

突破式服务创新 价值共创与实现/狄蓉著. —北京：清华大学出版社，2022.5 (2023.5 重印)
ISBN 978-7-302-60183-8

Ⅰ. ①突… Ⅱ. ①狄… Ⅲ. ①服务经济—经济发展—研究—中国 Ⅳ. ①F726.9

中国版本图书馆 CIP 数据核字(2022)第 029173 号

责任编辑：梁媛媛
装帧设计：李 坤
责任校对：周剑云
责任印制：杨 艳

出版发行：清华大学出版社
　　　　　网　　　址：http://www.tup.com.cn, http://www.wqbook.com
　　　　　地　　　址：北京清华大学学研大厦 A 座　　　　邮　　编：100084
　　　　　社 总 机：010-83470000　　　　　　　　　邮　　购：010-62786544
　　　　　投稿与读者服务：010-62776969, c-service@tup.tsinghua.edu.cn
　　　　　质量反馈：010-62772015, zhiliang@tup.tsinghua.edu.cn
　　　　　课件下载：http://www.tup.com.cn, 010-62791865
印 装 者：北京嘉实印刷有限公司
经　　销：全国新华书店
开　　本：185mm×260mm　　　印　张：11.75　　　字　数：281 千字
版　　次：2022 年 5 月第 1 版　　　印　次：2023 年 5 月第 2 次印刷
定　　价：59.00 元

产品编号：095034-01

前言

创新一直是人类进步的根本动力和永恒主题。服务创新是推动服务型企业迅速发展的强大推动力，也是创新理论研究的一个重要分支，服务经济对国民经济发展的重要性使其一直是创新研究领域的热点。互联网时代的到来为服务创新带来了新的创新机遇，对服务型企业的发展提出了更高的创新要求。作为一种新的创新类型，突破式服务创新近年来受到了越来越多学术界和产业界人士的瞩目。服务型企业想要实现不断的突破和发展，实现经济利润高效增长，突破式服务创新已经变得更加迫切和必要。

虽然服务创新领域已经较早地提出了突破式服务创新与渐进式服务创新的概念，但并未对其进行深入挖掘与探索。一方面在于突破式服务创新与信息技术联系密切，近年来随着数字经济、信息技术与互联网的新发展促进了突破式服务创新的发展，使突破式服务创新发展非常迅速。另一方面，突破式服务创新的高风险性和高不确定性致使其在创新过程中具有很高的失败率，同时创新的研究成果相对较少、理论探索不够，导致研究的可借鉴性并不高。所以，目前突破式服务创新的研究还处在探索阶段。自从服务主导逻辑和价值共创理论提出以来，价值共创已经成为服务创新的重要研究课题之一，由于突破式服务创新与渐进式服务创新存在着很大的差异，渐进式服务创新从价值的产生到实现的创新过程和周期相对较短，而突破式服务创新则需要充分利用各种资源，借助信息技术的创新力量，进行服务型企业的重组、变革与升级，其价值共创的过程虽然相对较为复杂，但价值也更大。那么服务型企业如何实现突破式服务创新价值共创？这其中"黑箱"过程是怎样的？这些都是有价值的研究课题。

本书从价值共创的视角研究突破式服务创新实现问题，主要着重解决两个问题：一是界定突破式服务创新的概念，探索互联网环境下的突破式服务创新价值共创案例，完善突破式服务创新价值共创基础理论；二是剖析突破式服务创新价值共创实现过程，从企业与顾客的交互作用入手进一步探索突破式服务创新价值共创这一过程，揭示突破式服务创新价值共创实现的奥秘。为了顺利解决这些问题，本书主要做了以下工作。

(1) 界定突破式服务创新，结合服务主导逻辑的思想从价值共创的视角探索突破式服务创新的含义和特征。通过理论的推导与演绎，提炼出互联网新态势下突破式服务创新的定义，挖掘其主要特征，以此作为本书研究的理论基点。

(2) 基于突破式服务创新的概念，辨析与突破式服务创新相关的易混淆概念，解析与渐进式服务创新、突破式技术创新以及破坏性创新等相关概念的区别与联系，以避免国内外研究差异。

(3) 挖掘互联网新态势下的突破式服务创新价值共创典型案例，从实践的角度对典型案例价值共创过程进行深入剖析，探索具体的不同服务行业的突破式服务创新价值共创过程，为后续研究提供相关实际案例和指导意义。

(4) 在典型案例分析的基础上，通过质性编码分析突破式服务创新价值共创的实现过程，从价值共创的角度剖析突破式服务创新实现流程。这是后续研究企业与顾客的交互作用实现价值共创过程的基础和出发点，也是本书重点讨论和证明的议题。

(5) 在界定突破式服务创新定义和分析价值共创实现过程的基础上，进一步从突破式服务创新价值共创最主要的主体——企业与顾客的交互关系入手，围绕价值共创这一主题进行细化分析。根据所得的样本数据，验证数据信效度的有效性和合理性，并验证突破式服务创新价值共创模型，为价值共创过程提供实证依据和支持。

(6) 基于以上研究分析和结论，针对服务型企业如何进行突破式服务创新价值共创提出相关策略和建议，以期为学术界和产业界提供相关可借鉴性成果。

通过详细地分析和深入地研究，本书得出了以下相关结论。

(1) 突破式服务创新的概念与特征。基于服务主导逻辑的思想以及价值共创相关理论，本书界定突破式服务创新，即服务型企业在服务领域进行突破性的创新改变，其产生与互联网和信息技术的发展密切相关，并通过突破性技术创新和产品创新的形式表现出来，大幅度提高服务的便捷性，能够实现创新主体的共创价值，突破式服务创新的出现往往可以改变市场规则和竞争态势，对传统服务型企业产生冲击性和颠覆性的影响。并总结出突破式服务创新的五个特征：高度风险性和不确定性、与技术创新密不可分、影响现有的竞争态势、以互联网行业为典型以及以实现价值共创为重要目标。

(2) 突破式服务创新价值共创实现过程。本书在大量访谈和文献的基础上，对服务型企业高层管理者进行深度访谈，深入剖析突破式服务创新价值共创这一"黑箱"过程。从质性的研究中探索出突破式服务创新价值共生、价值共识、价值共享三个价值创造维度，以及价值发现—价值转化—价值实现的内在创新的逻辑过程，企业与顾客通过交互作用实现价值的共生，达成价值共识，共享信息与资源，这是突破式服务创新设计和开发的源泉。企业与顾客通过交互作用产生的创新思想和价值发现需要通过创新知识获取、创新知识整合与创新知识应用的方式，转化为新的创新知识(寻找解决方案)，实现资源的整合，推动突破式服务创新的开发与设计，最终实现价值共创的结果——价值共赢。

(3) 突破式服务创新价值共创过程中企业与顾客之间关系的研究结论。通过研究发现突破式服务创新过程不是单一的企业创新过程，而是需要和顾客紧密联系在一起，共同创造价值。突破式服务创新价值共创体现在企业与顾客之间的互动与沟通上，以企业和顾客之间的交互作用作为出发点。在价值共创的过程中，一方面需要企业通过与顾客的沟通和交流，了解顾客需求和意愿，并以此作为突破式服务创新的依据和基础来进行突破式服务创新的设计与开发，以降低新服务开发的风险，有效实现企业的盈利目标。另一方面顾客通过与企业交流、服务体验，表达对新服务的诉求和期望，加快了创新知识的转移速度，最终满足了顾客的需求以实现突破式服务创新价值。

(4) 突破式服务创新价值共创实现的实证分析。在价值发现—价值转化—价值实现的内在创新逻辑基础上，进一步将突破式服务创新价值实现过程细化为价值创造—创新知识转移—价值共赢，并构建假设模型。进一步验证突破式服务创新价值创造对价值共赢和创新知识转移的正向作用，以及验证创新知识转移在突破式服务创新价值创造和价值共赢之间存在的中介作用，这一结论说明突破式服务创新价值创造推动了创新知识的转移过程，将创新知识转化为企业的新知识，并应用于企业的突破式服务创新活动，共同实现盈利价值、顾客价值以及创新价值。同样发现企业创新导向对突破式服务创新价值共创过程具有正向的调节作用。当创新导向处于低水平时，企业对突破式服务创新持保守态度，价值的产生和共识的达成比较难以得到企业的重视，但随着创新导向的逐渐增强，企业会提升对创新知识的敏感度和接受度，积极推动新知识的转移，实现突破式服务创新价值的共赢。

本书基于价值共创视角下探索与解析突破式服务创新价值共创，提炼突破式服务创新价值共创核心创新过程，拓展深化了服务创新、价值共创以及知识管理理论。服务型企业突破式创新研究是特定背景下的创新研究，也是数字经济、"互联网+"新态势下经济的发展趋势。有关突破式服务创新以及价值共创的问题探讨，可以为服务型企业降低和分散突破式创新风险，设定出符合服务经济发展而又合理有效的创新流程，以实现企业创新价值和盈利价值的长久发展。

本书的研究方法和相关结论，可以为创新实践的开展和管理以及突破式服务创新的开发与设计提供新的思路。

编　者

目录

第 1 章

绪　　论

1.1 研 究 背 景

1.1.1 现实背景

自 20 世纪 60 年代以来，世界经济与科技的竞争不断加剧，全球服务业迅猛发展。大力发展服务业早已成为各个国家经济快速发展的重要战略部署，也是经济发展过程中难以回避的现实。特别是在英国、美国等发达国家，服务业主导着国家总体经济，成为国家经济发展的主体。我国自改革开放以来，特别是近十年，服务企业取得长足进步，企业不断创新发展，服务产品技术含量大幅提高。根据国家统计局的数据显示，虽然受到新冠肺炎疫情的影响，但 2020 年全国服务业持续稳步恢复，服务业增加值 553977 亿元，比上年增长 2.1%。服务业增加值占国内生产总值比重为 54.5%。以新技术为引领的相关服务业营业收入保持增长，高技术服务业、科技服务业和战略性新兴服务业营业收入增速分别为 12.0%、11.0%和 8.6%，这都给中国产业结构带来了深刻的变化[1]。作为衡量国家经济发展水平的重要标志，大力发展服务业已经成为我国产业结构优化升级的战略重点，服务业的重要作用与日俱增。

如今，世界经济服务化的趋势日益明显，新一轮科技革命和产业变革加速了数字经济时代的到来。2020 年 5 月，国务院总理李克强在国务院政府工作报告中提出，全面推进"互联网+"，打造数字经济新优势[2]。适应数字化、网络化、智能化发展趋势，推动服务贸易数字化进程，是时代的要求，也是时代的必然，数字经济为我国服务贸易的创新与发展注入了新的动力。数字经济发展带来的数字新技术，一方面使商品贸易中的服务价值得以凸显，增加了商品贸易中的服务成分，同时也提高了传统服务业的贸易量，丰富了贸易领域，扩大了区域范围；另一方面，数字和网络技术的广泛应用重塑了服务贸易行业的经营形态和交易方式，提高了交易的准确性和效率。不断提高的科学技术水平，带来居民的生活和消费结构的重要转变，服务企业的发展要想获得并保持市场的领先地位，就要不断满足日益增长的社会需求和顾客需求，对服务业的发展提出了更高的要求。同时，数字经济的发展和调整带动了服务产业的竞争与发展，服务企业要想实现不断的突破和发展，实现经济利润高效增长，就需要不断推出新服务，创新已经变得十分迫切和必要。对于一般获得短期利润的服务型企业来说，创新尤为重要，只有不断创新、不断推出新服务，才能维持稳定发展。而服务创新是现代服务业实现进一步发展的推动力和助推器，服务创新早已成为企业实践和发展的关注热点[1]。服务创新对于服务企业生存发展和市场拓展都具有重要意义。

---

① 国家统计局，http://www.stats.gov.cn/tjsj/。

② 2020 年国务院政府工作报告。

但创新存在较高风险，而且由于服务型企业自身的特点，导致服务创新易模仿、难保护，创新周期短，许多服务创新刚刚进入市场，就迅速被竞争对手模仿和取代，甚至被超越，这就对服务创新提出了更高的要求。

数字经济时代信息技术与互联网技术的发展，预示着科技时代已经到来。如今关于服务创新研究呈现出多元化发展的趋势。作为一种重要的创新类型，突破式服务创新近年来吸引了越来越多学术界和产业界人士的瞩目，在信息技术与互联网技术基础上的突破式服务创新，极大地改变了人们的传统生活方式，为人们的生活与工作带来了极大的便利与快捷。与传统的渐进性创新相比，突破式服务创新与渐进式服务创新存在着很大的区别。渐进式服务创新从价值的产生到实现的创新过程和周期相对较短，而突破式服务创新则需要充分利用各种资源，借助数字技术、信息技术的创新力量，进行服务型企业的重组、变革与升级，其价值共创的过程也相对较为复杂，但价值也更大。在日益激烈的市场竞争中，服务型企业需要依靠创新来获取市场竞争优势，要想谋得生存与发展就需要不断创新。谁能进行成功的突破式创新，谁就有可能在激烈的市场竞争中占据领先地位。突破式创新对于国家创新系统和企业竞争优势获取具有重要意义。但许多服务企业为了维持市场份额和市场地位，更倾向于进行风险较小的渐进式服务创新，而随着成功的突破式服务创新带来巨大的新市场和经济效益，只进行渐进式服务创新的企业容易被竞争激烈的市场和对手所淘汰。因此服务型企业要想实现不断的突破和发展，实现经济利润高效增长，突破式服务创新已经变得更加迫切和必要。

尽管突破式创新带来的新市场可能是巨大的，也有很多服务型企业意识到突破式创新的重要性，但很多创新活动进入市场的时候，却很少表现出突破性，服务型企业要真正实施突破式的服务创新过程和范式却是相对复杂的。目前我国的服务型企业进行服务创新采取的主要是渐进式创新的方式，进行突破式服务创新也是对国外突破式服务创新的吸收和模仿，突破式创新能力比较薄弱，这并不利于我国企业在国际市场上发展。新冠肺炎疫情背景下，世界经济有所下滑，服务业数字化需求迅速增长，我们应该抓住数字经济的发展机遇，撬动国内数字产业和服务业的良性循环，以数字技术为依托，发展我国的服务贸易，持续推动服务型企业的突破性服务创新、技术创新和模式创新。同时企业越来越关注共同价值的创造，突破式服务创新的实施更需要企业与顾客间的价值共创。因此，面对服务经济竞争的巨大挑战，如何成功实施数字经济新背景下的突破式服务创新，实现企业与顾客的最终价值共创，达到互利共赢的目的，不仅有利于服务型企业的创新发展，也对提升我国服务业的竞争力发展至关重要。

1.1.2　理论背景

创新一直是企业生存和发展的不竭动力，也是人类进步的永恒主题。自1912年熊彼特(J.A.Schurmperter)提出经济增长的"创新理论"以来，创新一直是管理学和经济学领域研究中备受关注的热点问题。"创新"为服务型企业输送了源源不断的动力。优质的服务与创新已经成为服务型企业实现持续发展获取竞争优势的重要手段之一。企业的发展与绩效的提升都离不开服务创新。服务经济飞速发展，服务创新无处不在。服务创新与传统领域的技术创新不同，其内涵比技术创新更为广泛，过程也更为复杂。在当下日趋激烈的市场竞争中，创新也呈现出新特征和新的发展趋势，数字经济作为引领新一轮经济变革的重要力量，已经成为经济发展的新增长点。经过对服务创新理论十几年的研究，服务创新的研究方向呈现多元化发展的趋势，研究行业和内容相对较广，研究内容对于服务型企业来说具有一定的普适性。随着新科技的发展与经济水平的提高，也对服务创新提出了更高的要求，简单的模仿创新已经难以获取较大的竞争优势，服务型企业需要从单纯消化、吸收向突破性创新、自主创新的方向转变。

在实际操作和开发过程中，企业要真正设计、开发和实现突破式服务创新活动需经历一个相当复杂的过程。由于突破式服务创新的局限性，导致学者们虽然较早地提出了突破式服务创新与渐进式服务创新的概念，但是目前深入研究并不多。造成这种成果不多的原因主要包括两个：一是现有的研究对服务型企业的突破式创新本质和特征认识不够，由于突破式服务创新对设备和技术要求较高，随着科技的发展与进步，才逐渐成为研究的焦点。二是因为对突破式服务创新的实现过程认识不足，导致突破式服务创新的实现过程一直是一个"黑箱"过程。由于突破式创新的不可预测性和不确定性导致服务型企业在实施突破式创新时失败率很高，以往的创新研究成果相对较少，可借鉴性并不高。尽管从现有的研究中有目的进行突破式创新研究是比较困难的，但相关学者认为突破式创新通过充分的准备和合理的管控是可以有意识地进行诱导的，而且从事促进突破式服务创新方面的研究也是非常有意义和价值的(Linton，2004)[2]，同时越来越多的观点认为，随着服务创新在推动经济增长、促进产业升级、激发创新水平方面发挥出越来越重要的作用，企业如何才能成功实施突破式服务创新都是值得进一步研究的问题(秦剑，2012)[3]。

自从服务主导逻辑的观点提出后，其重要观点——价值共创理论一直是创新研究领域的焦点。如今企业越来越多地关注共同价值创造，顾客是价值的创造者。在服务创新的过程中顾客参与可以视为一种普遍的行为，没有顾客的参与和投入，很多服务创新便无法进行，这对于突破式服务创新的实现来说更是如此。成功实现突破式服务创新就需要以实现企业与顾客的价值共赢为目的，突破式服务创新的成功实施离不开企业与顾客的价值共创。产品和服务的价值只有满足特定顾客需求才有存在的意义，价值需要由顾客来确定。但顾客需求的不确定性、对市场认可程度的不确定性都对突破式服务创新的挑战越来越大。企业与顾客之间的互动行为、创新知识的发展与应用以及企业自身的创新能力等都在很大程度上影响着服务型企业服务创新的判断力，进而直接影响着突破式服务创新的效果。服务主导逻辑下的价值共创理论为研究突破式服务创新的实现问题提供了很好的依据和借鉴作用，这也是本书最主要的理论基础之一。此外，在创新领域较多的研究如何实现知识转移和应用问题，也是实现突破式服务创新的重要条件。创新知识的转移是企业成功实施服务创新的重要环节，那么创新知识的转移与价值共创的实现有何联系，本书也在突破式服务创新价值共创的研究过程中试图对其发挥的作用进行进一步探讨。

1.2　研究问题、目的与意义

1.2.1　研究问题

服务创新的研究与应用对服务型企业的发展产生了重大影响，从 20 世纪 90 年代开始，学者们从不同角度研究服务创新的发展及其规律，涉及研究点包括服务创新的影响因素、构建模式、创新绩效等，小到顾客心理、员工行为，大到企业战略、社会发展，建立在多种理论层次上，并且涵盖了宏观、中观以及微观各个层面，涉及不同行业、不同主体甚至不同国家。然而随着科学技术和信息技术的不断发展，服务创新也呈现出新的特点和特征。数字经济开始引领新一轮经济变革，逐步成为经济发展的新增长点。虽然学者们较早地提出了突破式服务创新，但是突破式服务创新只在近十年才呈现出迅速发展的态势。学术界和企业界早已开始关注突破式服务创新活动，但是对于突破式服务创新的研究只能笼统性概括其含义，以及与渐进式服务创新之间的联系。此外价值共创在服务创新的发展过程中发挥了重要的作用，服务型企业为了发挥创新在企业内部的最大作用，都在强调服务创新的价值共创。那么如何实现新时代背景下突破式服务创新的价值共创？企业和顾客之间如何实现价值共创以更好地支持和促进突破式服务创新？这些问题成为研究关注的重点。要详细研究和分析该问题，需要集中回答以下 4 个问题。

1. 突破式服务创新的概念界定

要研究如何实现突破式服务创新的价值共创，首先就需要对"突破式服务创新"概念有一个准确而详细的界定。什么是突破式服务创新？与服务创新的区别在哪里？典型特征是什么？突破式服务创新的典型案例包括哪些？这是本书首要解决的关键问题。同时，新时代背景下"突破式服务创新"概念的界定直接关系本书后续的研究内容与调研对象。

2. 突破式服务创新价值共创典型案例的共性

基于突破式服务创新的概念，探索新环境新态势下的突破式服务创新典型案例，并对其价值共创过程进行深入剖析，从实践的角度探索其价值共创这一"黑箱"过程，具体分析不同服务行业的突破式服务创新价值共创过程，可为后续研究提供相关实践成功案例，并具有实际借鉴意义。

3. 突破式服务创新的价值共创的实现过程

突破式服务创新的价值共创是一个非常复杂的创新过程，在典型案例分析的基础上，对突破式服务创新价值共创的实现过程进行剖析,从价值共创的角度分析突破式服务创新是如何产生以及相关创新主体通过什么样的方式实现创新价值共创,寻找内在的逻辑关系与实现流程,挖掘突破式服务创新价值共创的实现过程以及相关创新主体(企业与顾客)之间的紧密关系,这是后续研究中分析企业与顾客对价值共创实现过程的基础和出发点,也是本书重点讨论和证明的议题。

4. 突破式服务创新价值共创过程中企业与顾客之间的关系

在界定突破式服务创新概念和分析价值共创实现过程的基础上,进一步对突破式服务创新价值共创主体进行分析,在书中围绕价值共创这一问题进行细分,即分析突破式服务创新过程中企业与顾客之间的互动关系对价值共创的影响,可为研究企业价值与顾客价值共赢提供相关依据和支持。

综上所述,以上 4 个问题是研究"突破式服务创新价值共创问题"这一主题必须解决的重要问题,也是本文的主要研究内容。

1.2.2　研究目的

我国服务业的发展日益加快,在社会经济结构中的比重逐步增加,服务创新已成为服务型企业发展的重要推动力。但事实上,很多企业进行服务创新时由于缺乏实地调查,盲目跟风,模仿套用,导致许多创新昙花一现,不仅造成资金和资源的浪费,也严重影响了服务业的迅猛发展。由于突破式服务创新近两年呈现出发展迅速的态势,特别是随着信息技术和互联网技术的迅猛发展,突破式服务创新越来越得到企业的青睐。但由于相关研究内容和成果较少,模仿不易,成功实施突破式服务创新的服务型企业并不多,即使企业将服务创新战略定位于突破式的创新,但往往在发展过程中很少表现出突破性。因此,在借鉴国内外相关突破式服务创新研究经验的基础上,探索我国服务型企业如何实现突破式服务创新价值共创相关问题,构建突破式服务创新价值共创相关理论,剖析突破式服务创新价值共创实现的"黑箱"过程,可为服务型企业成功实施突破式服务创新以及进一步实现创新发展提供相关借鉴和支持。本书的主要研究目的可以归纳为以下两点。

1. 在界定突破式服务创新概念与本质的基础上,剖析突破式服务创新价值共创实现这一"黑箱"过程

"突破式服务创新"是本书的主要核心概念之一,它的概念和特征界定了本书的研究范围,反映了本书的主题与思维,使我们对"突破式服务创新"形成了清晰而又明确的认识,同时也直接影响和决定着后续研究的准确性与适用性。本书期望能够剖析突破式服务创新价值共创这一"黑箱"过程,在概念界定的基础上对价值共创过程进行探索,并结合相关价值共创的典型案例,构建突破式服务创新价值共创实现传导过程,为服务型企业构建高效的突破式服务创新价值共创网络提供系统的范式。

2. 解析突破式服务创新实现价值共创过程中两大主体——企业与顾客之间对价值共创的作用关系，以更有效地帮助企业设计和实施突破式服务创新

突破式服务创新的价值实现是一个复杂的过程，其价值共创的实现对于服务型企业成功实施突破式服务创新具有重要作用。如今随着信息与互联网技术的发展，这关系到突破式服务创新的成功实施与价值实现。同时对价值共创的两大主体——企业与顾客之间的交互关系进行探索，可以有效细致地分析突破式服务创新价值实现过程。企业服务创新的目的在于实现企业自身利益与顾客价值，实现企业的发展与最终的盈利。从企业和顾客参与共创的角度进行探索，不仅有利于突破式服务创新价值实现的聚焦，形成清晰的认识，也明确了本书突破式服务创新价值共创这一问题的探索视角。

1.2.3 研究意义

本书将服务企业作为研究对象，对突破式服务创新价值共创这一主题进行探索与挖掘，是创新研究领域中的基础性研究，有理论基础研究的意义，同时具有一定的实践指导意义。

1. 理论意义

(1) 对服务创新研究领域的一次新探索。近几年国外研究开始涉及突破式服务创新，但主要以美国、英国等国家为主，研究也处于探索阶段。本书通过对现有的突破式服务创新实践经验进行总结，深入挖掘突破式服务创新价值共创这一"黑箱"过程，揭示突破式服务创新形成的机理，力图总结出服务创新管理中内在的、本质的基础理论，拓展和深化服务创新和服务科学的相关研究，使突破式服务创新研究不再局限于创新分类的研究表面，进一步丰富和完善了服务创新以及突破式服务创新研究理论。

(2) 服务主导逻辑价值共创视角下的创新开发过程。与传统服务创新研究模式(创新概念—创新发展—创新应用)不同，从服务主导逻辑价值共创的视角总结突破式服务创新开发过程，有机地将两者结合起来，并从理论和实证两个方面进行探索，避免了传统服务创新研究的单一性，对丰富和完善服务主导逻辑和价值共创理论的应用和发展具有一定价值和意义。

(3) 特定背景下的创新研究，将突破式服务创新研究体系进一步深化和发展，为服务型企业的发展提供了一定的理论借鉴，同时进一步完善了创新研究，可以为创新研究的发展提供一定的理论支持。

2. 现实意义

(1) 为希望实施突破式服务创新活动的服务型企业成功实现突破式服务创新提供相关理论依据，帮助管理者对创新过程中价值共创的问题和障碍进行分析，引导企业领导者在新环境、新背景下，更迅速、更主动地收集和获取相关资源，为相似或同类的服务型企业以及有进行突破式服务创新理念与想法的服务型企业提供一些理论方面的支持和借鉴，推动突破式服务创新的成功实施，最大程度上降低创新投入风险，设定出符合服务经济发展而又合理有效的创新流程，实现企业创新的成功实施和长久发展。

(2) 为已经实现突破式服务创新活动的服务型企业进一步的创新发展提供支持，认识到自身优势，扬长避短，明确目标。随着互联网技术和信息技术的发展，突破式服务创新改变会发生在方方面面。重视服务创新领域的突破式创新，制定出符合企业发展的突破式服务创新战略，可以在最短的时间内缩小与发达国家服务业之间的差距甚至赶超，同时提高企业核心竞争力，保持市场竞争优势。

1.3 研究内容与方法

1.3.1 研究内容

本书将理论分析与实证分析相结合，主要研究思路遵循"问题提出→文献综述→理论构建→理论模型→实证分析→研究结果"的基本思路(见图 1-1)，对研究问题进行探索性分析，以期得到详细和准确的结论。

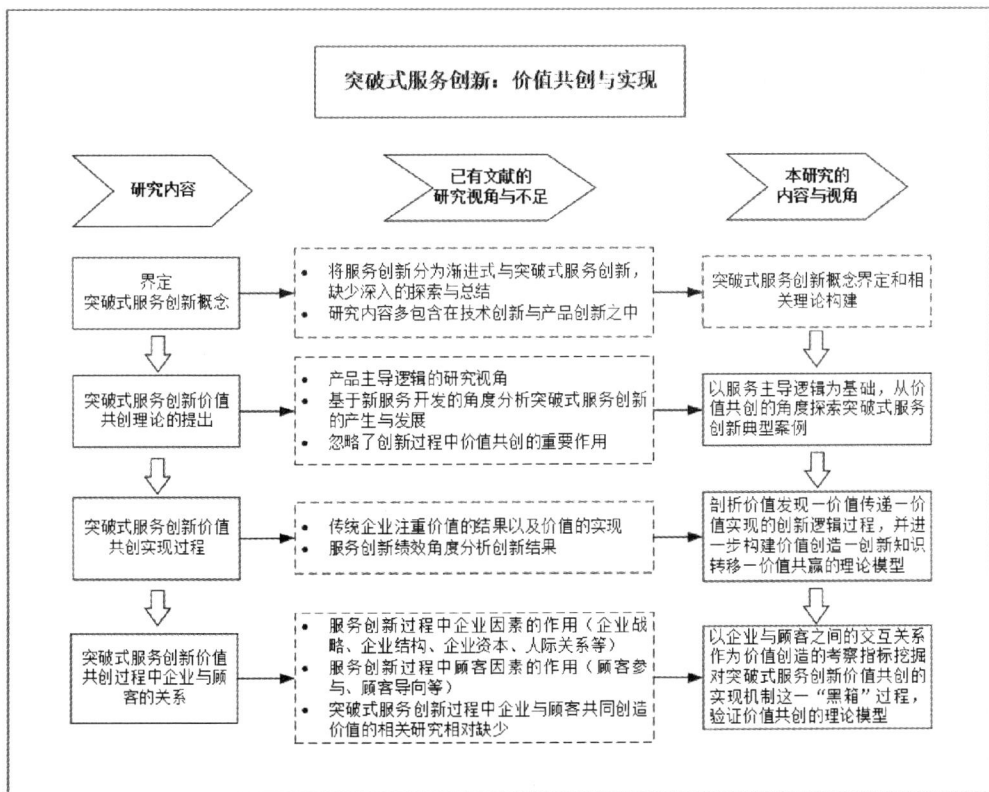

图 1-1 本书的思路框架图

根据研究内容的安排,本书共分为8个章节,各章节的具体研究内容如下所述。

第1章为绪论。介绍研究的选题背景,阐明主要研究问题与研究目的,说明研究的理论意义与实践意义,概括研究整体结构、内容安排以及技术路线。

第2章为文献综述。对绪论中提出的主要研究问题所涉及的诸多文献进行系统梳理分析,综述国内外学术界对服务创新的研究进展,归纳突破式创新以及突破式服务创新的最新研究成果,并介绍价值共创相关理论。在对前人研究成果总结与归纳的基础上,进一步确定研究拟解决的问题,厘清研究思路与研究内容,为探索突破式服务创新价值共创问题提供理论支撑平台。

第3章为本书的研究理论基础,界定突破式服务创新的概念。基于服务主导逻辑的理论与思想,结合价值共创理论,通过理论推导和演绎,对"突破式服务创新"概念进行提炼与界定。同时对相关易混淆概念进行深入辨析,为后文研究突破式服务创新价值共创构建坚实的理论基础。

第4章为突破式服务创新价值共创实现过程分析。从第3章理论研究出发,选取相关典型案例进行实地剖析,分析典型案例企业如今突破式服务创新价值共创的现状,面对数字经济背景下的新机遇,对突破式服务创新企业的高层管理者进行深度访谈,借助扎根理论的方法深度分析访谈资料,剖析突破式服务创新价值共创实现过程,探索其价值共创这一"黑箱"过程,以此解析突破式服务创新价值共创"黑箱"过程中的内在流程,为后续实证分析与理论验证提供理论支持。

第5章为突破式服务创新价值共创理论模型与研究假设。在前文价值共创实现理论分析的基础上,结合相关理论,提出突破式服务创新实现价值共创的相关研究假设,并依据假设构建突破式服务创新价值共创实现的理论模型。

第6章为突破式服务创新价值共创假设检验与模型检验。在第5章研究假设的基础上,对突破式服务创新企业开展调研活动,详述数据收集的来源与过程,实现有效数据的获取,并对数据进行数理统计分析,进行数理检验与模型拟合,逐步推进并验证前文所提出的理论模型与研究假设。

第7章为数字经济新环境下突破式服务创新价值共创优化策略,即基于价值共创的视角。从前文相关理论分析、过程探索以及实证分析出发,结合实证的主要理论,对企业如何成功实施突破式服务创新并实现价值共创提出相关策略与建议。

第8章为结论与展望。总结和归纳研究所做的工作和主要结论,指出研究的不足与局限,并提出进一步的研究思路提出未来研究的建议与构想。

1.3.2 研究方法与技术路线

1. 研究方法

在本书的研究过程中,主要综合采用了以下4种研究方法以实现研究目标。

1) 文献研究法

文献研究是各项研究的起点，也是本书研究的基本出发点。结合研究问题与研究目的系统地搜集、归纳、梳理与总结国内外与本书研究相关的文献资料，同时借助引文分析软件，对以往的服务创新相关文献进一步分析，以获得理论之间的有机关联，提炼现有的研究成果加以应用和拓展，构建研究思路。实证研究中相关质性分析以及理论假设参考也是依据相关文献修订与设计的。文献研究在相关深度和广度上为本书的研究提供了保证。

2) 案例分析法

本书是探索性研究，是基于价值共创视角来解决"如何"以及"怎么样"之类的问题，案例研究能更加深入地进行案例调研和分析，更容易把问题说清楚。本书选取服务型企业中相关典型、具有代表突破式服务创新案例，对其创新过程进行深度剖析。案例分析的结论有助于对同类创新的理解与支持。

3) 深度访谈与扎根理论法

对于本书的研究我们期望能够深入探索对服务型企业的突破式服务创新实现价值共创这一过程，这就需要尽量多地获取与挖掘与典型案例密切相关的详细信息。深度访谈的核心在于通过他人的实际经验来获取深层次的信息。本书选择通过对企业高层管理者深入访谈以收集、整理以及筛选相关信息与数据，通过扎根理论的方法对原始资料进行开放式编码、关联性编码和核心编码三级编码，并在此基础上剖析突破式服务创新价值共创实现传导过程。

4) 问卷调查与数理统计法

问卷调查是数据收集的主要手段之一，一方面在问卷的设计上通过与企业管理者的交流以及相关资料的借鉴，对调查问卷进行修订和完善，以保证问卷的科学性和合理性；另一方面为了充分验证理论假设与模型，本书以调查问卷对众多基于信息与互联网技术的服务型企业进行实地调查，实现数据的收集。在此基础上采用数理统计的方法，充分挖掘数据之间的相互关系，借助相关软件验证研究中的理论假设与模型。

2. 技术路线

本书的研究技术路线主要根据如图 1-2 所示的逻辑思路展开。

1) 文献分析研究

围绕研究主题搜集国内外文献资料，通过文献研究的方法进一步明确研究的理论基础以及本书的研究视角、研究问题与研究思路。

2) 质性理论分析

通过理论的推导，界定突破式服务创新的本质与概念，结合相关案例与深入访谈收集质性材料，并运用扎根理论编码分析方法分析质性材料，逐步深入明确突破式服务创新价值共创实现流程。

3) 实证数据分析

通过前述的理论推导与演绎归纳，结合质性分析的基本发现提出预设理论以及理论模型，借助调查问卷展开实证数据收集，并运用相关统计的方法进行数据分析，深入挖掘数据背后的联系，进一步验证突破式服务创新价值共创实现过程。

4) 研究结论

结合理论发现与实证研究结果，理论联系实际，形成本书的研究结论。

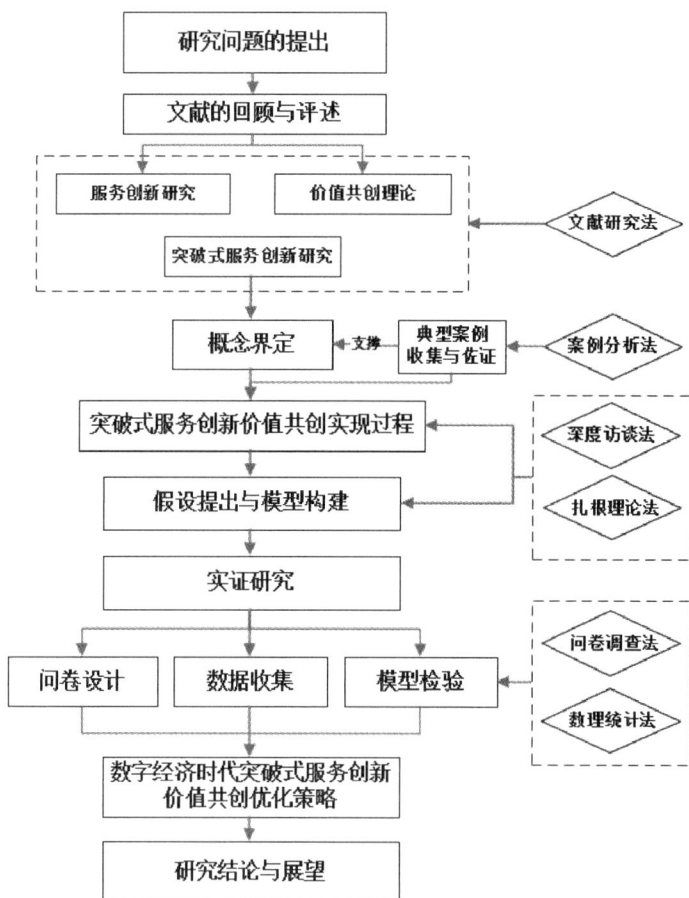

图 1-2 技术路线与研究方法

第 2 章

理 论 综 述

2.1 创新理论的回顾

2.1.1 熊彼特的创新理论

创新理论从构建至今已有百年的历史。早在 1934 年，美籍奥地利经济学家熊彼特 (J.A.Schumpeter)将创新的概念引入经济学中，从经济学的角度对创新进行了探索与研究，熊彼特即成为创新理论的奠定者。熊彼特在其经典著作《经济发展理论》一书中曾指出：来自企业家从内部革新经济结构的"创新"活动是经济增长的根本动力和根本原因[4]。随后的 1939 年熊彼特在《商业周刊》中全面阐述了其创新理论，他采用经济学的方法对以制造业为主的创新活动进行分析后指出，所谓"创新"，是指把一种从来没有过的生产条件和生产要素的"新组合"，一并引入生产体系，这就需要由有组织才能、有长远见识并且富有冒险精神的"企业家"所决定[5]。熊彼特在其创新观点中描绘了五种创新方式，包括引用新技术；引进新产品，即新的生产方法；新材料的供应来源；开辟新的市场；实现企业自身的新组织，即制度创新。根据熊彼特的创新观点，"创新"是一个"内在因素"，而"经济发展"也是"关于经济生活并且来自内部自身创造性的一种变动"。

根据熊彼特最初对创新的定义，创新就是利用技术、知识、商业模式和企业组织制度等无形要素对现有的物质资源、资本、劳动力等有形要素进行新组合，可以说是要素的新组合；同样也以创新的知识和技术改造物质资本，形成对有限物质资源的节省或者替代，提高物质资源的生产率。正因为创新驱动减少了创新过程中物质资源的投入，可促进经济的发展和增长，所以熊彼特还指出，创新必须能够创造出新的价值，实现价值的产生。

2.1.2 当今创新理论的新发展

时代发展到今天，创新还出现了一些新继承、新特征与新变化，这说明创新仍是时代发展和进步的永恒主题。回顾工业时代，电的发明以及电力技术的普及，电能迅速推广并应用于日常生活、工业发展、城市运输交通等各个领域。电的发明使创新呈现出由"点"及"面"的突破。至今人类依赖电力这个网络，并且电也早已成为人类生活的基础，同时在生产领域由点及面地推动着社会持久而深刻的结构性变革。与此同时，信息技术的创新突破也是从"点"到"面"，使如今的创新呈现出许多新变化。基于信息与互联网技术新模式的一大批现代服务型企业应运而生，以与传统服务型企业不同的方式生存和发展，为顾客提供更好的服务和创造价值，甚至可以获得远高于传统服务型企业的价值和利润。如实现纵向整合的苹果公司、构建开放式平台的 BAT、打造产业生态圈的小米等互联网巨头等。2018 年 4 月 20 日，习近平总书记在全国网络安全和信息化工作会议上发表重要讲话指出："要发展数字经济，加快推动数字产业化，依靠信息技术创新驱动，不断催生新产业新业态新模式，用新动能推动新发展。"①如今的创新已从工业时代的单一性走向了产业链式、平台式、生态式。如今的创新不仅是单纯的产品创新、技术创新、管理创新或者组织创新，更包括产业链整合的创新、资源整合的创新、新业态新模式的创新。

创新早已成为研究的热点和突破点，以创新为主题在中国知网上对文献进行搜索，共有记录文献 372.73 万篇(截至 2021 年 8 月 8 日)。而在科学引文索引(Web of Science)数据平台上，对以 Innovation 为主题词进行检索，共有记录文献 310182 篇(截至 2021 年 8 月 8 日)。可见创新一直以来都是学术界重点关注的主题，在如此浩如烟海的文献中，如何把握服务创新以及突破式服务创新的相关理论，这是本书关注的重点。

2.2　服务创新及相关理论诠释

2.2.1　服务创新经典理论

对于服务创新的系统研究，西方学术界始于 20 世纪 80 年代。服务创新理论最初来自熊彼特基于制造业提出的创新理论，此后国外学者对服务创新的概念界定主要基于熊彼特的经典创新理论展开。由于服务创新所覆盖的内容和范围非常广泛，其在各个产业中的功能、性质和角色也各不相同。目前对于服务创新的概念界定，很多学者存在不同的定义视角。

早在 1995 年，欧盟的 SI4S 项目(欧洲服务业的创新系统研究项目)提出可以将熊彼特所提出的创新概念运用于服务领域的创新研究。但是项目研究指出，服务业有其自身的性质和特点，服务创新不应当仅局限于熊彼特观念中的"新的创新想法"加上"市场价值"。在对欧洲国家的服务企业进行调查研究的基础上，SI4S 认为服务创新应当是全新的，在一定程度上提升产品或者服务质量，在服务传递过程中使用新的技术或者是现有技术新的应用。

Gallouj 和 Sundbo 是服务创新研究较多的两位学者。Gallouj 等人(1997)提出服务创新具有很强的异质性，是组织、资本、能力和人力资本的集成，并且针对特定的顾客提供一种新的解决问题的方法[6]。Sundbo(1997)认为服务创新通过提供者对服务理念、流程等的改造和革新，不断提升服务产品的创新内涵，不断提高其蕴含的内在价值，为客户提供全新的思想和技术，能够给消费者带来更高的收益，最终形成企业的竞争优势[7]。Van 和 Elfring(2002)指出服务创新主要是指新的理念、新的目标和战略、新的创新实践方式和方法、新的服务创新形式和模式，以及跨部门和跨学科的创新融合[8]。Tidd 和 Hull(2006)认为，服务的提供者通过创新理念的变化、创新方式的革新，给消费者提供更好解决问题的方法，为其提供较高的附加价值和增值价值，提供超越其期望的体验和感受[9]。Blazevic 和 Lievens(2008)认为服务创新的目的在于提高消费者的让渡价值和实际服务质量，并且通过服务要素的重

---

① 中华人民共和国国家互联网信息办公室，http://www.cac.gov.cn/index.htm。

新组合或者动态的变革过程，为特定的顾客提供有效的解决方案[10]。

我国在 21 世纪初期的服务创新文献多数是综述性文献，是对国外研究成果的介绍和引入，因此早期的服务创新概念界定与国外基本类似。2005 年之后，我国学者开始基于本土实际研究服务创新。蔺雷、吴贵生(2007)认为广义的服务创新是指一切与服务相关的创新行为和活动；狭义的服务创新是指服务业行业内发生的创新行为和活动[11]。许庆瑞、吕飞(2003)从理论层面进行了较为全面的阐释，阐述了服务创新的概念、特点、信息来源、目标、障碍等，认为服务创新主要是指在服务过程中应用新思想和新技术来改善和变革现有的服务流程和产品，扩大服务范围，提高现有的服务质量和效率，为顾客创造新的价值，最终形成企业的竞争优势[12]。

目前，对于服务创新的定义很多学者持有不同观点，虽未形成统一观点和理论，但大多将以上概念作为基点展开。表 2-1 对国内外服务创新的定义进行了对比，总结出相关关键词。可以看到国内外学者都比较关注流程改造、变革过程、价值和收益等，只是国内学者更关注顾客方面。

表 2-1 服务创新定义关键词分类

学　者	关键词							
	方法	理念	目标	流程	模式	价值	技术	顾客
Gadrey&Gallouj&Weinstein	√					√		
Van&Elfring	√	√	√		√			
Tidd&Hull	√	√				√		
Sundbo		√		√		√	√	
Blazevic&Lievens				√		√		√
许庆瑞、吕飞				√			√	√
蔺雷、吴贵生								√

资料来源：作者根据相关文献整理。

2.2.2　服务创新的分类

现代社会服务创新无处不在，以往的研究中服务创新类型多借用制造业中的创新类型，如市场创新、产品创新和过程创新等，服务创新的类型随着时代的发展也呈现出多种多样的趋势。但由于服务创新本身的特性，存在着服务创新本身所特有或在服务创新中相对更为重要的创新类型。

1. 国外关于服务创新分类的研究

各国学者在过去 30 年的研究发展过程中，对服务创新研究领域进行了大量的探索。服务创新分类研究发展的具体总结如表 2-2 所示。

表 2-2　国外服务创新分类研究表

时间	学者	分类	研究方法	行业
早期	Pavitt (1984)[18]	四种创新模式，即专业提供型、供给主导型、规模密集型和以科学为基础型	理论分析、概念研究	
	Barras (1986)[19]	渐进的过程创新、剧烈的过程创新和产品创新	概念研究	
20世纪90年代	Gadrey，Gallouj (1995)[20]	专业服务业(咨询业)、保险和金融服务业、电子信息服务业	访谈法	咨询、保险金融、电子信息
	Miles et al. (1995)[21]	根据服务创新的特性提出的分类：过程创新、产品创新和传递创新	访谈法	
	Gallouj，Weinstein (1997)[6]	突破式创新、渐进式创新、改进式创新、组合式创新、专门化创新和特定情境创新	理论分析、概念研究	
21世纪	Avlonitis et al. (2001)[22]	市场新服务、企业新服务、新传递过程、服务线扩展、服务改进和服务重新定位	问卷调查	金融业
	Van，Elfring (2002)[8]	新服务组合、多单位组织的创新、顾客创新参与者、技术创新	案例研究	医药销售、物流服务、电话销售等
	Sundbo (2003)[15]	产品创新、过程创新、组织创新和市场创新	案例研究	保险银行业等
	Djellal，Gallouj (2005)[13]	集中创新、组合创新、开放式创新、回溯式创新	概念研究	医院
	De Vries (2006)[14]	突破式创新、渐进创新、复合创新和特定情境创新	案例研究	保险业、信息技术服务业等
	Sundbo et al. (2007)[16]	产品创新、过程创新、市场创新、组织创新、技术创新和服务扩展创新	问卷调查、访谈法	交通行业、酒店、旅行社

资料来源：作者根据相关文献整理。

目前，较有代表性的成果首推两位学者 Gallouj 和 Weinstein 的研究成果。他们从服务创新的动态属性这一特征出发，将服务创新划分为 6 种类型，即突破式创新、渐进式创新、改进式创新、组合式创新、专门化创新和特定情境创新(根据客户特定需求定制特定创新模式)，动态地揭示了服务创新变化的机理过程[6]。同时 Gallouj 和 Djellal(2005)基于医疗服务行业的案例研究，提出针对医疗服务行业的分类方法[13]。由于特定情境创新在此后的研究中并未得到重视，直到 Vries(2006)在此基础上扩展了服务创新的分类，专门针对特定情境创新进行了实证调查和研究，以说明特定情境创新是有效的创新类型[14]。

Sundbo(2003)通过案例研究，将服务创新分类为过程创新、组织创新、产品创新和市场创新[15]。随后根据研究，Sundbo 等人(2007)又进一步将服务创新细化为产品创新、过程创新、市场创新、组织创新、技术创新和服务扩展创新[16]。Sundbo 的分类研究也为后续学者以及国内学者研究提供了有益的借鉴。此外英国学者 Miles(1995)根据服务创新的特性提出了过程创新、产品创新和传递创新的分类，且研究成果较为突出[17]。

2. 国内服务创新分类研究

国内服务创新研究始于 1990 年年末，主要依据 Sundbo 和 Gallouj 等人的研究成果总结出新的服务创新类型，并且与制造业创新形式相类似。王琳、魏江等人(2007，2009)通过案例研究和调查研究的方法，基于金融服务业、信息与通信服务业以及商务服务等行业，将服务创新性划分为传递创新和概念创新[23][24]。戴延寿(2003)从服务运作过程、服务系统、服务管理职能以及创新对象进行服务创新分类，研究分类强调服务本身[25]。张秋莉、盛亚(2005)将服务创新划分为突破性服务创新(创造新的核心服务)和衍生性服务创新[26]。张宇、蔺雷、吴贵生(2005)构建出服务创新的基本类型框架：包括市场创新、技术创新、产品创新、过程创新、组织创新、传递创新、重组创新、形式化创新和专门化创新[27]。黄锐、郝磊(2012)进一步将服务创新划分为市场创新、组织创新、产品与过程创新、传递创新、重组创新、特色创新[28]。

可以说我国学者服务创新的分类研究与国外研究是一脉相承的，服务创新的总结仍旧没有脱离国外学者的影响，分类研究主要基于 Gallouj 和 Sundbo 等人的方法，依据国外服务创新分类研究成果并加以深化。我国的服务创新研究存在的问题在于缺乏实证研究，大多还停留在理论分析和概念研究阶段。

2.2.3 服务创新的研究脉络

服务创新的研究进展主要以 Web of Science 数据库平台(包含数据库 SCI-EXPANDED、SSCI、CPCI-S、CCR-EXPANDED、IC.)等权威数据库和期刊下载的文献为基础，即主题=(service innovation)或者主题=(innovation service)，时间跨度=所有年份(词形还原=打开)，数据下载时间的截至 2021 年 8 月 8 日，下载内容包括标题、主题词、关键词、摘要和引文情况。将下载文献资料载入 HistCite 软件进行引文分析，利用可视化的绘图方式展示目前服务创新研究的发展轨迹和历程，绘制出国外服务创新研究的演进图和前沿内容。最终记录文献为 52799 篇，此 52799 篇文献组成了本数据库。

为了找出服务创新的研究脉络和重点内容，选择 LCS(Local Citation Score，本库引用次数)作为文献重要程度的衡量指标。通过 HistCite 文献分析工具对 LCS 排名前 40 位的文章进行分析，可以找出这些重要文献的研究内容和相互关系。图 2-1 中每一个圆圈代表数据库中的文献，圆圈的面积越大则表明该文献被引用量就越高。圆圈中的数字是当数据输入 HistCite 软件时，系统自动赋予的文献编号，箭头则表明一篇文献在本数据库中所引用的其他文献。

从图 2-1 中我们可以看到服务创新较有影响力的源头文献，如 De Brentani 于 1995 年发表的新制造业服务开发——成功与失败(编号 42)，该文章探讨了新服务开发五种场景，三种成功的类型以及两种失败的类型[29]。图中编号为 27 的文章为 Cooper 于 1994 年发表，对如何区分新服务产品进行了探讨[30]。另一篇源头文献是发表于 1995 年的《创新新模式——服务行业如何收益》，作者 Gadrey 和 Gallouj 探讨了为什么服务创新在经济理论研究中经常被忽视、服务创新的主要形式是什么以及如何扩展和丰富服务创新[20]。另外三篇相对比较重要的源头文献分别是 Sundbo(编号 154)、Gallouj 等人(编号 170)发表于 1997 年的文章以及 Drejer(编号 841)发表于 2004 年的文章。这三篇文章被引用量数据比较高，图中所显示的圆形面积也较大，服务创新的相关研究多以这些文章为基点展开。

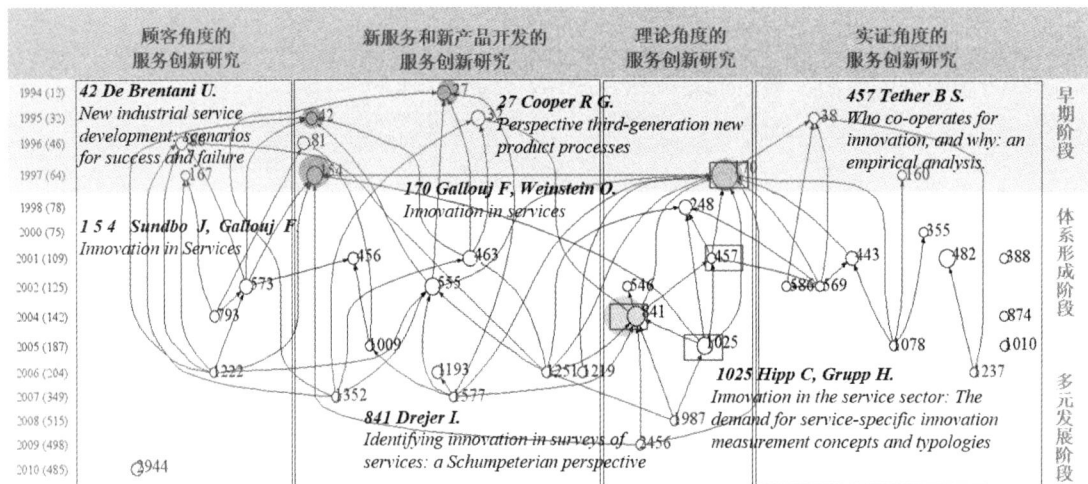

图 2-1　服务创新研究 LCS 前 40 位文献内容及关系

通过图 2-1 的文献内容，我们可以找到服务创新研究的发展脉络，从纵向上来看，基于文献数量、研究方式和研究内容三方面；从横向上来看，可以分为不同类型的发展研究。下文分别对这两方面进行详细研究。

1. 服务创新理论脉络

服务创新引用关系如图 2-1 所示，可以从纵向上找到服务创新研究的发展脉络。首先脉络的源头文献为 Gallouj 于 1997 年所著的文章(编号 170)，之后 Tether 研究了德国企业案例(编号 457)，并引用了 Gallouj 的研究论文，进一步支持 Gallouj 和 Weinstein 所提出的服务创新研究内容和方法[31]。Drejer(编号 841)从理论上和概念上完善了 Gallouj 和 Weinstein 的服务创新概念和研究方法，赞同 Tether 提出的标准化服务概念[32]。Hipp 和 Grupp(编号 1025)从德国创新调查研究的结果证明出发，指出制造业和服务业的创新可以结合起来分析[33]。这一观点也符合 Gallouj、Weinstein 和 Drejer 的观点。在此分析的基础上，下文将对每一时间阶段进行具体分析，如图 2-2 所示。

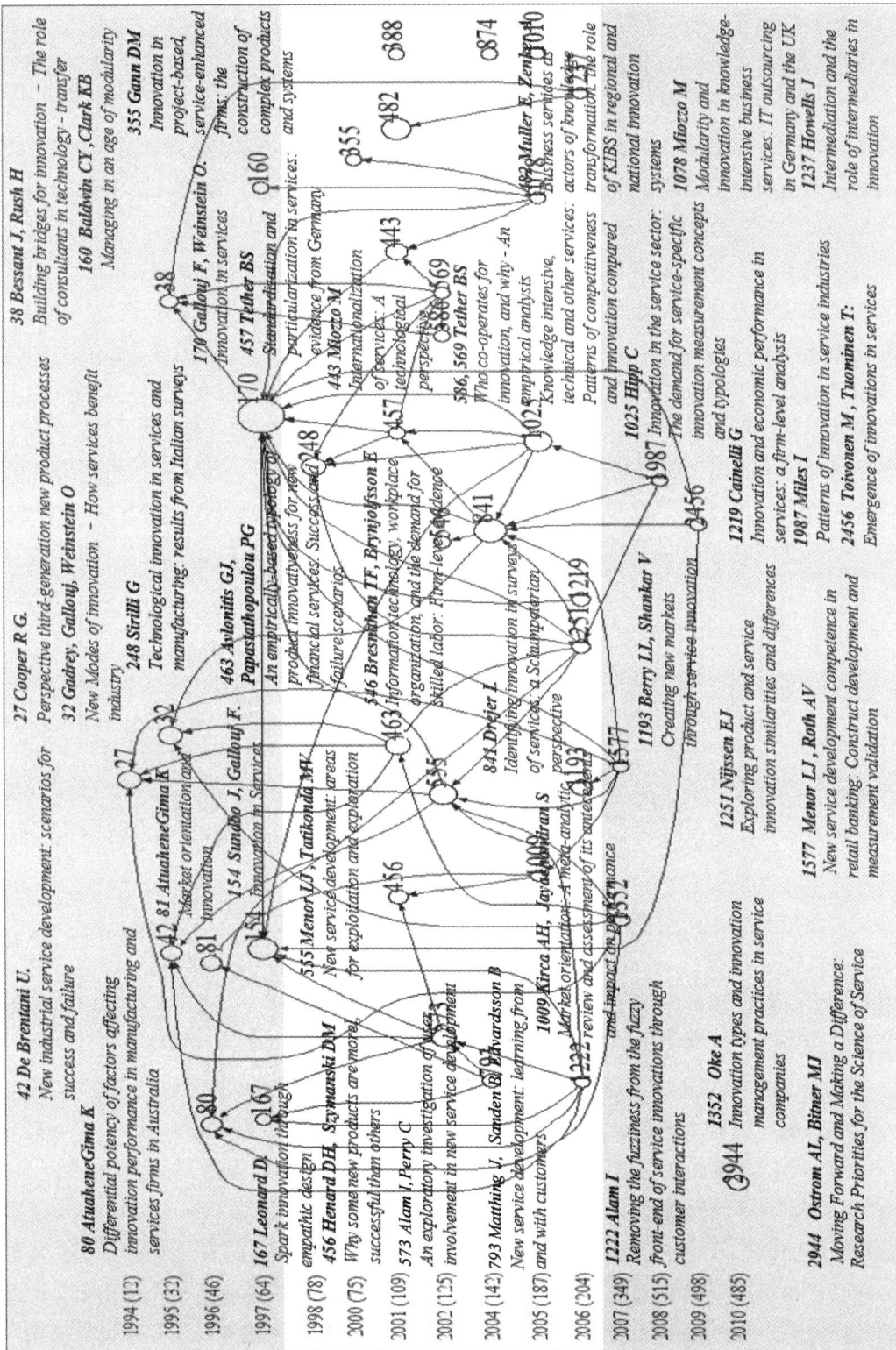

图 2-2 服务创新脉络分析图

1994 (12)
1995 (32)
1996 (46)
1997 (64)
1998 (78)
2000 (75)
2001 (109)
2002 (125)
2004 (142)
2005 (187)
2006 (204)
2007 (349)
2008 (515)
2009 (498)
2010 (485)

38 Bessant J, Rush H
Building bridges for innovation – The role of consultants in technology - transfer

160 Baldwin CY, Clark KB
Managing in an age of modularity

355 Gunn DM
Innovation in project-based service-enhanced firms; the construction of complex products and systems

42 De Brentani U.
New industrial service development: scenarios for success and failure

27 Cooper R G.
Perspective third-generation new product processes

32 Gadrey, Gallouj, Weinstein O
New Modes of innovation – How services benefit industry

248 Sirilli G
Technological innovation in services and manufacturing: results from Italian surveys

170 Gallouj F, Weinstein O.
Innovation in services

457 Tether BS
Standardisation and particularization in services: evidence from Germany

443 Miozzo M
Internationalization of service: A technological perspective

386, 569 Tether BS
Who co-operates for innovation, and why - An empirical analysis

1025 Hipp C
Innovation in the service sector: the demand for service-specific innovation measurement concepts and typologies

987 Innovation in the service sector

1219 Cainelli G
Innovation and economic performance in services: a firm-level analysis

1987 Miles I
Patterns of innovation in service industries

2456 Toivonen M, Tuominen T:
Emergence of innovations in services

80 AtuaheneGima K
Differential potency of factors affecting innovation performance in manufacturing and services firms in Australia

81 AtuaheneGima K
Market orientation and innovation

154 Sundbo J, Gallouj F.
Innovation in Service

463 Avlonitis GJ, Papastathopoulou PG
An empirically-based typology of product innovativeness for new financial services: Success and failure scenarios

346 Bresnahan TF, Brynjolfsson E
Information technology, workplace organization, and the demand for skilled labor: Firm-level evidence

841 Drejer I.
Identifying innovation in surveys of services, a Schumpeterian perspective

1193 Berry LL, Shankar V
Creating new markets through service innovation

1251 Nijssen EJ
Exploring product and service innovation similarities and differences

1577 Menor LJ, Roth AV
New service development competence in retail banking: Construct development and measurement validation

167 Leonard D.
Spark innovation through empathic design

456 Henard DH, Szymanski DM
Why some new products are more successful than others

573 Alam I, Perry C
An exploratory investigation of user involvement in new service development

793 Matthing V., Sanden B, Edvardsson B
New service development: learning from and with customers

1009 Kirca AH, Jayachandran S
Market orientation: a meta-analytic review and assessment of its antecedents and impact on performance

1222 Alam I
Removing the fuzziness from the fuzzy front-end of service innovations through customer interactions

1352 Oke A
Innovation types and innovation management practices in service companies

2944 Ostrom AL, Bitner MJ
Moving Forward and Making a Difference: Research Priorities for the Science of Service

1078 Miozzo M
Modularity and innovation in knowledge-intensive business services: IT outsourcing in Germany and the UK

1237 Howells J
Intermediation and the role of intermediaries in innovation

1082 Muller E, Zenker A
Business services as actors of knowledge transformation: The role of KIBS in regional and national innovation systems

1) 服务创新研究的早期阶段

在服务创新研究引用关系图中(LCS 排名前 40 位),我们可以看出在这一阶段总共有两篇较有影响力的文献。其中引用量最高的一篇是 Gallouj(编号 170,LSC 排名第一)发表于 1997 年的 "Innovation in services" [6]。这篇文章为研究服务创新过程奠定了理论基础,构建了服务创新的基础理论模型,并且不断为后来研究者所引用。此外一篇文章为 Sundbo(编号 154,LSC 排名第三)发表于 1997 年的 "Management of innovation in services",根据丹麦服务企业的案例来分析企业如何管理和组织服务创新活动[7]。此外,Atuahene-Gima 于 1996 年还发表了两篇重要文献,分别探讨了新产品开发和新服务开发的关键影响因素并继续深入研究了市场导向与创新的关系[34][35]。

根据以上分析,可以看到研究的方向集中于这几个方面,多为探索性研究,我们称该阶段为服务创新研究的早期阶段,该阶段的文献特点总结如下:①在 1998 年以前,仅有两篇重要文献多为后来学者所引用,文献发表总体数量不高,仅聚焦于新产品和新服务开发。②从研究内容上来说,这一时期的研究仅聚焦于服务创新的定义,以及针对服务创新的分类研究,并且研究顾客在新服务开发过程中的作用相对较多。③从研究方法上来说,服务创新多为通过调查研究得出相关理论研究结论。

2) 服务创新研究的发展阶段

在这一阶段服务创新的研究体系基本形成,其中以 Drejer 发表于 2004 年的文章引用量较高(LCS 排名第二)[32]。这篇文章主要强调熊彼特的创新观点确实可以为服务业和制造业所用,但服务创新理论仍然没有脱离熊彼特的创新概念框架,所以需要拓展和深化。在这一时期学者们开始聚焦于实证角度的服务创新,比如 Tether 和 Tajar 于 2002 年以欧洲第二次创新调查委员会(CIS-2)的调查为基础,探讨了企业创新和外部团队的合作,并且指出服务创新应该以市场为主而不是以企业为主[36]。同一年,Tether 又以德国服务企业调查为基础,探讨知识密集型服务企业和技术服务企业的不同,并且指出这两种企业会比其他服务企业在技术方面投资更多[37]。

基于以上分析,我们可以看到服务创新的主要研究框架已基本形成,因此称之为体系形成阶段,该阶段文献特点可以归纳如下:①每年文献数量逐步增长,并且引用量较高。LCS 引用量排名前 40 位的文章多集中在这一时期。②相对于早期研究,这一时期的服务创新理论研究在服务创新的概念、分类以及过程等问题上取得了一定的共识。③实证研究开始变得较为丰富,学者们通过调研不同行业、不同国家来收集数据支持服务创新研究。

3) 服务创新研究的现阶段发展

近几年的文献,开始呈现多元的发展趋势。Miles(2008)指出了服务创新的多元化发展趋势,并指出如今的服务创新在市场、产品、企业以及技术都与之前第一产业和第二产业是存在差异的[38]。Toivonen 和 Tuominen(2009)认为目前服务创新的本质研究才刚刚开始,并且从多学科的角度探讨了服务的一般理论,创新的一般理论以及新服务开发过程和创新管理之间的理论关系[39]。此外,Oke(2007)指出突破式创新和渐进式创新有密切联系,服务企业需要不断追求突破式、模仿式的创新活动,尤其是突破式创新活动[40]。

综合以上内容,我们可以看出服务创新在 2007 年以后呈现多元发展的特征,研究内容涉及多方面、多学科,所以可以将这一阶段总结为多元发展阶段,该阶段研究的特点可概括如下:①这一时期越来越多的学者开始关注服务创新研究,发表文献较多,文献引用量较高。②服务创新理论研究结合多学科内容,比如政策、公共服务等;研究更加深入,内容更加多元化。③研究方法和工具更加多元化,实证研究更加丰富,对于金融业、零售业以及制造业的服务创新研究都有涉及。

2. 服务创新主要研究角度

1) 从顾客角度研究服务创新

从服务创新文献引用关系图 2-1 和图 2-2 可以将服务创新研究划分为四种类型。位于图左边第一区域的文献主要从顾客的角度来研究服务创新。Atuahene Gima(1996)(编号 80)认为服务企业应该更加注重与顾客之间的关系质量,应当选择那些有能力与顾客建立长期关系并且保持密切联系的员工[34]。Leonard(1997)(编号 167)认为企业应当根据顾客的需求进行创新,采用移情设计的方式将顾客带入公司并且观察他们使用产品和服务的情况,以解决因为调查问卷方法而不能发现的顾客需求问题[41]。此外,Alam 和 Perry(编号 573)[42]、Alam(编号 1222)[43]、Matthing 等人(编号 793)[44]都聚焦于顾客角度,从顾客的角度对服务创新进行探索,包括顾客的目标、顾客互动以及基于顾客的服务发展模式等。

2) 从新产品开发和新服务开发方面研究服务创新

从图 2-1 和图 2-2 中我们可以发现这一方面的文献相对比较丰富。Avlonitis 等人(2001)指出在服务创新发展过程中可以将其分为新服务发展活动、新服务发展流程以及跨职能的参与活动三个部分[22]。Menor 等人在 2002 年发表的文章中指出,新服务的开发并非是传统的发展过程,需要不断地探索、利用和细化,认为应当关注新服务发展的过程和绩效[45]。同样在 2007 年的文章中,Menor 等人再次强调新服务开发已成为服务运营管理的一个重要研究领域,可以从新服务过程焦点、市场敏锐性、新服务开发战略、新服务文化和信息技术经验五个方面反映出来企业新服务开发的能力[46]。Szymanski 和 Henard(2001)指出新产品绩效的影响因素,其中包括产品优势、市场潜力、满足顾客需求以及专用资源等[47]。综合以上研究我们可以发现,这一方面的研究主要集中在新产品和新服务的开发,以及与两者的发展过程和绩效问题。之前源头文件中的学者 De Brentani 和 Cooper 等都对新服务产品和新服务开发进行了研究和探索。Burton 等人(2017)认为,服务创新离不开企业的产品技术基础,具有较强新产品优势的制造企业应当尝试服务创新。同时服务创新和产品创新之间的互补性越高,产品创新的绩效也会相应提高(Tavassoli,2018)[48]。

3) 从理论角度研究服务创新

从理论角度研究服务创新就是研究服务创新的主要脉络和源头文献。如前文所述 Gallouj、Drejer 等人,分别探讨了服务创新的概念、服务创新的类型以及服务创新的过程和绩效管理等，并且认为熊彼特的创新观点需要结合服务自身的特点加以发展。这些文献主要以理论研究为主，对服务创新的理论研究体系加以总结和完善。

4) 从实证的角度研究服务创新

随着服务创新研究体系的逐步形成，不同行业的实际调查是学术界关注的研究热点问题。Bessant 于 1995 年基于对咨询业的调查，分析服务创新的技术转移问题[49]；Brenner 等人(2000)通过对朗讯科技的网络运营商的调查，从应用程序服务供应商(ASPs)、网络服务供应商(NSPs)以及供应商服务提供者(CCSPs)三者的角度探讨服务创新[50]；Tether(2002)从英国服务企业的调查结果以及第二次欧洲创新委员会调查(CIS-2)出发，探讨了创新企业和外部合作伙伴之间的模式关系[37]。纵观这一类文献研究，可以看到这些文章多从实际调查的角度，或者基于前面研究者的调查结果出发，从而得出相关研究结论和结果，我们在下一小节进行详细分析。

3. 服务创新国外主要实证研究发展

目前国外的实证研究主要以欧共体创新调查(CIS)为代表，为服务创新理论的实证研究发展打下了一定的基础。由于第一次欧共体创新调查研究数据信息不全，主要详细分析第二次以后的欧共体创新调查研究。

1) 第二次欧共体创新调查研究(CIS-2)

第二次欧共体创新调查研究(以下简称 CIS-2)是在 1994—1996 年对 13 个西欧国家服务企业的创新活动进行调查。结果显示技术创新活动在被调查服务企业中所占比例显著，技术服务业的比例占到 44%，并且技术服务业与计算机服务业更易进行研发活动。而对于创新信息的来源，CIS-2 的研究调查显示，不仅企业自身的信息非常重要，顾客、竞争者和供应商也是重要的信息来源，其中顾客和竞争者分别占据外部创新信息来源的第一位和第二位。调查研究发现，CIS-2 存在相关问题和缺陷，一是创新活动主要定义为技术性创新活动。二是没有探讨企业创新的影响是什么，不仅不同企业间的创新活动存在差异，调查概念也存在一些解释上的差异。三是一些企业认为自己进行创新行为和活动，只是简单复制或者采用其他已开发技术，与那些开展重大创新活动、投入大量资源开展研发活动的企业相比较，风险性和创新性相对较小。总结来看，不同企业间和行业间的服务创新活动需要全面的理论分析与研究，CIS-2 的调查发现与研究结果可以看作指示性研究。

2) 第三次欧共体创新调查研究(CIS-3)

第三次欧共体创新调查研究(以下简称 CIS-3)是在 CIS-2 的基础上进一步对 13 个西欧国家进行服务企业的创新活动调查研究。CIS-3 研究调查表明，大型服务企业(员工大于 250 人)比中型企业(员工 50～249)和小企业(员工小于 50 人)更具有创新性,商务服务与金融服务的创新密度最高，分别达到 60%和 50%，显著高于其他行业，对于服务业 R&D 投资也呈现逐年增长的态势。商务类服务和通信类服务占据了服务业 R&D 的 3/4，其中计算机相关服务和研发服务占据服务业 R&D 增加的大部分。不仅不同国家之间服务业创新有所差异，而且不同行业间的创新程度差异也较大。

虽然经过 CIS-2 和 CIS-3 两次欧共体创新调查，但在一些重要的服务创新概念和经验上还存在一些差异。由于实证研究的有限和缺乏，导致服务业的创新发展难以清晰描述，需要进一步解决由于服务创新性质和范围不同所产生的问题和难点。

3) 国外其他实证研究

CIS 的调查研究聚焦于物流服务、信息处理过程服务、设计服务和老年人服务四个行业，以特殊的创新行业形式进行调查，指出个性化服务是影响创新的一个重要因素。美国的电信服务、金融服务和其他类型的专业服务行业主要以信息技术的研发和运用为代表，美国服务业累计的 R&D 经费投入远远高于其他产业，美国对服务业的发展进行了大量的 R&D 投入，保证了服务业技术创新的基点，这也是企业获取竞争优势的重要因素，而贸易优势又为技术创新的发展提供了良好的市场条件，有助于新技术创新的产生与发展[51]。

4) 数字经济条件下的服务创新

数字经济已逐渐成为全球经济增长的新动能，目前世界主要国家纷纷在数字技术研发、数据风险与安全、数据技术人才培养、数据开发与应用等方面加快布局。数字化技术提高了服务价值创造的水平和能力，云计算、物联网、大数据等数字化技术极大地拓展了创造价值空间。Paiola 和 Gebauer(2020)指出基于物联网技术的服务创新能够创造额外的价值，降低运营成本，提高资源利用率，与顾客保持长期良好的业务关系，并评估当前服务创新风险[52]。基于云计算、大数据的信息存储和处理服务，大数据技术的咨询、维护等新型服务创新活动，可以扩展出崭新的服务内容和交付方式(Alsmadi，2018)[53]。Parida 等人(2015)通过分离前后台，提出数字化平台有助于提供定制化和高效的服务，保持前后端沟通流畅[54]。同样，数字经济条件下大数据的分析有助于服务型企业洞察消费者的习惯和环境，通过消费方式、需求偏好等规律分析，为顾客提供精准而高效的个性化服务创新方案(Lehrer et al.，2018)[55]。

2.3　突破式服务创新主要研究现状

从文献分析的内容中可以看到，作为一种重要的服务创新类型，早在 1997 年 Galloujd 在服务创新研究中就提出了突破式服务创新的分类，由于创新能力和创新成果的限制，突破式服务创新研究成果并不多，可借鉴的案例也相对较少。突破式服务创新是服务创新研究的一个重要类型，近些年随着信息和科技的发展，突破式服务创新研究开始丰富起来。本节在服务创新研究的基础上结合突破式创新的相关研究，并进一步分析突破式服务创新研究的主要研究现状，以厘清突破式服务创新的研究进展脉络。

2.3.1 突破式创新的认识

1. 突破式创新的概念界定

对于突破式创新的系统研究，西方学术界始于 20 世纪 70 年代，虽然现有的研究较早地区分了突破式创新和渐进式创新，但目前对于突破式创新和渐进式创新的区别和界定尚未形成统一的看法。从国外来看，突破式创新对应的专业词语有两个"Radical Innovation"和"Breakthrough Innovation"；从国内来看，"Radical Innovation"有部分学者将其译为突破式创新、革命性创新、根本性创新等，本书采用突破式创新。关于突破式创新的定义，不同学者在不同阶段进行了不同的研究，如表 2-3 所示。

表 2-3　国外突破式创新定义总结表

研究者	观点	评述
Dess&Beard (1984)[56]	突破式创新通常是新企业成功进入市场的基础，建立在全新而完整的工程和科学知识的基础上，以此开发出新的市场和产品应用价值	技术方面的定义界定，强调全新，即新的企业、新的市场和产品价值
March (1991)[57]	从新技术的探索和现有技术开发两个方面对突破式创新进行了界定，认为探索是对全新产品或工艺的突破，而开发必须是改进或拓展现有的产品或工艺	技术方面的定义界定，强调全新产品和工艺
Chandy& Tellis (1998)[58]	突破式创新是指企业引入那些与现存产品不同的技术，以及那些比现存产品能够更好地满足顾客需求的新产品和新服务	强调满足顾客的新产品和新服务，开始出现服务领域的突破式创新
Godoe (2000)[59]	突破式创新是一种推动技术更新、大范围取代现有产品的创新模式	技术方面的创新定义
Leifer et al. (2000)[60]	突破式创新，即①需要有全新的产品特色；②现有功能指标至少提高 5 倍以上；③产品成本显著降低(至少30%)。突破式创新是一项产品或者服务，创造了全新的产品或者服务特色，或者在原有产品基础上在成本和性能方面有非常大的改进和突破	强调全新，并且具体提出绩效数量上的提升和具体数量上的成本节约
Abernathy& Utterback (2005)[61]	突破式创新完全不同于组织现有的创新实践和模式，它是一种全新的技术和概念，并创造了新市场	强调全新的技术和市场
Song& Di Benedetto (2008)[62]	突破式创新是一种产品、技术、过程和商业模式上的创新，企业通过这种创新对现有的产品和服务进行重大改进，从而可以在很大程度上获取当前的和潜在的顾客市场，获取市场竞争优势	对技术、产品、过程、商业以及服务上的创新，定义较为全面

资料来源：作者根据相关文献整理。

纵览上述学者对突破式创新的概念界定，可以看到各国学者从不同的角度对突破式创新进行了界定，尚未形成相对统一的观点。但这些学者给出的定义也存在一些共同的特点：①所有关于突破式创新的定义都是针对经济、产业和市场的重大影响所展开的；②突破式创新与渐进式创新相联系，其最主要的区别在于两者创新程度的不同；③突破式创新的出现和发展往往会改变市场竞争态势，大幅度降低成本、提高产品的技术性能，甚至导致整个产业重新洗牌，对于采用传统技术的领先企业带来一定的冲击，新企业崛起，产业版图大大改变。

通过表 2-3 可以知道，早期的学者对于突破式创新的定义研究主要集中在技术和产品方面，这也是最初能够体现突破式创新的领域，也体现了突破式创新的发展过程。之后，随着经济的不断发展，定义开始涉及服务业领域，展现了"技术—服务"的逻辑变化，而近期的突破式创新研究更加全面、更加完整，包括了对技术、产品、服务等各个方面的总结。

2. 突破式创新主要研究现状分析

本节主要以 Web of Science 数据库平台(包含数据库 SCI-EXPANDED、SSCI、CPCI-S、CCR-EXPANDED、IC.)下载的文献为基础，分析国外突破式创新研究进展。以突破式创新(radical innovation 或 breakthrough innovation)为主题词搜索所有年份的文献。并对引用量前 3 位的作者与团队进行详细分析，包括 Chandy、Tellis 以及 O'Connor 团队。

Chandy 和 Tellis 主要通过合作的方式进行突破式创新研究，内容聚焦于高新技术企业以及制药行业的突破式创新调查，分析为什么有些企业能够在突破式产品创新方面取得卓越成果，并说明企业是否愿意对其资源进行调配是实现突破式创新的重要因素。通过 17 个国家 759 个企业的调查结果显示：企业文化比国家文化具有更强的推动力；突破式创新的商业化可以提升企业的绩效[63]。Chandy 和 Tellis 的研究，其内容主要以研究突破式产品创新以及突破式创新和市场关系为主，多以实证调查为基础，对于研究领域存在的一些普遍观点，持有怀疑态度并进行相关验证，与行业联系紧密[64]。O'Connor 团队的突破式创新研究更偏向于实证分析，基于北美大型企业的突破式创新项目，对北美 10 家大型成熟企业的 12 个突破式创新的公司进行调查，说明突破式创新项目生命周期的独特性，并提出成功实施突破式创新的 7 个关键策略。其研究常与渐进式创新联系在一起进行对比分析，探讨在管理控制下的渐进式创新过程的机制和实践，有助于更好地识别突破式创新的特点和类型。这为我们后续研究提供了一条很好的研究思路，将两者结合起来研究，也更具有说服力和研究价值[65]。

与国外突破式创新研究相比较，国内突破式创新的研究开始相对较晚，文献最早可以追溯到 2000 年。近几年对于突破式创新的研究学者和团队也呈现出不断增长的趋势，张洪石等人(2005)通过全面探索性的理论假设对突破式技术创新项目的潜在影响因素进行了详细的分析，构建了突破式技术创新关键动因的主体考察框架，分别研究在多因子共同作用下每个不同因子对企业突破式创新活动和渐进式创新活动的影响，并且构建出突破式技术创新的"泛二元性组织"的组织模式[66]。秦剑(2009)对 165 家在华跨国公司进行问卷调查，从跨国公司在华突破式创新的前端驱动机制出发，提炼出关键的驱动资源和资源配置模式，指出创新吸收能力、相关营销资源和知识转移分别驱动了过程创新绩效和突破式产品创新[67]。陈光等人(2021)分析"中国情境"下突破式创新的发生机制，首次提出了技术、市场、组织和政策互动耦合关系。臧树伟(2021)以案例为基础，解释了制度供给、企业能力与企业突破式创新之间的协同共演规律[68]。

综上所述，从文献梳理的情况来看，目前研究团队和学者对于突破式创新的研究主要集中在突破式技术创新和突破式产品创新方面，特别是制造业突破式技术方面。研究内容紧密与技术发展相联系。对市场与突破式创新之间关系研究也较多，对于突破式创新驱动因素会涉及市场的影响、企业的战略等。研究内容相对丰富，行业特征明显，与市场和技术的发展密切相关。

2.3.2 突破式服务创新的探讨

突破式服务创新的研究，对 Web of Science 以及中国知网等相关权威数据库进行搜索，文献数量并不多。早在 1997 年 Gallouj 对服务创新提出了突破式创新与渐进式创新的区别与分类，但针对突破式服务创新的研究一直相对较少。加之突破式服务创新通常与突破式技术创新紧密相连，研究内容和观点并不清晰。近两年随着服务经济和信息技术的迅速发展，突破式服务创新作为一种重要的创新类型，开始得到国内外学者的关注，逐渐从突破式技术创新和产品创新中独立出来。

从企业角度来探讨，Jones 和 Samalionis(2008)通过调查发现许多顶尖服务企业都将新服务开发作为企业的首要目标，不断将新服务推向市场，服务企业需要不断地创新以提高市场竞争力获取更大市场[69]。同时，分析指出了影响突破式服务创新的结构性障碍以及突破式创新的普遍误区，并在此基础上提出突破式服务创新发展的五阶段路径框架，包括发展市场洞察力、培养突破性的价值主张、探索创造性服务模式、致力于新价值传递和不断尝试领航试验。两位学者认为在突破式服务创新发展的早期阶段，具有市场洞察力是非常重要的，如图 2-3 所示。其中 X 轴表示从"聚焦于顾客需求"到"聚焦于企业生存能力和技术可行性"的连续性，Y 轴表示从"寻找现实灵感"到"暂离现实展望另一个世界"。从图 2-3 中可以看到，探索突破式服务创新需要聚焦于顾客视角和企业技术，强调突破式创新的价值主张，还需要创造价值模式以及新价值的传递，其研究为突破式服务创新提供了很好的启示和研究方向。

从微观角度来看，Perks 和 Gruber(2012)等学者系统地分析了突破式服务创新过程中的价值共创问题，阐明了突破式服务创新的共创范式和显著特征，提出的整合观念为突破式服务创新进行了概念上的突破，通过一系列的分析发现在微观过程中突破式服务创新价值共创的本质问题，以 40 个渐进式的创新作用和交互作用为基础，探索以信息系统为基础的汽车保险服务行业的突破式服务创新[70]。Perks 团队认为突破式服务创新过程中的价值共创路径并不是单一而简单的，而是一个复杂的作用与交互作用的过程，主要由两种类型整合的方式导致突破式服务创新这一结果的发生：一条是以网络为基础的特定情境创新和持续而独立为主导的创新活动，一条以领导企业为主导并以交互作用为主的创新活动。他们提出应当将管理上的关注放在首要位置，这样有益于引导独立的创新行为，并且交互作用的发展机制与创新分享有助于突破式服务创新的发展。此外，Cheng(2011)认为动态的服务创新能力、企业服务技能和能力提升，都有助于服务型企业有效施展和利用不同的资源，揭示了动态服务创新能力与突破式服务创新之间的关系。并在开放式企业创新模式的影响下，通过对 209 位相关服务领域高层管理者的数据分析，指出动态服务创新能力与突破式服务创新的关系呈现 "U" 字形，开放式企业创新模式对突破式服务创新的动态发展能力具有积极的影响作用[71]。

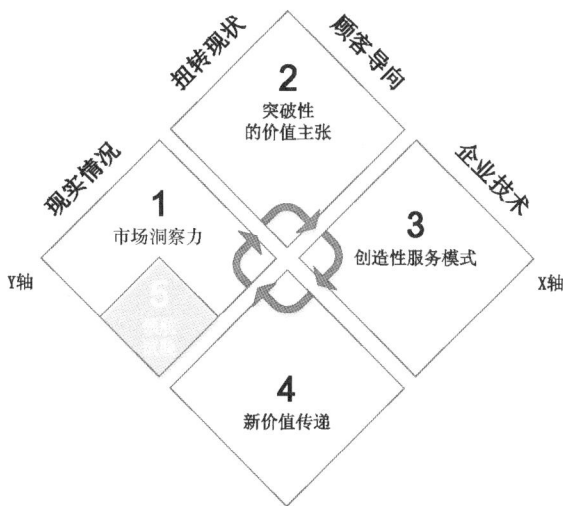

图 2-3　突破式服务创新发展的五阶段路径框架

从公共服务角度来分析，Albury(2011)探讨了如何为突破式公共服务创新的发展创造条件，并指出通过扩展投资创新渠道来增加创新行为以及实现创新行为的扩散[72]。Albury 从公共服务角度说明了影响突破式服务创新的条件并且如何作用于突破式服务创新，提出投资和刺激企业的组织文化和领导能力对于突破式公共服务创新的发展至关重要，会给企业带来高效率与高绩效。John 和 Lynne(2009)聚焦于服务创新管理过程，使用人类学和原型构念的方式探索英国公共服务业所面临的机遇与挑战，认为在创新过程中需要一种新的方法，就是以吸引客户的方式来实现创新过程中更多的合作者[73]。

从顾客角度来研究，Duverger 和 Hassan(2007)基于企业内部忠实客户群和客户反对者来评价创新竞争工具的优点来辨别突破式服务创新概念的来源[74]。他们验证了现有的文献中一些有关与新服务开发并未得到验证的假设，突破式服务创新的思想不仅来源于企业的内部忠实顾客群，也来源于企业的流动顾客以及企业的反对者，通过与他们的交流都可以产生有价值的创新想法，同时研究开发了服务创新竞争工具模型以及分析了客户与服务企业单元之间的合作伙伴关系。Nicolajsen 与 Scupola 等人(2009)通过案例分析的方法探索工程咨询服务业里的顾客参与以及相关突破式服务创新挑战[75]，最主要的研究贡献在于发现顾客在咨询服务业中会积极参与突破式服务创新的活动，并发挥决定性(decisive)的作用。顾客在突破式服务创新过程中扮演着所有新产品、新服务开发过程中所定义的三种角色，同时探索出成功实现合作的一系列创新所必需的因素。研究还提出对于重要的创新实验以及创新误区来说，持续的协作需要不断理解和处理客户/供应商关系，需要在顾客与企业员工之间采用新的沟通与互动方式。Johansson 等人(2019)服务创新是制造商服务注入的关键驱动力，研究调查了制造商内部的客户知识开发，揭示了客户知识开发、服务创新绩效和公司绩效的多重驱动因素。当客户参与新服务开发活动时，开发突破式的服务创新会使制造商获得更高的绩效[76]。Myhren 等人(2017)研究如何将开放式服务创新原型用于渐进式和突破式服务创新， 并以 9 个开放式服务创新团队为案例基础进行访谈，确定了开发服务创新的 3 个原型，并将不同的原型用于渐进式和突破式服务创新[77]。

而对中国知网的数据库平台(数据库包含文献，期刊，硕、博士学位论文，会议以及报纸等内容)下载的文献进行分析可以发现，直接涉及突破式服务创新研究的内容相对较少，搜索数据库所展示的文献内容主要关联"服务创新"和"突破式创新"。服务创新多以制造企业、知识密集型企业、通信运营业等行业为主，从不同行业角度进行探索。突破式创新的研究主要聚焦于前文所提及的国内相关文献分析，所涉及的内容主要为技术创新。本书所涉及的突破式服务创新研究内容则难以从国内数据库所搜索到的文献中体现，国内对于突破式服务创新研究的内容还处于探索阶段；主要聚焦于突变创新、服务质量、创新能力、创新机制，研究内容比较分散，可借鉴性相对较低，也是目前国内突破式服务创新研究相对薄弱的环节，有待进一步探索与挖掘。

从以上文献我们可以看到，目前突破式服务创新的研究数量不多，主要从企业、微观、公共服务以及顾客的角度来分析，多结合企业的案例与实证分析，与其他理论和模型相结合。是否可以借鉴其他理论与模型来研究突破式服务创新，以及理论与模型的适用性如何都有待进一步探索与挖掘，而 Jones 和 Samalionis 的新价值传递以及 Perks 与 Gruber 等学者提出的突破式服务创新概念也对本书具有很好的启示和借鉴作用。

2.4　价值共创相关研究综述

在服务营销和服务管理中，价值可能是最难以捉摸和不确定的概念。相关研究领域的学者从不同方面运用不同方法将其概念化。如今服务创新的研究逐步聚焦于价值交换，对于服务的创新与优化来说价值创造也是极为重要的。服务创新的发展不再是仅为了实现企业盈利和企业价值，而是更加注重价值的共同实现。如何实现价值共创是目前研究讨论的热点问题，价值共创的研究也呈现多元化发展趋势。

2.4.1 价值的相关研究

经济学家们普遍认为，在千变万化的价格现象背后一定隐藏着某种本质的东西，涨落不定的价格运动必定围绕着一个中心。而这种本质的东西被经济学家们称为"价值"。马克思古典政治经济学的劳动价值论认为生产商品的劳动具有具体劳动和抽象劳动的二重性，形成商品价值的是抽象人类劳动。欧洲古典政治经济学的代表人物亚当•斯密和李嘉图认为隐藏在价格现象背后的这种本质的东西——价值，就是为生产商品所耗费的劳动。经济交换是新古典经济学中最主要的研究理论和内容，相关理论围绕经济交换而展开，产品主导逻辑就是这个时期经济管理学科中的主导理论。产品是一切经济的核心，而服务只是"次优"的产出，在价值创造的过程中，企业是价值的创造者，而顾客却是价值的毁灭者和消费者。如今随着服务经济的发展，顾客在服务生产中可以与企业共同创造价值，而不再是价值的毁灭者。

1. 企业价值

已有文献对于企业价值的定义和相关研究内容比较丰富，但是价值的概念存在相对模糊性，这就使企业价值可以有各种不同的理解，包括企业管理者、股东、员工等多方面利益相关者。目前对于企业价值的认识大致可分为企业价值的经济价值观和企业价值的社会利益观两种。

企业价值的经济价值观认为企业的经济价值是衡量企业成功的重要标准之一，企业价值就等同于股东价值，企业经营的最主要目标就是实现经济价值和股东财富的最大化。在传统的经济价值观念中，企业最为重要的功能就在于通过获取相关资源并进行有效配置，同时以最小的投入换取最大的产出，收入和成本的衡量结果就是企业的最终利润，所以实现利润的最大化成为企业最终追求的目标。企业价值的社会利益观认为企业价值不仅需要考虑企业的股东利益，还应该考虑其他利益相关者的利益，包括顾客、员工、供应商、社会团体等，简言之就是说企业价值是所有利益相关者创造的价值总和。这种社会利益观也得到了包括企业伦理理论、利益相关者理论和社会责任理论等众多理论的支持。

2. 顾客价值

顾客价值的创造是价值共创过程中的重要环节，是企业不断寻求竞争优势的必然与合理结果。在知识经济的时代发展过程中，企业的真正任务是价值，而并非价格[78]。由于不同的利益相关群体对"价值"的要求和认同不一样，所以不同学科对于"价值"存在不同的解释。企业员工关注的价值主要聚焦在生活保障、工作质量和个人成长方面；供应商对价值的关注主要是独立性与安全性；股东关注的价值内容是价格收益和价值增值。在营销学的研究领域，价值的研究主要聚焦在与顾客的相联系方面，顾客价值实际上是顾客感知到的价值[79]。具体学者关于顾客价值的定义概括总结如表 2-4 所示。

根据以上学者的研究和相关文献总结，可以将顾客价值概括为以下几种类型。

(1) 顾客价值情感观。这一类研究认为，顾客价值是在顾客与服务之间的一种情感链接或者纽带。如同 Butz 和 Goodstein 所认为的，在顾客使用了企业所提供的产品和服务之后，在顾客与产品和服务之间建立情感联系，并为顾客提供附加服务与价值[80]。

(2) 顾客价值权衡观。Philip Kotle 把顾客价值定义为总顾客价值减去总顾客成本。总顾客价值是指顾客期望从购买某一特定产品或者服务中所获得的利益，而总顾客成本则是在评估和使用产品或者服务时引起的顾客预计费费用。同时波特把顾客价值定义为买方感知性能与购买成本的一种权衡。顾客价值权衡观是比较具有代表性的一类观点。

(3) 顾客价值满意观。这一类观点认为顾客价值是在"最低的获取、拥有和使用成本之下所达成的顾客满意"[85]。

(4) 顾客价值层次观。Woodruff 和 Franklin 在 1997 年提出的观点中认为，顾客价值是顾客对产品属性、产品偏好，还包括对通过使用而产生的对顾客目标和目的的实现能够起到阻碍和促进作用的一种偏好和评价[84]。在这个定义中，从如何看待价值的经验角度研究顾客价值，将需求价值和实收价值融合为一体，并强调价值来源于对顾客的感知和评价，同时也将顾客价值与使用情景以及顾客对产品的使用体验联系起来。

表 2-4　顾客价值的定义总结表

学者	顾客价值的定义
Gale(1994)[81]	相对于产品价格调整之后的市场感知质量
Butz & Goodstein(1996)[80]	顾客价值指当顾客使用生产商所提供的某种优秀产品或服务，并在使用过程中发现产品提供了一种附加价值时而建立在顾客和生产商之间的情感纽带
Slater & Narver(2000)[82]	顾客价值就是一种相对偏好并相互影响的体验
Oliver (1999)[83]	顾客价值就是顾客为了满足某种需求和达到某种目的而获取特定产品和服务的愿望
Woodruff & Franklin(1997)[84]	顾客价值是顾客的一种偏好和评估，包括产品属性和属性表现

资料来源：作者根据相关文献整理。

通过文献的研究可以发现，虽然对于企业价值和顾客价值定义繁多，但本书聚焦于企业的社会价值，不仅要实现企业的财务和盈利价值，还要实现顾客等相关利益群体的价值，同时顾客价值定义也采用顾客价值层次观的思想，即顾客价值是与产品或者服务的使用紧密联系的，顾客价值是顾客感知的价值，由顾客所决定而并非由企业所决定，这种感知的价值是一种顾客权衡的结果与目的，即对所得和所失进行比较，顾客价值由企业所提供。

2.4.2　价值共创理论的解读

在传统商品主导逻辑中，企业单独创造价值，而并不直接影响顾客的消费过程，顾客只能被动地接受企业的产品和服务，但是如今随着现代服务业的飞速发展，价值共创理论赋予了企业和顾客更多的角色[86-87]。

1. 基于服务主导逻辑的价值共创理论

Vargo 和 Lusch 等人提出的基于服务主导逻辑的价值共创理论，强调创新过程中的价值共创与顾客在价值创造中扮演的主动角色以及与企业互动和沟通的重要性。服务主导逻辑提出服务是一切经济交换的根本基础，服务主导逻辑将过去的产品和服务之争统一到服务上来，服务是经济活动的基本成分，而顾客不再是价值的毁灭者[88] [89] [90]。Vargo 和 Lusch 等人所提出的服务主导逻辑 10 条命题，详细阐述了价值共创的重要性，认为在创新过程中不同的参与主体都是相关资源的发现者和整合者，共同在服务创新的过程中为创新的开发与发展作出贡献，并共同组成创新的服务生态系统，不同创新主体在这个系统中共同完成服务创新——价值共创的过程。顾客是创新的主体，是有效资源的拥有者，顾客不仅是共同生产者，也是价值的共同创造者，顾客是操纵性资源的拥有者，他们的知识、技能和经验都有助于服务创新过程中的价值创造，这是价值共创的一个重要前提，将服务视为经济交换的基本形式，而不再是将产品视为价值交换的首要因素。同时在创造出新的网络创新过程和模式的基础上，企业与顾客共同创造价值，各个创新要素协同互动，实现价值创造的可持续发展。

2. 基于消费者体验的价值共创理论

价值共创理论还包括另一个重要分支：Prahalad 和 Ramaswamy(2013)基于消费者体验基础而提出的价值共创理论，两位学者认为价值共创存在于顾客与企业互动和交互创造顾客体验的过程中，通过交互作用提升服务质量，企业和顾客共同确定服务实现的目标，解决相关问题，共同创造价值，而价值就蕴含在顾客个性化的体验和活动中[91]。两位学者构建了"DART"模型，在模型中通过体验(Assess)、对话(Dialogue)、提高透明度(Improve Transparency)和风险评估(Risk Assessment)四个方面激发企业与消费者保证共创价值的效率，实现价值的创造。

3. 其他价值共创理论

价值创造在经济交换的过程中处于核心地位，价值共创建立在服务普遍性的基础之上。学者 Grönroos 和 Helle(2010)将服务主导逻辑应用到生产行业中去，指出顾客和供应商的能力、资源等能够相互配合与补充，企业可以更好地为顾客创造价值，同样顾客参与到创新的价值创造过程中，实现价值的共创[92]。之后在 Vargo 和 Lusch 的研究基础上，学者 Grönroos 进一步提出基于服务主导逻辑的价值共创模型，认为企业在服务创新的过程中扮演着价值促进者、价值合作者以及价值创造者三种角色[93]。Grönroos 和 Voima(2013)又进一步指出顾客和企业在价值共创中扮演了重要的角色，价值是由顾客来创造的，同样价值创造还可以通过顾客、供应商来共同完成，也就是互动为价值创造提供机会与挑战[94]。此外，Aarikka 和 Jaakkola 基于知识密集型产业提出价值共创的四阶段框架，从甄别需求、提出和设计解决方案，到组织内外部资源、价值冲突管理以及最后实现方案的目标[95]。

在国内相关文献的查询中，国内学者对于服务创新的价值共创研究主要是基于国外学者的研究进一步扩展与分析的，多采用质性分析的方法分析。简兆权和肖霄(2015)以"携程旅行网"为例进行单案例研究，结合服务创新与服务主导逻辑下的价值共创理论分析携程的商业模式，解析网络环境下服务创新与价值共创之间的关系与要素，认为价值共创是服务供应链上、中、下游之间的两两互动，并将此过程划分为三大模块与 19 个维度[96]。周文辉(2015)指出目前主要价值共创理论的不足，提出知识服务机构如何实现企业创新绩效这一过程尚未解释清楚，采用规范的多案例研究方法从知识密集型服务企业出发，探讨如何将知识服务转化为创新绩效，系统分析与归纳了知识服务的内容、价值共创的过程以及与创新绩效结果之间的关系[97]。郭朝阳等人(2012)采用服务主导逻辑下的服务生态系统观来解释服务研究领域中出现的新问题，重构相关领域已存在的理论，促进服务主导逻辑的深化与发展[98]。

传统价值创造在生产和消费过程中将企业和顾客划分为不同角色，产品和服务本身具有价值属性，企业提供服务和产品，顾客消费服务和产品，市场是一个中介在企业和顾客之间进行价值交换。Prahalad 和 Ramaswamy(2004)指出传统价值创造与价值共创的区别，如表 2-5 所示[99]。可以看到传统的价值创造与价值共创在价值实现目标、结果、企业与顾客之间的关系及模式、价值质量等方面都存在较大差异，传统的价值创造更为单一，但随着互联网技术与信息技术的发展，价值共创已经成为服务型企业发展的趋势，越来越得到国内外学者的关注与讨论。

表 2-5　传统价值创造与价值共创的区别

	传统价值创造	价值共创
价值实现目标	经济价值	共创价值与经济价值
价值实现结果	价值链的末端	过程中的任何时间与地点
企业与顾客之间的关系	产品与服务、特性与功能、产品绩效与操作流程	通过多渠道、多选择、价格、体验、关系等实现共创
企业与顾客之间的模式	企业发起，一对一，被动方式	企业与顾客共同发起，一对一或一对多，主动方式
价值质量	内部流程，产品质量	企业与顾客交互，共创的质量

资料来源：作者根据相关文献整理。

综合以上各位学者对价值共创的研究，可以发现在服务主导逻辑的基础上，国内外学者对价值共创进行了扩展研究，对企业和顾客的角色进行了重新定位与评价，价值共创的研究领域逐渐扩展到互联网企业、知识密集型服务企业等。研究方法主要集中于文献分析法和质性分析方法等。

2.5 文 献 评 述

在梳理创新、服务创新以及突破式服务创新相关文献的基础上，我们可以发现从最初的创新理论，到服务创新研究的扩展，以及对突破式服务创新的探索，研究探讨的过程是一个由表及里、层层递进、逐步深化的过程。创新理论的相关成果，为研究服务创新奠定了理论基础。

2.5.1 服务创新研究评述

1997 年 Gallouj 和 Sundbo 等人对服务创新的定义揭示了服务创新的本质，相关文章引用量最高，很多学者的研究在此基础上发展而来，虽未形成统一观点，但大多基于这些观点展开。可以看到近 40 年研究内容和成果颇为丰富，涉及广泛的行业、内容和范围，很多学者从不同的视角对服务创新进行了阐释。从定义关键词表中可以看到，对于价值方面的定义一直都是关注的焦点，但国内的研究并不多。在前文中我们从众多的服务创新文献中梳理出清晰的理论脉络，由"点"到"面"地详细探索出如今服务创新的研究进展。

1) 对于服务创新规律的探索

如今国内外研究已触及服务创新研究领域的各个方面，在一定程度上揭示了微观层面的服务创新规律以及服务创新大背景下成熟服务型企业创新管理过程，但对于宏观和中观层面的研究还有所欠缺和不足，服务创新相关基本特征还未得到全面展示，还有待进一步探索。服务创新的研究近年来呈现出多元化发展趋势，研究学者和文献数量都在逐年增长，一些服务创新基本理论内容也众说纷纭，缺少一种比较系统的理论研究基础。

2) 服务创新的分类研究

对于服务创新的分类研究较多，深入研究相对较少。不同学者提出不同的服务创新分类，包括突破式服务创新、渐进式服务创新、特定情境的服务创新等，但是对于详细而深入研究相对较少，相关解析只是机械性阶段式或分类式的划分，多从具体行业的分析出发探讨不同行业背景下的服务创新，有一定的局限性。这也是本书探索的研究内容。

近年来，国内的研究虽有很大的发展，但服务创新研究还基本上由国外研究成果借鉴而来，还未脱离国外研究的束缚和制约，缺乏基于中国本土特色创新实践的研究界定。通过文献研究发现，美国、欧洲等国家服务创新研究成果相对丰富，且引用量相对较高，占据研究数量和引用量第一、第二位。中国的服务创新研究较多，数量上占据第三位但文章引用量相对较低。如何结合我国的国情，探索出有益的创新成果，这对我们的研究提出了较高的要求。

如今，随着现代服务业的飞速发展，服务创新的研究丰富了我们对服务业的认识，同时也更加体会到进行服务创新的迫切性、必要性与重要性。通过对文献的梳理可以看到如今的服务创新呈现以下几个特征。

1) 行业差异日益缩小

长期以来学者们的研究重点都停留和聚焦于服务业创新与制造业创新之间的明显差异上。两者之间的差异在不断缩小。但随着研究不断深入，服务业创新与制造业创新有相互融合的趋势，这两大产业部门在创新方面的差距也在不断缩小，有很多相似之处，如合作创新、R&D研发方面。以上几项大型企业调查研究均显示，知识密集型服务企业创新能力相对较高，尤以计算机商务服务创新、金融服务创新为首，而通信业和批发贸易服务业为创新性较少的服务行业。这对于我们后文研究突破式服务创新研究提供了很好的启示。

2) 信息技术发挥重要作用

随着ICT的发展，研究学者们越来越重视技术在服务创新中的作用。ICT几乎是所有服务行业技术创新的重要来源，也成为服务业创新的关键技术，创造性的过程往往需要新技术的运用。目前，ICT技术在服务创新中占据了核心地位。信息技术与网络技术以及在此基础上形成的信息平台，对于推进服务创新以及服务业现代化发展有着重要的作用，ICT的应用已经成为加强服务创新、提高核心竞争力和提高效率的一种重要途径。

3) 重视资源整合与利用

在如今知识经济时代，提升技能和人力资本是服务创新的支柱，企业员工在服务创新中发挥了重要作用。企业如何有效进行资源整合，包括企业资源、顾客资源、供应商资源等，将资源合理分配与利用，这对于发现服务创新新需求和新源泉以及企业创新能力提升起到了不可估量的作用。

2.5.2 突破式服务创新研究评述

与服务创新的研究内容相比较，突破式服务创新的研究成果并不多，主要以国外研究为主。通过对相关文献的搜索与分析，可以看到以下研究存在的不足和发展方向。

1. 缺少相关概念总结

国内对于突破式服务创新的相关概念与总结相对较少，对中国知网的文献进行搜索，可借鉴和学习的研究成果与内容并不多。但早在1997年Gallouj就将服务创新划分为突破式服务创新与渐进式服务创新，但深入研究和详细探讨成果还比较少，多与新服务开发，新产品开发的研究相联系。随着近十年来信息技术与互联网技术的发展，突破式服务创新逐渐发展壮大，逐步得到学者们的重视。

2. 受制造业创新影响较大

目前突破式创新的研究聚焦于技术创新与产品创新，国内关于突破式创新的学术论文多以描述性和概念性辨析研究为主，仅有极少数学者对突破式创新进行了探索性的实证分析和研究。如今社会经济的发展，导致服务创新离不开技术创新、产品创新等，技术创新的研究可以为服务创新研究提供有益的借鉴，但目前突破式创新的研究主要以技术创新为主题，服务创新为辅助。那么对于突破式服务创新来说，在创新内容和创新模式方面存在哪些差异，技术创新的发展对突破式服务创新有什么影响，这些都是值得进一步研究的问题。

3. 创新的研究角度

无论是从公共服务的角度，还是从微观的角度，研究的内容主要关注的是新服务开发的过程。研究主体相对独立，聚焦于企业、公共事业和顾客，对于突破式服务创新本身的规律性研究和个性特征调查并不深入，更多聚焦于某一行业进行行业分析，那么对于突破式服务创新的研究是否能够进一步深化，是否可以从创新主体交互作用的角度来分析如何实现突破式服务创新，而不仅从企业或者顾客的角度来探讨，这为后来学者的进一步研究提供了有益的经验。

2.5.3 价值共创理论研究评述

服务主导逻辑理论的发展为突破式服务研究的开展提供了一种崭新的研究视角，解决了产品主导还是服务主导的逻辑之争。近几年来，服务创新在服务主导逻辑的基础上其研究集中于服务主导逻辑下的价值共创与价值交换。Vargo 和 Lusch 提出的服务主导逻辑价值共创理论以及 Prahalad 和 Ramaswamy 基于消费者体验基础上提出的价值共创理论，都强调价值共创的作用以及顾客在创新价值过程中的重要作用。

根据相关文献的整理和借鉴，可以看到 Vargo 和 Lusch 的服务主导逻辑价值共创理论更符合服务创新和服务科学的研究，其他相关理论研究主要从该理论扩展而来，所以本书聚焦于服务主导逻辑的价值共创理论，从企业与顾客入手，着重从两者之间的交互关系来分析突破式服务创新价值共创过程。对于企业价值，从社会利益观的角度进行界定，即企业价值的实现既要实现企业自身的利益，包括盈利性、运营效率等，还需要考虑其他与企业利益相关者的利益，如顾客、供应商等。而顾客价值则更聚焦于顾客价值层次观，也就是将需求价值和实收价值融合为一体，强调价值来源与对顾客的感知和评价，同时将顾客价值与使用情境以及顾客对服务的体验联系起来。

通过对服务主导逻辑下的价值共创文献分析可以看到，虽然价值的共创包含不同的创新主体，但是通过研究和整理不难发现，更多的研究内容聚焦于企业与顾客之间的关系，企业和顾客在价值共创过程中发挥了重要作用，也是本书的主要内容和焦点。对服务主导逻辑的价值共创属性进行相关总结，如表 2-6 所示。

服务科学发展的当务之急是如何通过系统化的服务创新来实现价值的共创[100]。关于价值共创的研究目前在不断深化中，这对于研究突破式服务创新的价值共创来说提供了很好的研究角度。对于研究突破式服务创新来说，既是研究的理论基础，也是理论研究的新视角。

表 2-6 服务主导逻辑下的价值共创属性

属性	服务主导逻辑
价值的创造者	企业和顾客(为主)，包括其他企业员工、创新合作伙伴等其他网络伙伴
企业与顾客之间的关系	合作者——资源生产与价值创造
企业的作用	提出价值主张，整合资源，创建互动平台，激励顾客
顾客的作用	整合企业资源，个人知识、技能、经验参与价值共创，并参与企业的创新过程
价值的驱动	使用价值
资源整合	知识、经验、技能
价值创造的过程	企业提出价值主张，企业和顾客通过资源与其他创新伙伴共同创造价值
价值的最终目的	充分利用操作性资源提高价值网络系统的适应性

资料来源：作者根据相关文献整理。

综上所述，经过相关文献的浏览与分析，可以看到本书的研究点具有足够的理论支撑，具备服务创新研究领域的学术前瞻性，同时结合相关理论，可以对突破式服务创新进行探索性的有益研究。

2.5.4 探索和研究的问题

突破式服务创新是服务创新的一种重要创新类型，实现突破式服务创新的价值共创对于服务企业和顾客来说具有重要意义。突破式服务创新共创价值的实现需要在创新过程中重视企业与顾客之间的沟通、交流与互动。通过对现有文献的分析与梳理可以看到，基于价值共创视角研究突破式服务创新的相关内容较为欠缺。目前对于突破式服务创新的价值共创还没有成熟的案例分析、理论假设与变量范畴，在看似简单的突破式服务创新背后，如何实现企业的价值共创仍然是一个"黑箱"，蕴含着难以模仿的价值共创能力与服务创新理念。而且根据实地调查，许多学者和企业管理者对于突破式服务创新以及其如何实现价值共创的理解也不尽一致，甚至存在误解，直接设计和采用无差异的结构化问卷和量表对公众进行大样本的量化研究不一定能获得研究的效果，甚至造成误差。通过文献分析可以看到，如今对于价值共创理论本身研究较多，但是对于最能体现价值的突破式服务创新研究没有清晰而系统的详细调研与分析。

如今突破式服务创新的研究还属于一种新生事物，相关参考文献并不多，属于探索性研究，既是挑战也是机遇。因此，本书探索和研究的问题主要从以下方面展开：①在相关理论研究的基础上，界定突破式服务创新，从价值共创视角完善突破式服务创新相关理论。②确定突破式服务创新价值共创实现过程，从企业和顾客这两个最重要的创新主体出发挖掘和探索突破式服务创新价值共创过程，为企业成功实施突破式服务创新提供有益的借鉴。

第 3 章

服务主导逻辑下的突破式
服务创新理论总论

3.1　突破式服务创新的理论基础——服务主导逻辑

3.1.1　从产品主导逻辑到服务主导逻辑

在工业经济发展的时代，将产品和服务进行明确区分是比较容易的。传统的营销学理论更强调其内在价值和有形资源，而且学术界更强调产出和效益，一直遵循着经济学中的产品逻辑思想(Good Dominant Logic)。产品主导逻辑通常又标签为"新古典经济传统"或者为"制造逻辑"，认为价值创造是经济交换的核心目标，价值创造不仅前后相继，而且在发展过程中隐含着价值"增值"，这是产品主导逻辑的核心所在[101]，产品在价值创造中处于中心地位，而服务则是"次优"的产出，并且呈现出分阶段的特征，如图3-1所示。

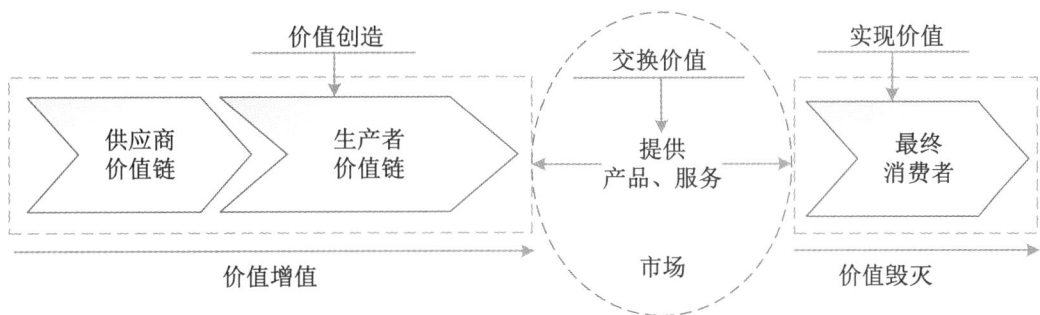

图 3-1　传统商品主导逻辑下的价值创造

(资料来源：作者根据相关文献分析整理。)

但是，在信息革命和全球化发展的今天，区分产品和服务在一定程度上就更加困难了。传统产品主导逻辑的思想已经难以适应如今快速发展的经济变化。随着服务业在各个国家国际贸易中的地位不断提升和发展，也使商品主导逻辑难以符合社会发展规律，难以令人信服[102]。越来越多的企业所提供的既不是单纯商品也不是单纯服务，通常将两者有机组合起来，将组合的"解决方案"提供给消费者。这时很难将产品和服务进行详细区分，在这种情况下，美国学者 Vargo 和 Lusch 在 2004 年基于核心竞争理论和资源优势理论提出了全新的服务主导逻辑(Service Dominant Logic)，重新审视商品和服务，从而取代传统的产品主导逻辑。服务主导逻辑的理念一经提出，就颠覆了盛行数十年的产品主导逻辑，引起了学术界和企业界的普遍关注。现如今越来越多的研究者经过研究发现，新的服务主导逻辑更适合如今快速发展的社会经济，将研究的中心从关注单位产出和价格转移到服务过程上，取代传统的产品主导逻辑思想，便于理解经济发展中的价值创造，以服务于企业的战略发展和产品培育。

3.1.2 服务主导逻辑 10 个经典命题

与传统的产品主导逻辑相比，服务主导逻辑聚焦于无形资源，重视相关方之间的关系，强调共创价值。Vargo 和 Lusch 在 2004 年研究的基础上，又进一步先后于 2006 年、2008 年和 2016 年对服务主导逻辑的假设进行了修订和完善，并于 2016 年提出最终服务主导逻辑的 10 个经典命题，如表 3-1 所示。

表 3-1　服务主导逻辑 10 个经典命题

命题假设	最初的基本命题 (2004 年)	修正的基本命题 (2006 年)	新的基本命题 (2008 年)	更新的命题 (2016)
1	专业技术和知识的应用是交换的基本单位	专业技术和知识的应用是交换的基本单位	服务是交换的基础(根本性基石)	(无变化——根本原理)
2	间接交换使交换的基本单位变得模糊	间接交换的基本单位变得模糊	间接交换掩盖了交换的根本基础(无变化)	(无变化)
3	产品是提供服务的分销机制	产品是提供服务的分销机制	产品是提供服务的分销机制	(无变化)
4	知识是竞争优势的基本来源	知识是竞争优势的基本来源	有效的资源是竞争优势的根本来源	有效的资源是战略利益的根本来源
5	所有经济都是服务经济	所有经济都是服务经济(无变化)	所有经济都是服务经济(无变化)	(无变化)
6	顾客是共同生产者	顾客是共同生产者	顾客通常是价值的共同创造者	价值由多种创新主体共同创造，包括价值的受益人——顾客(根本原理)
7	企业只能提出价值主张	企业只能提出价值主张	企业并不能传递价值，只能提出价值主张	企业不能传递价值，但可以参与创造并提出价值主张
8	服务中心观点是以顾客和相关者为导向的	服务中心观点是以顾客和相关者为导向的	服务中心观点是以顾客和相关者为内在导向的，是顾客决定和共同创造	服务中心观点是以受益人和相关者为导向的
9		组织的作用在于整合专业化能并转化成市场所需的复杂服务	所有的社会和经济主体都是资源整合者	(无变化——根本原理)
10			价值通常是独特的，进而由受益者所决定的	(无变化——根本原理)
11				新的命题——价值共创是通过创新主体协调机制和制度安排共同实现的(根本原理)

资料来源：根据参考文献整理[88-90，103-104]。

在 Vargo 和 Lusch 所提出的 10 条命题中，我们可以得出以下信息。

1. 服务经济是核心

在命题 1、2、3 和 5 中提出服务是交换的基础，探讨了资源与竞争优势之间的关系，并指出所有的经济都是服务经济，服务经济是核心，强调了服务经济的重要性。

2. 服务经济的价值共创

在命题 4、7 和 9 中阐述了价值共创问题，提出"服务生态系统"(Service Ecosystem)——即不同参与者构成的交互空间，把服务经济中的不同参与者看作一种"服务系统"(Service System)，在服务经济的大环境中进行资源共享与整合，构成一个价值共创网络。在这个价值共创网络中通过不同参与者的交互作用来不断提高服务生态系统的可塑性、适应性和持续性。其中参与企业价值共创的主体不仅包括消费者和企业，还包括企业、员工、顾客和其他合作伙伴。

3. 价值共创中的重要角色——企业与顾客

价值共创是一个网络系统，包含企业、顾客、供应商、员工在内的多种创新主体。Vargo 和 Lusch 在命题 6、8 和 10 中认为顾客和企业在价值共创过程中扮演了不同的角色并对价值共创的结果产生了重要影响，并将价值创造看作一个连续的过程，认为顾客与其他相关主体一起完成"价值共创"过程。顾客通常是价值的共同创造者，服务创新是以顾客和关系为内在导向的，是顾客决定和共同创造的。可以说在价值共创中企业与顾客发挥了重要作用，如图 3-2 所示。与产品主导逻辑所体现"分"的特征不同的是服务主导逻辑充分体现了"合"的特色。

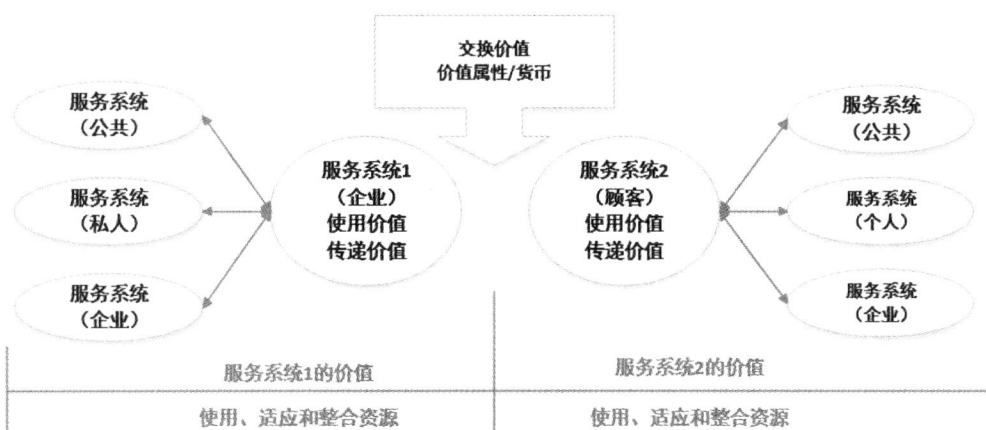

图 3-2 服务主导逻辑下服务生态系统中的价值共创

(资料来源：作者根据参考文献整理。)

可以看到，就像苹果公司的成功不仅给其他竞争对手带来了巨大的压力，同时在一定程度上把很多竞争对手带上这条成功之路。许多顾客认为苹果的成功归功于其在系统和软件开发上的强大实力，也有不少人认为苹果公司的产品主要依靠外观取胜，还有人认为是苹果的品牌魅力吸引了大批热情的"果粉"。其实，苹果公司成功的真正原因在于不卖硬件卖服务[105]。卖硬件只能卖一次，在如今科技产业飞速发展的今天，卖硬件是低端薄利的，但是服务却可以无限延伸，苹果公司将产品开发和延伸服务整合在一起，实现企业发展从产品逻辑向服务逻辑转变。那么具体如何实施服务创新进行价值共创还有待进一步探讨和研究。本书以服务主导逻辑下的价值共创理论为研究基础，界定突破式服务创新概念并探索突破式服务创新价值共创的实现问题，进一步分析和拓展服务创新与价值共创理论。

3.1.3　服务主导逻辑理论对突破式服务创新研究的新突破

随着服务经济的迅速发展和顾客需求的改变，服务创新已成为促进服务产业更新换代和升级的重要手段。服务主导逻辑理论认为，企业的经营与管理是为了更好地给顾客提供解决问题的方案，企业并不能单独创造价值，而只能提供解决方案、提出价值主张，在被顾客接受后的使用过程中由顾客来创造价值。

如今服务主导逻辑理论的研究已经开始深入到服务创新研究的领域中，简兆权，肖霄(2015)采用案例分析的研究方法，结合服务创新与价值共创相关理论，从企业、顾客、供应商三大主体角度进一步剖析服务创新与价值共创的过程，为服务型企业构建服务价值网络提供了系统的范式[96]。肖怀云(2013)探讨了服务主导逻辑下物流企业服务创新的价值创造过程，提出物流企业内部治理是价值创造的重要前提，资本承诺是价值活动的基础，组织整合是共创价值的关键[86]。戴勇(2014)从服务主导逻辑的视角对企业售后服务模式进行分析，并从价值主张和价值传递两个方面建构价值共创机理，结合英国罗尔斯罗伊斯公司为例进行详细案例分析[106]。高素英(2021)指出数字化、智能化时代使服务型企业处于快速变革的外部环境中，以典型案例为基础构筑服务生态系统的新型组织模式，剖析迭代技术赋能于企业服务生态系统，驱动具有多层面结构的系统演化的内在机理[107]。

可以看到，服务主导逻辑作为一种前沿的研究理论，如今已经和服务创新、服务科学的研究紧密结合起来，虽然现有服务创新仍以企业为主导，顾客参与度还有待进一步提高，但随着创新的发展和顾客的充分参与，服务创新已不再是单方面的企业创新，而是多主体参与的协同创新，共同实现价值共创，这对于突破式服务创新来说更是如此。同传统产品主导逻辑相比，服务主导逻辑有了较大的改进和发展，服务主导逻辑作为一种前沿交叉理论，其发展不仅来源于学术界对该理论不断深化的认识，而且外部环境的变化也促使服务主导逻辑不断发展并与时俱进。虽然服务主导逻辑已经形成了自己的核心观点和基本框架，但与那些具有几十年乃至上百年历史的成熟理论相比较，仍有很大的发展空间。对于突破式服务创新来说，如今创新实现的最终结果不再仅仅是企业价值和盈利价值，而是实现最终创新的价值共创，在服务主导逻辑下探索突破式服务创新，可以进一步从价值共创的视角进行创新分析，也可进一步丰富和完善价值共创和服务创新理论。

3.2 服务主导逻辑下的突破式服务创新新探索

3.2.1 突破式服务创新的概念界定

服务型企业是指从事与"服务业"相关经营活动的企业，其经营理念是一切以顾客的需求为中心，以产品为载体，为顾客提供优质而完整的服务，服务型企业能够更好地满足顾客的需求，提高顾客的忠诚度和满意度，增加服务型企业的效益和利润，增强服务型企业的市场竞争力。服务型企业一般包括旅店业、饮食业、旅游业等。在服务型企业范围的基础上，进一步结合相关文献可以总结出突破式服务创新的概念和定义。

通过前文文献总结可以发现，现有的文献中对于突破式服务创新的定义研究相对较少。Gallouj 最早在文章"Innovation in service"中认为服务创新存在突破式创新和渐进式创新两种类型，提出突破式服务创新在特性方面与旧服务是完全不同的创新类型。Menor 和 Tatikonda 等人(2002)从新服务开发的角度提出服务创新可以划分为突破式服务创新和渐进式服务创新，并认为突破式服务创新通常会受到信息技术和计算机技术的影响和驱动[108]，但并未定义突破式服务创新的具体含义。在之后的一段时间里突破式服务创新研究并不多。随着服务业的迅猛发展，可以发现近几年服务创新研究开始逐步扩展到突破式创新研究领域，其相关定义研究主要集中在近十年的文献中。

Jones 和 Samalionis(2008)认为突破式服务创新是对市场发展进行的重大改变，是针对服务企业和市场所进行的突破性改变，文章以 JetBlue、Netflix 和 Progressive Insurance 等企业所进行颠覆世界的新服务开发为例，认为突破式服务改变了市场规则，使企业重新开始思考新的盈利模式，新的技术开发以及新的顾客关系，并指出过多地聚焦于当前实际情况和盈利模式会使企业难以设计出新的服务创新 [69]。Perks 和 Gruber(2012)所认为的突破式服务创新更聚焦于颠覆性的创新，这一类突破式服务创新在一系列的行为模式中呈现出不连续状态并且对现有企业经营和管理方式提出挑战[70]。Song 和 Benedetto(2008)在文章中提出企业通过突破式创新从技术、过程、产品和商业模式上对现有的服务进行重大改进，目的在于获取当前或潜在的顾客市场[62]。Cheng(2011)研究认为渐进式服务创新在新服务发展的过程中可以使用并改进已有的知识和技能，而突破式服务创新在新服务的开发中搜寻和追寻的是完整的新知识和技术。文章中列取了亚马逊作为突破式服务创新的典型案例，认为亚马逊充分利用互联网技术改变了新服务开发过程中获取服务利益的方式，需要企业和顾客获取新的知识和技能[71]。

通过以上定义研究可以看到，突破式服务创新的研究多与新服务开发相联系，成果相对较少。依据熊彼特的经典创新理论和服务创新文献综述中 Gallouj 和 Sundbo 的观点，结合创新理论和服务创新理论，经过理论推导和演绎，提出本书突破式服务创新概念界定，如图 3-3 所示。

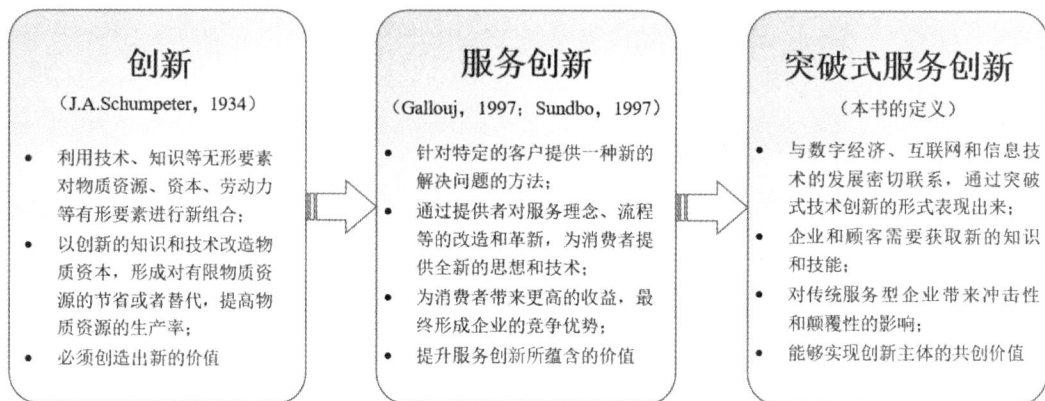

图 3-3　突破式服务创新概念推导

根据图 3-3 的概念推导，并基于服务主导逻辑的思想，本书界定突破式服务创新，即在数字经济背景下服务型企业在服务领域进行的突破式创新改变，其产生与互联网、信息技术和大数据的发展密切联系，并伴随着全新技术或产品率先进入市场，通过突破式技术创新和产品创新的形式表现出来，企业和顾客需要获取新的知识和技能，大幅度提高服务的便捷性，能够实现创新主体的共创价值，突破式服务创新的出现会对传统服务型企业带来冲击性和颠覆性的影响，往往可以改变市场规则和竞争态势，创造出一个全新的产业甚至导致整个产业重新洗牌。

3.2.2　突破式服务创新的特征

突破式服务创新的发展为企业带来了巨大的利益和价值，也引来了无数的效仿者，在其看似简单的服务创新开发与设计的背后，其实蕴含的是难以模仿的价值共创与突破式服务创新理念与能力。如果依据传统的服务思想，服务型企业提供服务只为获取企业高额利润，那么这样的突破式服务创新必然是失败的，这样的服务型企业也最终会被社会所淘汰。如今随着服务经济的突飞猛进，突破式服务创新的发展与实现不再是简单的获取高额利润实现企业盈利，而是要在突破式服务创新的过程中实现其根本目标——价值的共创。本书结合服务创新以及突破式创新的相关特点，试图从五个方面总结突破式服务创新的特征。

1. 与技术创新密不可分

由于服务创新是技术创新的外在表现形式，那么突破式服务创新的发展更离不开技术创新的突破。长期的技术突破与创新是突破式服务创新的基础与保证，两者之间不是对立的关系，而是相互依赖共同发展的关系。通过大数据、云计算、人工智能等新兴技术，收集大数据并进行数字化知识与信息的识别、选择、存储和使用，可以更好地提供服务给顾客，如"新零售""新制造"。

2. 影响现有的市场竞争态势

数字经济的本质在于信息化，突破式服务创新在互联网大数据平台的推动下，对目前现有的市场规则、竞争态势和产业版图都有决定性的影响，改变了现有市场的技术能力和水平，对传统的服务型企业带来一定的冲击，但并不一定导致传统企业的退出。

3. 以互联网行业为典型

在数字经济发展背景下，如今突破式服务创新在各个行业都有所发展，尤以互联网新态势下的发展迅猛最为典型。一方面互联网为突破式服务创新的发展提供了技术平台，有助于创新的不断开发与设计；另一方面互联网的发展，使顾客对服务创新提出了更高的要求，也促进了突破式服务创新的产生与革新。

4. 具有高度的风险性和不确定性

创新必然会有风险，许多企业的高级经理将突破式服务创新视为高风险、不可预测的同义语[109]。突破式服务创新需要探索新的技术轨道，而不是像渐进式服务创新一样在原有技术轨道上进行延伸和拓展，所以具有高度的不确定性和风险性。

5. 以价值共创为重要目标

顾客不仅是服务创新思想的重要来源，也是创新的"合作生产者"。服务主导逻辑下的价值共创观点将企业与顾客作为不同的创新主体，通过有机结合的方式将人、企业与技术整合到一起，构建起一个共生环境一样的价值共创系统，这对于突破式服务创新的实现尤为重要。这就要求服务型企业在突破式服务创新过程中，从创新的概念产生、创新设计、创新开发到最终创新的实现，不断与顾客进行交流与沟通，提升价值共创的能力，通过系统化的服务创新实现和加速价值共创，如图 3-4 所示。

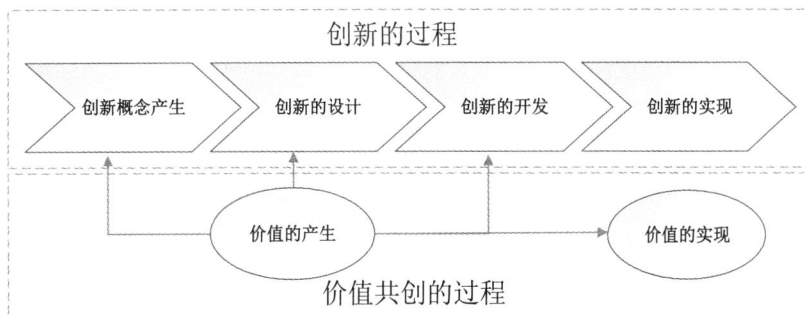

图 3-4 突破式服务创新价值的产生与实现过程

创新的过程也是价值共创的过程，同时创新的实现促进了价值的实现。商品的二重性理论提出："商品生产的目的是获得价值，而不仅是为了拥有其使用价值，如何解决这个矛盾关键就在于商品是否能够顺利实现交换。"交易是否能够成功实施是价值共创的基础和保证，通过交易企业才能收回成本并获得剩余价值，并且满足顾客的需求，达到效用的实现。可见突破式服务创新的开发与设计不仅需要实现企业的利益和价值，还需要满足顾客的需求和利益以实现价值的共创。

3.2.3 数字经济新环境下的突破式服务创新

数字经济的发展孕育了巨大的服务贸易市场空间，由数字技术引发的颠覆性创新催生了大量服务贸易新业态和新模式。我国在数字服务贸易方面具有建立新的竞争优势的现实基础，有望成为世界数字服务贸易大国甚至强国。数字经济也是人口经济，我国是世界上互联网使用人数最多的国家，有着巨大的用户群和最大的消费市场，数字服务产业可以在国内、国际市场取得规模经济优势。此外，我国有大量具有一定规模、创新能力强的服务型企业，有能够实现服务贸易数字化、模式创新的基础，数字化、服务化转型可以使价值链不断延伸，进一步扩大服务贸易增长空间。数字经济可分为数字化、互联网(固定互联网、移动互联网、物联网)、数字孪生三个阶段，不同国家、不同地区、不同行业、不同企业数字经济发展的进程不同，当前我国正处于数字经济发展中期，对于社会发展的影响越来越大，生产方式、服务方式、商业模式都在加速演进。互联网技术的普及与大数据的飞速发展，使消费者更加看重互联网创新之后所带来的服务体验、服务创新与服务质量。

突破式的服务创新在于让潜在用户可以感受到不同于以往的创新内容，采用新的创新设想、新的创新技术手段来实现新的服务方式。通过非物质手段进行的增加有形或者无形产品的附加价值活动，这种附加价值的活动在数字经济、信息发展、互联网的今天表现得尤为突出。互联网技术和信息技术的发展已经改造影响了多个行业，当前大众耳熟能详的互联网金融、电子商务、在线旅游、在线房产等行业都是"互联网"的"杰作"。通俗来说，"互联网+"就是"互联网+各个传统行业"，但这并不是简单将两者相加，而是充分利用信息通信技术以及在互联网平台的基础上，深度融合互联网与传统行业，为顾客提供更具有创新性的服务与体验，使企业获取更大的市场竞争优势。突破式技术创新是突破式服务创新的基础，突破式服务创新是技术创新的表现形式。目前突破式服务创新更多地出现在互联网行业中，突破式服务创新是利用互联网和信息技术为顾客提供一系列具有差异化价值的一种新业态的服务，在这个过程中实现服务传递过程的创新，速度快、效率高，使服务的范围更大、成本下降，更贴近消费者的个性需求。突破式服务创新利用互联网平台使服务的传递可以摆脱时空和地域的束缚与限制，与传统的服务业相比较，可以实现远距离替代，实现无限制随时随地传递各种相关服务资讯，可以在企业与个人(B2C)、企业与企业(B2B)之间实现服务信息的快速传递。

信息技术和互联网技术为服务业的创新发展带来了翻天覆地的变化[110]。可以说互联网企业的服务创新主要以突破式的创新为主，突破式服务创新已经进行了许多有益的尝试。

例如通信服务质量的改善。E-mail、QQ、微信等即时通信服务，改变了传统的邮寄信件的服务方式，通过即时通信 APP 可以进行语音、文字以及视频交流；出行者经常使用的网上购买火车票、打车软件，从国外的 Uber、Lyft 到国内的线上打车，虽然在全世界不同范围内存在一定的争议，但这种通过互联网和传统交通相结合的方式，极大地改变了人们的出行方式。"传统集市+互联网"催生了卓越亚马逊、淘宝；"传统旅行社+互联网"催生了携程、去哪儿；"传统百货卖场+互联网"催生了京东、盒马鲜生；"传统银行+互联网" 催生了支付宝、微信支付等。同时互联网企业借助大数据，实现了信息和数据的实时收集、分析和处理，并及时反馈给市场的前端部门和创新研发部门，适时调整服务创新战略。在零售、电子商务等行业领域，都可以看到服务型企业与信息互联网技术的融合，实现了远距离的服务替代，信息技术与互联网的发展对原有的传统行业起到了很大的升级换代作用。

在如今竞争对手云集的市场中，企业进行突破式服务创新，需要充分利用数字经济、互联网的精神、价值、技术和机会，承担新的风险并创造出新的需求，整合创新资源，采用新的服务手段与服务方法以增加顾客体验，满足顾客日益发展的个性化需求。真正理解信息技术与互联网技术所带来的突破式服务创新的核心意义就需要了解消费者的方便性，即支付方便、使用方便和选择方便。突破式服务创新更应把注意力放在对顾客与企业对需求的把握上。顾客是价值的共同创造者，这对于突破式服务创新来说尤为重要[82]。由于突破式服务创新对于企业和顾客来说都是全新的，是通过新服务发展周期开发出来的，所以更应该认真听取顾客的建议和反映，这也正是突破式服务创新的绝佳机会，对待顾客的期望和抱怨，应妥善处理、设法改善。信息和互联网技术的发展，把"用户为天"的服务方式发挥到极致。对于服务企业来说利用信息技术以及互联网技术，创造新的发展生态，可以实现服务创新的突破性发展。

3.3 突破式服务创新相关概念辨析

3.3.1 突破式服务创新与突破式技术创新

通用电气前 CEO 杰克•韦尔奇曾说："服务市场远比我们想象的大得多。"在近十几年，国外许多优秀制造企业大力发展与产品和技术相关的服务业务，逐步向服务业渗透和转型，使服务行业经济的发展成为新的利润增长点。从前文文献研究中我们也可以看到，在服务创新研究的初期，服务创新的研究在很大程度上依靠制造业技术创新中发展起来的方法体系和理论观点，服务创新研究受到"技术创新"研究的影响较深。如今学术界对制造业和服务业的创新行为达成了共识，服务创新领域受到更多、更广泛的关注。Kerssens 等在 1999 年就提出了服务创新的"4 个维度模型"，任何一项服务创新都是以上 4 个维度的特定组合，包括"新传递系统""新顾客界面""新服务概念"以及"技术"[111]。Montaguti 等(2002)提出突破式创新是一种基于突破式方法研发新技术和新产品的动态过程。可见服务的产生可能与某种产品或者技术联系在一起，从一个方向到另一方向提供无形的东西或者利益[112]。

数字经济可以带动资金、技术、人才等要素的流动，增强产业间的知识和技术要素共享，促进资源优化配置、产业协同深度融合和全要素生产率提高，引领传统产业向全球价值链的高端延伸。其中技术创新是推动现代服务业升级的重要因素。而技术创新既是服务产业实现持续发展不断创新的支撑条件，也是服务创新的一个重要阶段。服务创新能够不断推动经济增长，激发创新水平，并促进产业的升级与提高。服务业的飞速发展，需要以信息通信技术或者网络技术等高新技术为支撑，是高新技术产业与现代服务业相互融合的产物，随着服务需求的增加，技术创新只有通过服务创新服务于新的市场，才能形成新的服务产业，可以说服务创新是技术创新的外在表现形式[113]。如今突破式服务创新更多地体现在以高新技术为依托或支撑的服务企业中，正如互联网技术的发展为服务创新的产生和应用带来了颠覆性的改变，如电商的发展，包括卓越亚马逊、携程等服务企业，突破性的信息技术发展是一种手段，最终的经济还是服务经济。正如服务主导逻辑所提出的："服务的提供才是经济交换的基础。"

服务主导逻辑思想认为所有经济的核心是服务经济，无论突破式技术创新还是产品创新都需要以服务为外在表现形式，突破式服务创新需要依托突破式技术创新表现出来，以技术创新为基础，实现突破式服务创新价值共创为核心内容，采用更先进的技术手段，提供更新颖的专业化增值服务，最终实现价值共创网络中创新主体的共创价值。传统的硬技术把"人心"排除在外，更强调技术的突破，技术所带来的企业价值。而软技术则可使我们的生活和工作更加便利、舒适和方便，更加注重人的情绪和感情，以顾客和关系为内在导向，提高软技术所带来的附加价值，这也是服务主导逻辑所强调的服务中心观点，也是突破式服务创新价值实现所需要的。

3.3.2 突破式服务创新与渐进式服务创新

自熊彼特在1912年提出创新理论以来，各国的学者们虽然根据不同的标准和维度对创新进行了分类，但分类内容和结果却不尽相同。而按照学者们依据创新程度的不同，可以把服务创新分为渐进式服务创新(Incremental Service Innovation)与突破式服务创新(Radical Service Innovation)。突破式创新与渐进式创新存在着很大的差异。渐进式服务创新主要指微创新，即对现有的服务型企业的创新技术和创新产品进行微小调整，在原有的信息和技术轨道上进行调整和改变，其从价值的产生到实现周期相对较短，而突破式服务创新则需要充分利用各种资源，借助信息技术的创新力量，进行服务企业的重组、变革与升级，其价值共创的过程也相对更为复杂。突破式服务创新与渐进式服务创新是一个交替的过程，可以说渐进式服务创新呈现出连续不断的发展过程，而突破式服务创新则呈现出波动的发展过程，其发展轨迹是剧烈波动的，如图3-5所示。

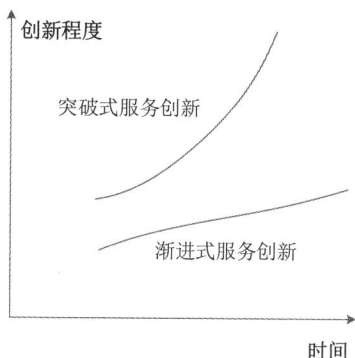

图 3-5　突破式服务创新与渐进式服务创新对比

随着服务经济的发展，企业组织不断认识到创新的重要性，每一个企业都在一定程度上进行着各种方式的渐进式创新。可以看到从渐进式创新到突破式创新是一个量变到质变的过程。突破式服务创新借助先进的高科技和信息技术以及全球化网络平台，具有很强的开放性和灵活性，如今突破式服务创新，更需要借助技术创新、数字技术、大数据分析的力量。与渐进式创新相比，突破式创新对企业财务绩效和成长前途的影响要大得多。结合突破式技术创新的特点分析突破式服务创新和渐进式服务创新，更具有分析性和对比性。

(1) 从企业整体来看，突破式服务创新以及高水平学习是提高企业效益所必需的。突破式服务创新是基于借助先进的高科技和信息技术以及全球化网络平台而开发出的新服务，能够大幅度使企业和组织显著改变现有的传统竞争规则，挖掘出市场上的新需求[114]。而渐进式服务创新也可以改变当前企业的发展模式与程序，从而短期内提高企业绩效。但渐进式服务创新只是从企业的现有服务性能方面来改进服务，无论这种服务的跨度多大、改进多么困难，但只要其创新的改进依然是按照原来的创新轨道发展的，那么这种服务创新依旧是渐进式服务创新。

创新是否停留在原有的服务性能轨道上是区分突破式创新和渐进式创新的标准。由于突破式服务创新具有高度的不确定性和不可预测性，突破式服务创新探索的往往是新的创新轨道，不同于渐进式服务创新是对原有创新轨道的拓展与延伸。一般来说，渐进式服务创新是在前一代创新轨道上建立起来的，其组织规章、组织能力、经营策略、企业文化都与前一代创新轨道相适应。

(2) 从新服务开发角度来看，突破式服务创新与渐进式服务创新在创新的目标、重点、过程以及不确定性等方面都存在显著的不同。具体如表 3-2 所示。

学者 Grulke(2002)通过研究发现，任何领域的突破式创新风险性都高于渐进式创新[115]。高度的不确定性和不可预测性是突破式服务创新的显著特点，也是那些一向重视决策评估的大型服务企业高层管理者非常慎重地将大量的资源和金钱投入到不确定性和不可预测性的市场开发中的主要原因。突破式服务创新的未来充满不确定性，特别在早期阶段，对于突破式创新和渐进式创新的思想、标准与评价存在显著的不同差异。结合 Grulke 的创新不确定性研究，在此基础上针对这两类服务创新可以进行对比、扩展和延伸，具体内容如表 3-3 所示。我们可以看到高度的不确定性主要体现在技术、市场、组织等方面，而突破式服务创新在这三方面均高于渐进式服务创新，由此所带来的风险和资源的投入比重都会相对较高。

表 3-2　突破式服务创新与渐进式服务创新的对比

新服务开发	渐进式服务创新	突破式服务创新
创新目标	维持和巩固现有市场竞争地位	变革现有市场和产业； 创造新的产品和市场
创新重点	开发新服务； 对原有的服务进行改进和提高	开发新服务； 开辟新行业
商业计划	从一开始制订商业计划	包含探索性学习的商业计划
风险性	相对较低	相对较高
确定性	不确定性低	不确定性高

表 3-3　突破式服务创新与渐进式服务创新的不确定性、不可预测性水平比较

类别	渐进式服务创新	突破式服务创新
技术的不确定性、不可预测性	低	高
市场的不确定性、不可预测性	低	高
组织的不确定性、不可预测性	低	高

根据相关学者的研究，并结合突破式服务创新的特点，可以构建出突破式服务创新与渐进式服务创新的不确定性比较三维模型图，并进一步进行比较与分析，如图 3-6 所示。

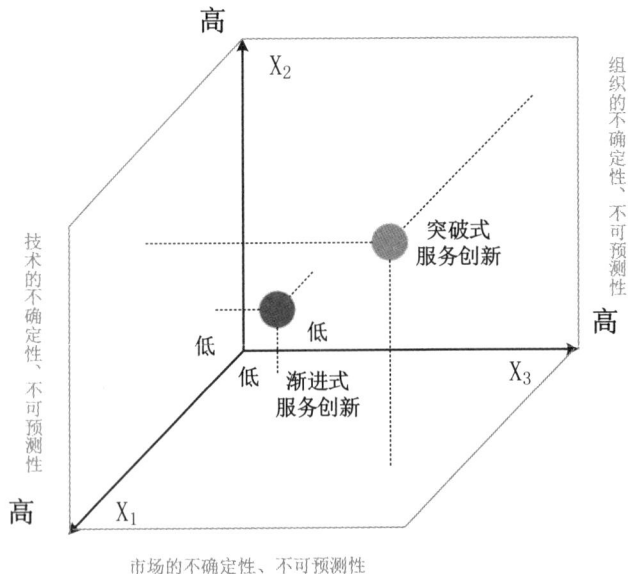

图 3-6　突破式服务创新与渐进式服务创新的不确定性、不可预测性对比

3.3.3　突破式服务创新与破坏式创新

随着对创新理论研究的比较和分析，可以发现"突破式创新"和"渐进式创新"以及"破坏式创新"和"维持式创新"是比较容易混淆的概念。由于国内外文献的翻译问题，导致许多学者将我们经常所讲的破坏式创新与突破式创新视为同一类创新，将维持式创新这一术语与渐进式创新混为一谈，更有一些研究者将突破式创新与维持式创新进行比较，其实这两类四种创新存在本质区别。"突破式创新"(Radical Innovation)与"渐进式创新"(Incremental Innovation)相对应，而"破坏式创新"(Disruptive Innovation)和"维持式创新"(Sustaining Innovation)相对应，这对于研究和理解突破式服务创新，拓展突破式创新理论来说是非常关键和重要的。通过进一步研究比较分析不难发现，破坏式创新、突破式创新等之间存在重要区别。

1. 技术要求的不同

突破式创新是与渐进式创新相对的概念，突破式创新的核心视角和维度是技术，主要关注的是技术创新，创新的重点在于较大程度提高技术的性能，而破坏式创新通常基于简单的新技术，并不一定伴随着技术的突破[116]，通常以环境为基础，强调破坏现有的创新能力，其市场风险要高于突破式创新。所以对于突破式服务创新来说，不能等同于破坏式创新，突破式服务创新是在技术性能创新的基础上，既有可能破坏也可能增强现有的服务创新能力，是突破式技术创新的外在表现形式，往往采用最前沿的技术，基于技术发展和风险平台，提供更好的服务给顾客。

2. 市场格局的不同

突破式创新主要解决的是提高现有市场的需求，为主流市场的用户提供更好的服务与产品等问题。突破式创新会对市场产生颠覆性和冲击性的影响，但并不一定导致传统企业的瓦解与市场退出。相反破坏式创新可为非主流用户和新兴市场用户提供新的细分市场价值，主流用户较难辨别或者认可新的利益[117]。破坏式创新对市场的冲击程度更高，可以导致一个行业的彻底改变，迫使相关企业退出该市场。突破式服务创新是针对现有市场的服务需求，为消费者提供更有价值的服务，需要企业和顾客获取新技术与新知识，符合大部分主流用户的需求和利益，会对传统行业带来冲击，但不一定会迫使传统企业退出。

3. 承担风险的不同

突破式创新和破坏式创新的研发和发展都需要承担各种风险。由于发展前沿技术需要持续不断的技术资金投入，所以突破式创新更多承受的是技术风险，破坏式创新更多承担的是市场风险，二者承担的风险不同。相应的突破式服务创新在现有技术产品改进的基础上，面对相对成熟的市场，满足主流用户的需求，需要考虑技术创新所带来的风险性。

第 4 章

突破式服务创新价值共创实现过程

4.1 典型案例的分析与探讨

4.1.1 案例分析的设计

1. 案例分析的必要性

自 20 世纪 90 年代末开始，Gallouj 就提出了突破式服务创新，但近十年才引起学术界的关注，学术界开始逐渐探讨与探索其学术价值和实践价值，突破式服务创新开始备受关注。根据之前的研究，学术界将新服务开发中的渐进式创新界定为使用和改善现有的知识、技术与技能，而突破式创新是指那些在新服务开发中探索与寻找完全新的知识与技能 (Benner & Tushman，2003)[118]。举例来说，传统物流中的"门对门"(Door to Door)的传递方式可以看作渐进式服务创新，而亚马逊成功地实施了突破式服务创新，因为它使用互联网技术改变了服务带来的诸多益处(比如在网上搜索和购买音乐和图书)，实现了服务的远距离替代，同样的顾客需要获取新知识(比如如何使用互联网、在线支付以及音乐下载)以运行和使用新服务，实现新服务的价值。渐进式服务创新具有对现有服务较小改变的特征，而突破式服务创新通过创新概念和技术创造了新的品牌价值。

尽管如此，对于突破式服务创新的研究仍处在探索阶段，一些基本内容尚未达成共识。为了更好地说明数字经济背景下突破式服务创新企业实现价值共创的问题，探索出相关案例为突破式服务创新进行佐证是当前研究要务之一。

2. 案例企业的选择

案例的研究需要结合市场实际，以典型案例为素材，并通过具体分析与解剖，收集相应资料，并挖掘和整理信息的全过程。案例研究与实证研究的区别在于案例研究是为了形成理论，其研究对象是"个体"，而实证研究在于验证理论，研究对象是"样本"。所以案例研究在学术理论研究方面一直有广泛的应用。由于突破式服务创新的研究是探索性研究，案例研究的目的是在此基础上进行相关理论的归纳与总结，并为后文理论模型的构建奠定理论基础和提供支持，所以需要选取不同背景的多案例进行分析，在案例之间寻找共性与个性，以提高案例研究的质量和有效性。

本书在案例选择方面参考相关文献资料并结合具体情况，主要选取数字经济环境下以互联网技术为基础的服务型企业，一方面互联网技术与信息技术能够很好地体现数字经济服务型企业突破式服务创新的发展，也是目前国外突破式服务创新研究相对较多的服务型企业；另一方面这一类型的企业在互联网平台的基础上开发突破式服务创新实现了创新的价值共创。此外，案例选择还应考虑以下几方面因素：第一，所选企业首先应属于服务业突破式服务创新的范畴，已经将突破式服务创新应用到企业运营中，并不断进行突破式服务创新的服务型企业，这使案例研究避免了不同行业之间的创新差异、内外部环境的影响等(服务业与制造业的服务创新在本质上具有不同特点)。第二，所选的企业属于不同的细分行业，都在一定程度上使用信息技术与互联网技术发展服务创新，不同行业的案例研究可以保证研究成果的相对完整性。第三，所选企业能够代表行业的状况与水平，目前企业发展相对较为成熟，具有一定的典型性和代表性。根据以上分析，总结出目前基于信息技术与互联网技术的突破式服务创新企业，如图 4-1 所示，主要选择旅游服务类企业、商务服务类企业、媒体服务类企业以及房地产服务类企业 4 大类型。那么这些企业是如何开展与实施突破式服务创新并实现价值共创的？本书将选择典型案例进行探索性分析与挖掘。

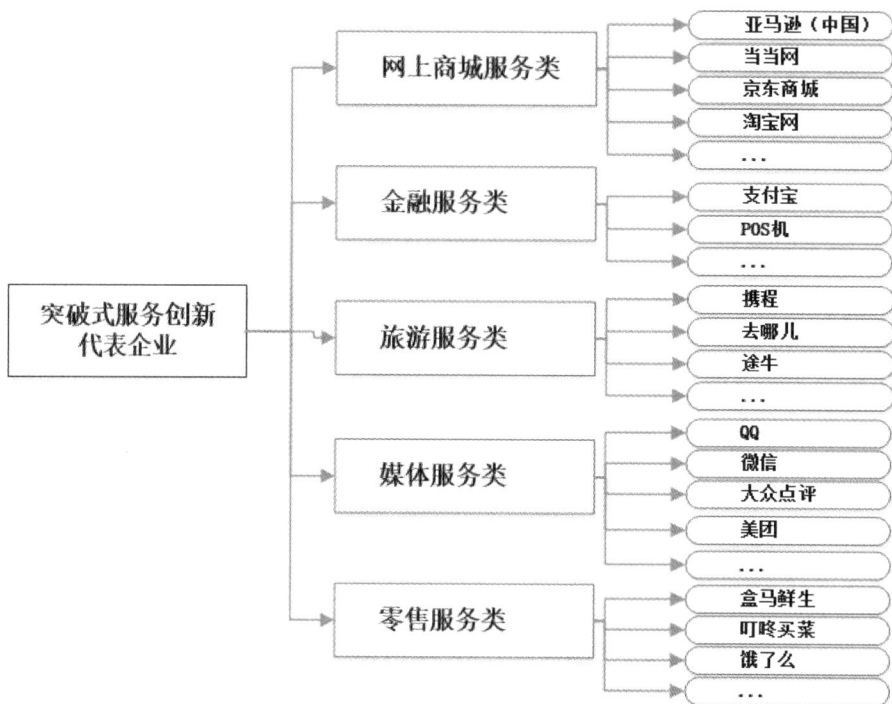

图 4-1　突破式服务创新代表企业类型

（资料来源：作者根据实际调研整理。）

4.1.2　案例分析的选择

1. 网上商城服务类

商务服务类企业近几年来发展迅速，尤其是电子商务的发展。在如今开放的网络环境下，买卖双方不经谋面而进行各种贸易活动，实现消费者网上购物以及各种商务活动。对于电子商务的研究早已经成为学术界研究的热点，研究内容广泛而深入，包括 B2B、B2C、C2C、O2O 等。而从服务的角度来看商务类企业的突破性发展，研究还不是很多。电商的出现，实现了传统百货公司到电子商务的发展，顾客不需要出门在家就可以实现购物并送货上门，体验到方便快捷的服务质量。如今随着电子商务的发展，这一类突破式服务创新的发展尤为显著。在现有国外突破式服务创新的研究中，亚马逊经常作为突破式服务创新的典型案例被提及，所以本书以亚马逊(中国)作为典型案例进行突破式服务创新案例分析。

亚马逊(中国)的前身是卓越网，创立于 2000 年，卓越网被亚马逊公司收购后，成为其子公司。亚马逊可以为客户提供各类商品，并用最经济、最有效的方式将商品从生产厂家送到消费者手里，用最短的时间完成整个购物流程。以购书为例，与传统的书店和百货商场的购物模式相比，亚马逊(中国)的突破式服务创新给顾客带来了新的体验和解决方案，既满足了顾客的需求，实现了顾客的价值，也提高了企业的效率，实现了企业的价值。具体如图 4-2 所示。

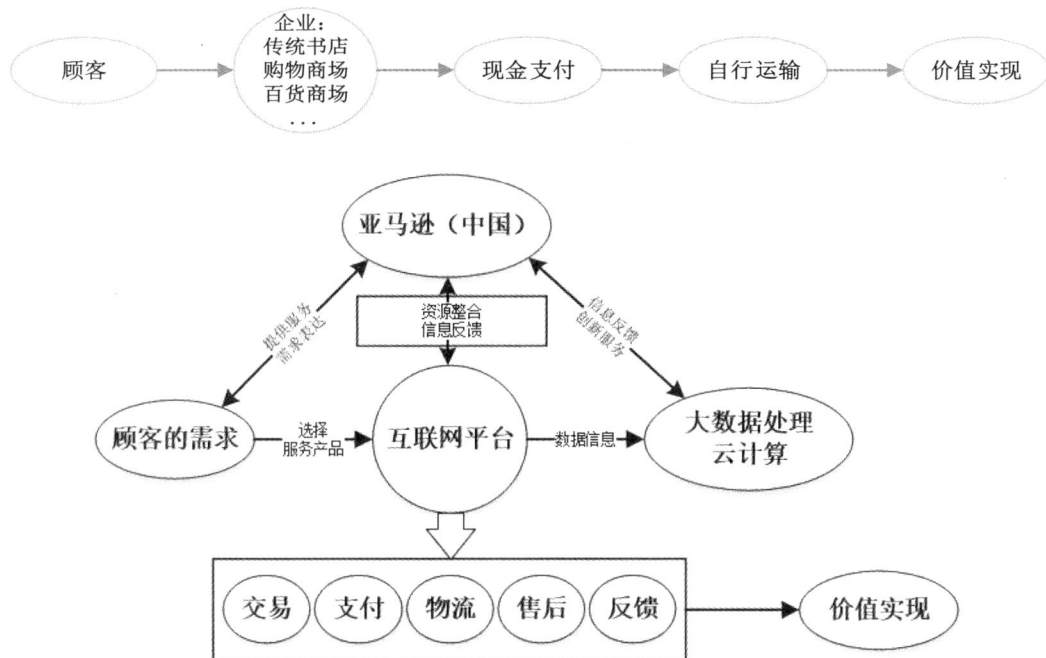

图 4-2　传统书店与亚马逊网上书店的服务模式对比

(资料来源：作者根据实际调研整理。)

从时间上来看，传统的书店购书方式需要花费一定的时间和精力去书店挑选购买图书，而且价格鲜有折扣。而网上购买图书的时间则可大幅度地减少，顾客可以足不出户就买到自己想要的图书与产品，顾客在网上选购好图书后，一般几天后就会收到送货上门的图书，而且通常会比传统书店的折扣更低，通过互联网平台解决烦琐的交通、选择、支付问题，时间成本大幅度地降低，同时送货上门的物流方式也节约了物流成本，如今物流时间也在逐步缩减，发达的物流网络已经可以实现当天下单、当天到货，可以看到这些是传统服务业所无法竞争的，如表 4-1 所示。而这些都与传统的购书方式产生了鲜明的对比，与传统的服务型企业相比，亚马逊中国在很多方面被改变与创新，而这些创新是完全新的，并对企业和顾客都产生了颠覆性的影响。

表 4-1　传统书店服务模式与亚马逊网上书店服务模式对比

	传统书店	亚马逊(中国)
价格	原价，偶有折扣	一般 6～7 折，还有其他优惠
花费时间	长	短
支付方式的便捷性	烦琐(现金)	便捷(网银)
物流	自己运输	免费物流送货上门
服务信息与反馈	到店咨询	线上数据处理、服务交流平台

资料来源：作者根据实际调研整理。

从顾客价值共创角度来看，传统的方式使顾客需要通过现金支付等方式购买自己需要的东西，自行解决运输等问题，而出现任何问题还需要返回商场进行沟通、退货与反馈，其他的沟通和需求表达途径更是少之又少。而在亚马逊(中国)这种类型的服务模式中，顾客的需求是企业运营的起点，满足顾客的需求是企业发展的重要目标。对于顾客来说，方便快捷的购物模式、优质的服务给顾客带来了各种实惠与便捷，时间成本得到降低，并且通过网络平台表达自己的需求和意愿，提升了顾客的购物与服务体验，大幅度提高了顾客的满足度与忠诚度。

从企业价值共创角度来看，亚马逊(中国)与顾客保持紧密联系，实时反馈信息了解客户需求，并根据信息不断进行调整。而用户一旦尝试了这样一次网上购书的体验，体验到其所带来的服务优势，就会成为企业忠实的客户群体，使企业在同行业竞争对手中保持竞争优势[109]。亚马逊(中国)还在不断地进行创新与突破，根据顾客的需求开发出 Kindle 将图书搬上了网络，免费或者只需少量支付就可以下载和阅读电子书、报纸、杂志等，大幅度提高了顾客阅读的便捷性。亚马逊(中国)连续被评为"2010 中国创新公司创新榜单""2010 年中国最佳客户服务奖""2012 中国消费者最信赖的网络消费网站"等，很好地阐释了企业价值的实现。

纵观亚马逊的传奇发展历程，用其 CEO 贝佐斯的话来解释，其实就是将顾客的需求作为首要目标，作为企业经营和发展的起点，在此基础上再回过头来寻求实际的经营发展思路。亚马逊(中国)从企业创立开始，一直致力于创新的发展。从商品搜索(Search Inside)到一步点击购物(1－Click Shopping)再到海量暂存架等创新举措，亚马逊一直致力于构建"客户至上"的企业文化，一次次地为"服务顾客"增添新的内涵。一直强调先创造用户价值，然后再产生商业价值。通过与顾客的交流和沟通，以顾客的利益至上不断进行创新与更新，为客户提供更好的服务体验。亚马逊(中国)CEO 贝佐斯认为企业应当为了顾客的根本利益而努力，这样才能获得长久的成功与发展，需要我们在现有的基础上不断创新，我们的目标就是尽最大可能服务好现有顾客，实现顾客价值，再实现企业的价值，并为未来的顾客做好服务准备。

2. 旅游服务类

旅游服务类企业如今已经从传统的旅行社转变为互联网平台下的旅游服务企业。目前这一类型的服务型企业主要包括携程、去哪儿、途牛、驴妈妈等。数字经济环境下互联网是一种突破式技术创新，根植于传统的产业，如今企业的发展仅依靠技术创新难以实现其产业优势，这就需要突破式服务创新作为突破口，超越传统企业。本书主要选取携程网作为主要案例分析对象，从突破式服务创新价值共创的角度对其成功过程进行挖掘与探索。

携程旅行网的突破式服务创新模式来源于美国的 Expedia 公司，创立于 1999 年年初，总部设在中国上海。此外，在北京、广州、杭州、青岛、沈阳、厦门、武汉、南京等 17 个城市设立分公司，公司员工超过 25000 人。其目标定位于在线旅游服务市场，充分利用现代互联网技术与信息技术将传统的供应商与顾客直接联系在一起，提供机票、酒店等业务，将机票预订和酒店预订整合成商务游以及自助游，并拥有中国领先的酒店预订服务中心。在携程旅行网之前，中国还没有一家公司能够统一处理酒店预订、度假预订、机票预订、旅游资讯以及商旅管理在内的全方位旅行服务企业，而携程成为中国最早建立在互联网平台上的旅行服务公司。

携程成功整合了高科技产业与传统旅行业。从图 4-3 中我们可以看到，传统的旅游业需要顾客自己去旅行社咨询旅行路线和产品，内容和服务相对比较单一，选择性较少，自主性较差，企业与顾客之间的信息沟通也并不顺畅，顾客需要到旅行社询问、比较并完成相关服务产品的购买。而携程旅行网通过信息服务，实现资源整合，将服务需求方(顾客和单位等)与旅游服务提供方(酒店、旅游景点、票务等服务部门)的直接沟通和需求匹配变成了可能。

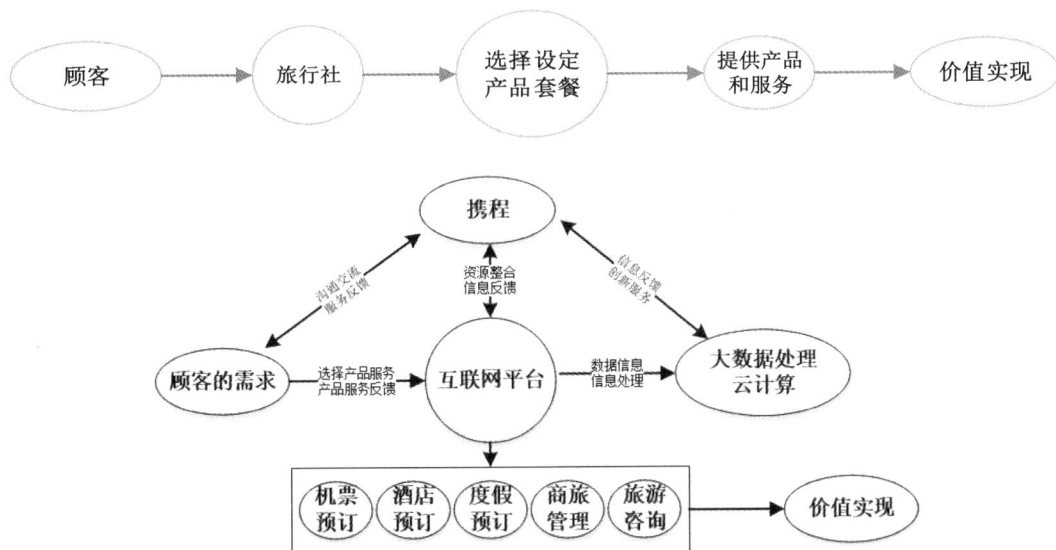

图 4-3　传统旅行社与携程旅行网的服务创新模式对比

(资料来源：作者根据实际调研整理。)

　　从顾客价值共创角度来看，携程网突破式服务创新的实现，需要顾客的需求沟通与信息反馈，同时顾客需要了解如何在网站上搜寻自己需要的服务信息，了解支付方式，以及相关售后服务的网上流程，顾客需要不断获取和了解新知识，参与到突破式服务创新中去。有些人也许会质疑互联网企业难以提供传统旅行所提供的服务，如面对面的服务与沟通，但是携程旅行网的突破式服务创新不仅在于企业在互联网的基础上实现了在线旅游预订，同时建立了以呼叫中心为载体的客户服务管理网站，所有不同订购类型的顾客都可以通过电话服务的方式进行咨询与交流，实现了顾客对企业的及时参与和反馈。携程一直秉持"以客户为中心"的原则，其名称 Ctrip 全面解释了携程在移动互联网上的服务创新，便捷、灵活而且智能。Customer——客户(以客户为中心)，Teamwork——团队(紧密无缝的合作机制)，Respect——敬业(一丝不苟的敬业精神)，Integrity——诚信(真实诚信的合作理念)，Partner——伙伴(伙伴式共赢合作体系)。可以看到携程把客户一直放在核心地位，充分发挥顾客参与创新过程实现价值共创的积极作用。[①]

　　从企业价值共创角度来看，携程充分利用互联网这一突破式技术，发挥服务的力量，实现突破式服务创新改变。此外携程通过国内旅行业最大的 Call-center——E-TEL 呼叫中心，将呼叫中心与网上原有的查询系统有机结合，顾客不管是离线还是在线都可以通过呼叫中心充分参与和享受到周到的个性化服务。可以说顾客对突破式服务创新的认同和参与，也是创新价值的一种重要体现。如今携程网已经在 2003 年上市，一直保持着行业领先水平。这一切都归功于携程的价值共创能力以及服务创新能力，让顾客参与到创新过程中，将顾客需求和价值作为首要目标，满足顾客的需求和体验，在此基础上达成企业的盈利目标，实现企业创新价值。

　　在携程的发展过程中，企业与顾客不断地相互沟通、相互学习。如今信息技术的飞速发展，促进了信息与互联网技术的进步与突破，不断获取突破式服务创新的知识，为企业的突破式服务创新提供了创新动力与信息来源。同时企业团队间保持一丝不苟的敬业工作精神，紧密无缝的合作共赢机制，真实诚信的团结合作理念，共同创造"多赢"的合作体系，实现了突破式服务创新共创价值。但在数字经济和数字浪潮往前推进过程当中，我们也看到在线化已经难以满足旅游企业未来的发展需求，数智商旅、技术赋能，旅游企业需要的是更加全面拥抱数字化，在数据及技术力的赋能下，依托数字化工具进行变革，重构服务流程，打破数据孤岛，进行统一数据管理，同时回归到旅游行业的本质。打通平台和商家的服务体系，将服务的颗粒度做到精细，利用大数据技术，提升风险应急水平，持续优化产品体验，丰富创新功能，使差旅体验更完善，共同实现旅游服务体验的数字化升级。

3. 金融服务类

　　金融服务业是现代服务业的典型行业，也一直是突破式服务创新发展的突出行业。在互联网飞速发展之前，顾客需要到银行、邮局进行金融交易，只要存在买卖活动，就会有

---

① 携程网五大理念，http://pages.ctrip.com/public/aboutctrip/ac6_conShow.html。

金融服务的产生。但随着信息技术和互联网技术的发展，金融服务业的突破式服务创新为现代服务业的发展带来了极大的机遇和挑战。本书主要以阿里巴巴旗下的支付宝为典型案例进行分析。

阿里巴巴集团于 1999 年在杭州创立。如今阿里巴巴集团经营多项业务，从关联公司的业务和服务中取得经营商业生态系统上的支援，经营业务包括电子商务服务、蚂蚁金融服务、菜鸟物流服务、大数据云计算服务、广告服务、跨境贸易服务以及前 6 种电子商务服务以外的互联网服务，在 2015 年被评为全球 50 大最具创新力公司。阿里巴巴集团最核心的价值观体现在"客户第一"(客户是衣食父母)，注重客户的体验与需求。从服务的角度来看，阿里巴巴集团不断地进行服务创新，利用高新技术与互联网平台，不断创造与实现突破式服务创新，为消费者提供更便利快捷的服务体验、更高的服务质量，实现了企业与顾客的双赢。

2014 年依托母公司阿里巴巴集团的蚂蚁金融服务集团正式成立，旗下业务包括支付宝、支付宝钱包、招财宝、蚂蚁小贷、余额宝和网商银行等。这是对金融服务行业的一次突破式创新。一直以来，支付宝是淘宝网及天猫的买家和卖家的主要结算方式，支付宝为阿里巴巴集团旗下业务所产生的交易以及面向第三方的交易提供支付及担保交易服务，如图 4-4 所示。支付宝始终以"信任"作为服务的核心。如今支付宝与支付宝钱包将相关金融服务发挥到极致，免费还款、转账、缴费、线下服务、红包、退税、国际航旅、担保交易、淘宝理财、透支消费，都与顾客日常生活息息相关，极大地改变了用户的生活与消费习惯。

企业和顾客在这个价值共创的过程中，可以不断获取新的顾客需求与信息，同时顾客通过支付宝平台可以获得新的知识和技能，更方便地实现快捷的购物与消费，实现突破式服务创新的价值。如今阿里巴巴集团不再局限于某一方面的突破式服务创新，而是根据顾客需求形成完整的商业服务生态圈，其中包括围绕电商核心业务、支撑电商体系的金融业务，以及配套的本地健康医疗、生活服务，囊括游戏、音乐、视频等泛娱乐业务和智能终端业务等，这一商业生态圈的核心是数据及流量共享，基础是营销服务及云服务，有效数据的整合抓手就是支付宝，在多方面满足顾客的需求与体验，实现顾客的价值并最终实现企业的盈利价值。如图 4-5 所示，可以看到阿里巴巴从 1999 年的一个全球贸易批发市场到今天的创新价值共创生态系统，形成了一个完整的商业服务生态网络。

目前阿里已成为进行数字化转型的实践者、成功者，重构商业流程、用户体验、产品与服务创新和商业模式。利用最新的数字化技术(如云计算、大数据、移动、社交、人工智能、物联网、机器人等)和能力，提升用户体验，许多产品服务的智慧化，使产品增值走向高端，同时连接用户，提升用户忠诚度，并通过数据收集与分析构建新的商业模式，企业IT 部门利用新的技术、工作方法，优化传统业务流程，帮助业务在未知领域、战略方向上进行探索，从提升内部运营效率来重构商业、技术、服务流程。

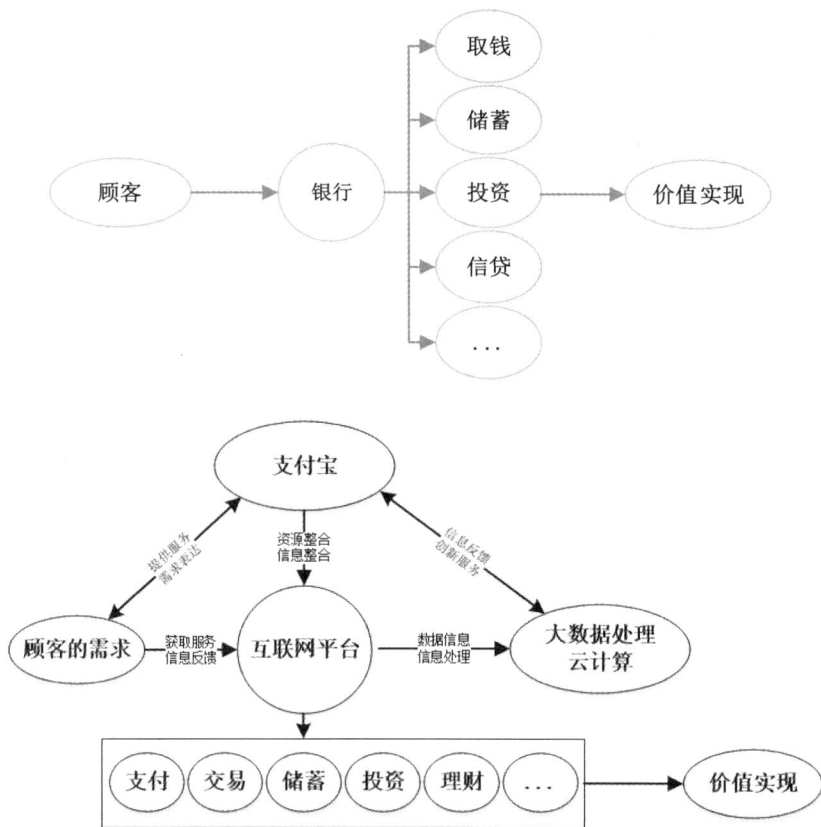

图 4-4 传统银行与支付宝的服务创新模式

(资料来源：作者根据实际调研整理。)

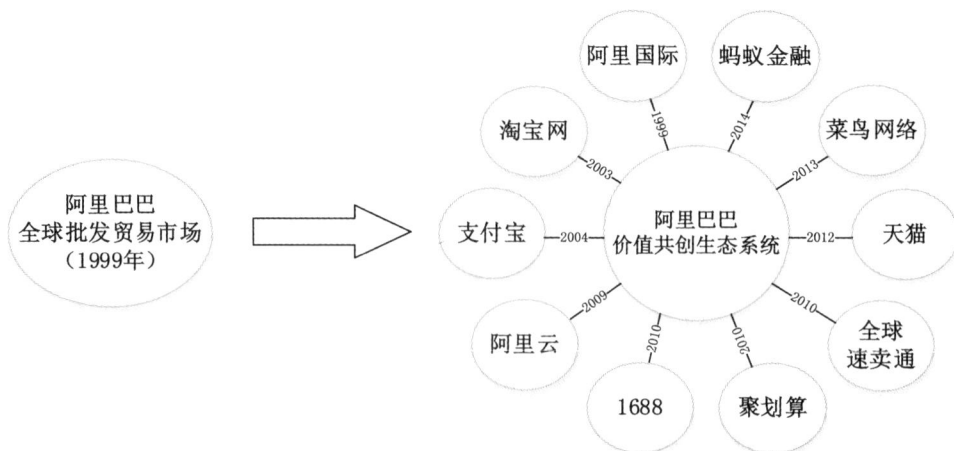

图 4-5 阿里巴巴突破式服务创新价值共创生态系统

(资料来源：作者根据实际调研整理。)

4.1.3 案例分析的深入讨论

综合上述案例分析，这些服务型企业成功设计与开发和突破式服务创新，虽然不同行业有其不同特点，但从服务创新的角度来看，同样存在一些共性特征。

1. 顾客是突破式服务创新实现价值共创的共同创造者

通过以上案例我们可以发现，这些服务型企业都将顾客作为企业发展的核心，把实现顾客价值作为最重要的目标之一，可以说顾客是企业实现突破式服务创新的最重要信息和需求来源之一。无论是亚马逊一直致力于"客户至上"的文化，还是阿里巴巴的"客户第一"，以及携程秉持的"以客户为中心"，都体现了顾客的重要性。突破式服务创新能够成功的一个重要因素就在于能否以顾客为核心，吸引到足够多的顾客加入自己的创新过程中，可以说21世纪的竞争，谁拥有更多的顾客，谁就能在竞争中立于不败之地。顾客的需求和价值的实现是关乎企业生存与发展的核心因素。

重视对顾客的服务、满足顾客的需求、实现顾客价值在构建突破式服务创新过程中尤为重要，在很多企业中得到了体现。携程旅行网在服务方面投入人力、物力、财力资源，构建以呼叫中心为载体的客户服务管理网站，携程旅行网四大创始人之一梁建章强调："携程旅行网运转的不是简单的商品以及电子货物，而是信息与服务。"正是凭借其优于其他竞争对手的服务实力，携程才能保持行业领先的地位。基于信息技术与互联网的突破式服务创新在于可以最了解用户的所需，离用户最近，以用户为天。可以说服务型企业在创新发展的过程中，需要保持对用户需求的敏感度，重视用户的消费体验。一切好的体验都是处在不断的沟通当中，注重培育和保持用户的忠诚度和满意度，以顾客的需求为中心，以实现用户价值的最大化创造实现企业价值的最大化，不断努力提高与客户沟通的服务质量与水平。顾客对服务的认同和认可，并实现顾客的价值是突破式服务创新价值实现的一种重要体现。

2. 数字经济条件下互联网技术的发展是突破式服务创新实现价值共创的重要保障

如今服务创新离不开技术创新的发展，突破式服务技术的实现推动了服务型企业突破式服务创新的不断进步。在信息技术与互联网技术发展的基础上，服务企业将"用户为天"的方便性做到极致。突破式服务创新就是将为顾客服务变得无限方便、无限体贴、无限放心。信息技术与互联网的发展不是销售渠道的改变，也不是营销方式的改变，而是为服务的发展提供技术支持，转变为消费者的服务方式，实现客户的方便性，即服务方便、支付方便、体验方便。面对面的传统服务方式看似已经将顾客体验和提供服务做到了高标准、高境界，但实际上离客户真正的"好体验""好参与"还差得很远。京东商城上的服务，可以对产品价格、性能、质地、用户的适用性以及评价做到无限细致，传统的店面服务却很难做到如此全面。这就是突破式服务创新，以全面的技术创新推动企业不断进行服务创新与改变，使用户所想与所关心的问题都有答案，体验方便、了解透明，这是传统服务创新所做不到的。腾讯通过互联网和信息技术的支持与服务，以即时聊天、微信支付的方式使人们的生活变得更便捷，同时以人性化的方式、畅通无阻的沟通、高品质的内容，可为顾客源源不断地提供可靠、丰富的互联网产品和服务。

3. 企业与顾客的交互作用所产生的创新思想是突破式服务创新价值共创的源泉

服务型企业的创新发展，需要从顾客的需求出发，把顾客的需求和思想作为创新的信息来源，并通过持续的服务创新来满足消费者需求，适应当前的发展与变化，也是在激烈的市场竞争中保持竞争优势的重要手段。从案例中我们可以发现，以创新思想作为"用户第一"理念的腾讯，把积极探索顾客的新需求作为持续发展的目标并保持关注，同时不断提供创新的服务来持续提高顾客的生活品质与质量，把创造"用户价值""用户第一"作为企业经营与发展的第一要务，一切从创造客户价值与社会价值开始。顾客潜在的或者隐性的消费需求是企业创新发展永不枯竭的思想来源，抓住这一创新思想，也就抓住了创新的竞争优势。服务型企业应当时刻关注顾客的需求，通过沟通与交流，细分那些具有相同或相似需求的顾客，不断收集创新信息与资源，并将这些创新思维引入到企业创新流程中去。

4. 创新思想和大数据信息通过专门部门的传递应用到创新开发中

数字经济条件下互联网服务型企业能够产生很多新的思想与理念，需要快速分享、快速尝试、快速调整、快速扩散。同时也会产生大量的数据和信息，这就对创新思想和知识传递的要求更高更快更强。至于如何把这些创新思想有效而迅速地收集、筛选、转化为创新的生产力和创新的新成果，就需要企业创新研发部门将信息、技术、思想整合到一起，源源不断地提供给企业。现代服务型企业都有相关的创新研发部门和大数据信息处理部门，对企业的创新思想和创新能力进行评估与考量，在判断企业整体服务创新水平的基础上，将创新思想和信息传递给企业高层管理者和服务创新开发部门。在案例分析中，可以看到携程有专门的创新管理研发专门部门，阿里有专业数据分析中心和平台，将企业与顾客互动交流产生的创新思想传递给创新研发部门和高层管理者，在两者之间发挥了桥梁和渠道的作用，大幅度提高了信息和数据传递的利用率和效率。

5. 不断创新是突破式服务创新价值共创的不竭动力

与渐进式服务创新相比较，突破式服务创新的风险和投入更高，这就需要企业不断地学习、适应变化。就像腾讯企业文化中所展示的那样，企业需要追求卓越，善于变革、勇于变革，在变革的过程中求生存、求发展；培养善于学习、持续学习的能力。任何企业都没有把产品一次做到极致的能力和本事，都需要不断地革新，不断地变化。从以上案例中可以看到，这些企业并不只停滞于企业目前的创新发展，一方面对现有的突破式服务创新进行完善与优化，给顾客提供更好的服务体验，同时通过不断地反馈与信息的沟通，进行新一轮的突破式服务创新。这样的变化一方面可给用户带来新体验，另一方面可以不断改进技术与服务，让企业品牌始终充满活力。亚马逊已经将传统书店搬上了互联网，只需通过点击购物，就可以将产品送货上门，实现了突破性的服务改变，但目前还需通过物流的方式将产品送到顾客手中。未来科技的发展，亚马逊已经开始研究如何研发无人机将产品送货上门，一方面可以节约企业的物流成本和人力成本，提高企业的效率和盈利价值，同时也给顾客带来新体验和新服务。

6. 价值共创生态系统的发展是突破式服务创新价值共创的发展趋势

服务主导逻辑的观点认为，创新可以逐步发展为创新生态系统。正如前文所讲，阿里巴巴将传统百货公司搬上了互联网，实现了网上购物的突破式服务创新，同时又在金融服务领域开发支付宝、余额宝等，逐步实现了阿里巴巴的商业创新生态系统。同样，腾讯一直占据着媒体服务业的领头地位，近 20 年来不断进行创新，从社交和通信服务 QQ 到微信 WeChat 的发展，腾讯也在不断进行突破式服务创新改变，实现企业的创新生态系统构建，满足顾客多方面的需求，如图 4-6 所示。在创新的生态系统中，通过多种渠道多种方式实现突破式服务创新价值共创。

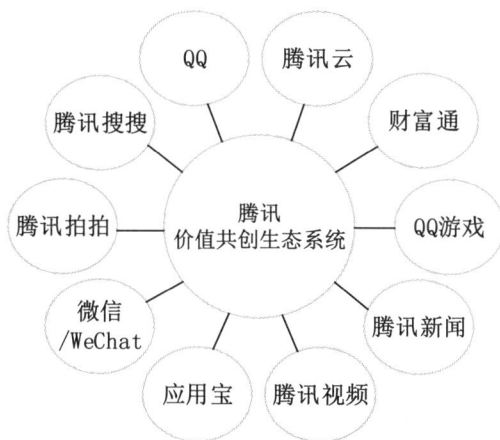

图 4-6　腾讯突破式服务创新价值共创生态系统

(资料来源：作者根据实际调研整理。)

服务的目的在于其方便性，突破式服务创新不仅使信息、沟通、支付、选择以及体验得到提升，而且给消费者的生活也带来了巨大的方便与改变，使顾客跨时空消费得到满足。它变成了一种新的生活形态，生活方式。如今的突破式服务创新更集聚于互联网与信息技术为基础的企业，科技在进步，时代在发展，未来会出现更多的突破式服务创新服务于顾客，服务于社会。其实我们可以看到，突破式服务创新的出现改变了传统行业的服务方式，但并没有彻底颠覆传统行业，而是在一定程度上促进了相关服务企业的变革升级，突破式服务创新使顾客的信息与沟通成为相关服务企业的核心竞争力，客户成为服务与产品的主导者，以提高顾客的体验和满足顾客的需求为目的，实现最终的创新价值共创。

4.2　突破式服务创新价值共创动因探索

4.2.1　研究方法

扎根理论(Ground Theory)最初出现在社会学家 Glaser 和 Strauss 的著作中，是建立理论而非验证预设或既有的理论研究，它着重于发现的逻辑而非验证的逻辑，主张"理论"必须"扎根"于实地调研所搜集和分析的资料中，特别是那些有关于人们的社会、行动与互动的过程与历程。扎根理论运用一系列系统化的程序，通过观察法和访谈法，针对某一特定现象来发展并归纳引导出资料中所获得的理论。

扎根理论的优势体现在：①访谈调研时，更容易深入了解被探访者的思想与看法，可以获得相对丰富的第一手数据和信息，在一定程度上可以保证数据和资料来源的真实性和可靠性；②由于有些突破式服务创新价值共创问题难以通过数据的方式或者从企业的表象中获得答案，而深度访谈获取的第一手资料通过扎根理论方法的分析和比较，提取相关概念和要素，可以获取较为深层次的看法，更可靠有效地反映互联网企业突破式服务创新理论；③在目前服务创新研究领域，基于互联网企业的突破式服务创新属于新兴前沿的探索性话题，通过面对面的深度访谈可以将较为模糊或者复杂的问题解释清楚，理清脉络，得到相对准确而全面的意见，使本研究的结论更具有真实性和科学性。

由于基于突破式服务创新价值共创实现的分析属于探索性研究，所以较适宜采用扎根理论这类探索性研究(Exploring Research)技术进行分析。研究思路如图 4-7 所示。通过界定研究对象和对文献的探讨，以及对文本资料所进行的三级编码，可以初步构建突破式服务创新的价值共创实现过程。资料分析过程中通过持续比较(Constant Comparison)的分析思路，建立初步理论，并在此基础上提炼和修正理论，直到达到理论的饱和，从而形成结论，即新获取的资料不再对理论的构建有新的贡献为止。

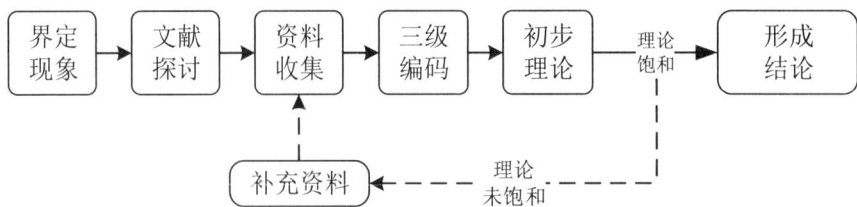

图 4-7　扎根理论研究思路

4.2.2　研究样本

由于本研究内容具有较强的理论性、实践性和针对性，因此在对研究样本进行选择的过程中，需要充分考虑被访者所从事的工作领域、工作内容以及相关工作经验等。对受访者的选择和要求也更为严格和慎重。同时考虑到资源的限制，本研究选取 10 家企业作为研究样本，一方面所选取的样本在企业性质方面与信息技术以及互联网技术联系密切，在一定程度上能够反映突破式服务创新价值共创的内在流程；另一方面所选取的样本在年龄、性别等方面有较好的区别度，如表 4-2 所示。

本研究制定如下样本选取标准。

(1) 所选样本以高科技信息技术企业与互联网企业为主导，在经济上以可持续的方式不断开展和拓展自己的服务业务。

(2) 所选取行业中的企业有针对突破式服务创新的产品、技术或者服务，且采取了突破式创新或者即将采取突破式创新。

(3) 所选企业从事的突破式服务创新业务具备进一步发展以及大规模推广的潜力、资源和动力。

表 4-2　研究样本企业名称、关注活动范围与调研时间

企业名称	关注的活动范围	调查时间
亚马逊中国	购物	2019 年 11 月
携程	旅行	2019 年 09 月
支付宝	交易	2020 年 01 月
美团	生活信息	2020 年 07 月
当当网	购物	2021 年 03 月
淘宝网	购物	2019 年 08 月
大众点评	生活信息	2021 年 06 月
去哪儿网	旅行	2021 年 04 月
盒马鲜生	零售服务	2020 年 10 月
叮咚买菜	零售服务	2020 年 12 月

4.2.3　数据收集与分析

本文研究主要是与互联网服务型企业的中高层管理者进行访谈，采取深度访谈的方式获取第一手资料，同时结合多种途径获取第二手资料，两种方式相结合的方法。为了进一步提高本研究的信度和效度，又根据 Mile 和 HuAerman 的三角测量法(Triangulation)对所获取的资料和数据进行进一步分析，包括现场观察法、一对一访谈法以及田野调查法。三角测量法是社会科学研究中通过多种数据的汇聚和相互验证来确认新的发现，从而尽可能地避免由于访谈双方的偏见对结果的影响。

1. 设计访谈提纲进行深度访谈

第一手资料的获取主要采用深度访谈的方式获取信息和数据：面对面的访谈是目前管理学研究中广泛使用的获取信息和数据的研究方法，也是扎根理论中常用和重要的收集数据和信息的方式。在访谈初期必须设计访谈问卷和提纲，主要用于在访谈过程中对问题的

引导以及后期对资料的收集、更新、筛选和信息的整理完善。最终获得访谈记录 10 份，访谈结束后将录音资料转成访谈文字稿。

2. 第二手资料的收集与整理

第二手资料主要从相关企业概况，企业背景等方面展开收集，收集的资料包括相关突破式服务创新的主要文章，主要以各大财经网站，中国知网以及 Web of Science 等权威数据库为主要来源，由于突破式服务创新文献研究不多，故必须参考相关突破式创新研究文献(共4480 篇文献)。还包括相关互联网企业的行业报告，直接从企业获得的材料，相关撰写的书籍和文章，企业进行新服务开发的相关记录和相关资料等(共 135 份资料)，本书在对原有理论保持距离的基础上，适度运用相关文献进行分析。

3. 资料分析

本研究采用扎根理论这一探索性研究方法，目前采用扎根理论对访谈资料进行分析主要形成了三个流派，但他们的共同点都是归纳性地质化研究方法，在经验资料的基础上构建理论。一是以 Glaser 和 Strauss 的经典扎根理论，二是 Charmaz 的建构性扎根理论，三是 Strauss 和 Corbin 的程序化扎根理论，第三种是目前使用最多的方法。本书采用 Strauss 的扎根理论，通过开放式编码(Open Coding)、主轴编码(Axial Coding)和选择性编码(Selective Coding)对资料进行分析。扎根理论的主要分析思路是不断比较，不断进行分析，再将资料转换成概念并构建理论直到基于资料分析的理论达到饱和为止。

4.3 突破式服务创新价值共创动因测量

4.3.1 开放式编码

开放式编码指将研究工作中收集来的原始资料和信息进行分解和整理，将原始资料的内容提取，并进行概念化和范畴化，针对资料里所提供的数据和信息，不断比较资料间的异同，实现概念或范畴的重新组合。开放式编码遵循"资料——标签——概念化"的程序。根据整理的访谈文字进行概念化，第一轮"标签"，标记与突破式服务创新价值共创相关的词句，分析编码后建立 48 个自由节点，本研究的开放式编码如表 4-3 所示。

表 4-3 开放式编码举例

访谈资料内容	标签	概念化
我对这个案例记得很清楚，当时说要开发这么一个产品，确实是有客人提出来的，这在中国当时是肯定没有一家企业有这样做的，有那种高端的客人就提出来说你们有没有那种环球游的产品呀，而且还不止一个客人提出来，这点我就记得比较清楚，当时就是有客人提出来这样的要求。(携程)	顾客参与到创新过程中，希望企业能够创新满足自己的期望与需求	顾客需求为导向

访谈资料内容	标签	概念化
我们经常会推出针对用户体验的升级服务。比方说有一部分客户希望收到外观质量较高的货品，那么我们马上就会对纸盒包装质量进行改进，增加易碎品的填充物之类的，还有就是用户在购买两件以上商品时，如果有一件没有库存，我们会直接拆分订单分别发送，虽然成本会增加，但实际客户的期望和体验得到了更好的满足。[亚马逊(中国)]	改进现有服务，希望顾客获得更好的服务期望和体验	顾客体验至上
就说我们客人会对企业有什么样的要求，就是需要在企业的服务方面做比较大的调整，自己进行调整根据客人的反馈与信息或者需求，还有些政府的法规政策需要这样做，那我们就需要对服务进行调整。(美团)	企业根据实际情况不断对服务进行改进和提升	服务调整
我们在考虑开发一项创新产品的时候，都会对创新的风险进行相关评估，可能也是因为金融行业的缘故，可能我们会更加谨慎，整个团队也会对服务产品进行讨论和风险测评，达成共识才会进一步实施。(支付宝)	团队进行讨论和评估，降低风险，价值观达成共识	创新价值观要达到共识
我们一般从客户那边获取的信息，都会有专门的部门进行数据的分析，可以在这些众多的客户行为、反馈的信息，还有他们的要求等这些信息进行处理分析，提供相关数据，然后我们会根据这些信息进行分析，什么样的服务是客户需要的，有哪些创新的机遇这样。(当当网)	通过相关信息和数据分析，为企业开展创新提供支持	客户数据的分析
从无到有，突破式服务创新肯定不是那种很小的东西，一定需要依靠一些工具或者技术，我也觉得那些大的突破式服务创新还是跟一些工具或者技术或者是说，一种新的思路，就像现在大家都在说什么互联网思维啊，还有目前比较流行的互联网+之类的。那也是对一些对服务做颠覆的地方。我只能说从技术创新的角度，以前最多的模式是打电话，然后慢慢开始的话，上网啊在手机上，在网上订会比打电话要方便，现在来说的话就是一种新技术，比如说手机来订餐，在那个上面更方便了。(大众点评) 数字化能力其实不是独立存在的，还是贯穿企业的所有流程和业务环节，所以像信息技术部门的工作也是伴随着传统业务部门的每个环节。数字化本身也是我们企业竞争力的体现，现在更多的是数字化能力量化、指标化。(阿里)	突破式服务创新需要以信息技术和互联网技术为基础	信息与互联网技术的重要性
我们也在做平台，携程也在学习我们，然后这两家公司就比较有融合的趋势，都在看哪种模式是最赚钱的模式。所以我觉得竞争对手也是比较重要的，哪怕大家互相学习，我觉得这也是一种手段对吧，几乎所有的企业都会盯着竞争对手的，都想要比对方做得要好，都想超过竞争对手，(去哪儿)	紧盯对手，互相学习，实现企业间的信息与交流	重视企业间的信息交流与和沟通

访谈资料内容	标签	概念化
所有的创新肯定要满足顾客的需求，你的企业才能长久地发展下去，如果你说最主要的，顾客我觉得是最关键的因素。一切的话可能都是以顾客为中心，围绕顾客来的，任何企业可能都是这样来的。(新浪乐居)	顾客的利益非常重要，顾客不接受，创新再好也无济于事	实现顾客的满意度
我觉得盒马这两年到底给客户带来了什么价值？其实还是新品类、新品质、新体验这些，把产品新鲜感做到极致的同时，对顾客的口感进行优化；新体验最强的地方，就是盒马可以在 30 分钟内把一个门店的一万个订单都能够如数按时送达。(盒马鲜生)	提高顾客的效率，按照顾客需要的方式进行创新	提升创新的效果与效率
我们还收购了一家台湾的网站，叫易游网，还收购了香港的一家网站叫永安旅游，差不多是同时期的事情，特别是那个永安旅游，他们在香港的话就有和易游在台湾一样有类似的产品，然后对服务人员的要求还是很高的，开发类似的产品啊什么的，那就相当于有类似的资源那两家公司从他们那边得到一些东西，后来就把这个服务推出来了，说有 20 个名额吧好像，15 秒还是 10 秒的时候就卖完了。(携程)	收购相关企业，充分利用相关资源	重视资源的利用与整合

资料来源：作者根据实际调研整理。

4.3.2 主轴性编码

主轴性编码是发现和建立范畴间的各种联系。在前文开放式编码的研究过程中，访谈资料得到了一定程度的提炼，但各个概念与范畴之间是相互独立的，关系并不密切。而主轴性编码是发现和建立范畴间内在关系的过程，这些关系更具有指向性、选择性和概念性。这些关系可以是时间先后关系、过程关系、因果关系、语义关系、相似关系、对等关系、结构关系等。运用 Strauss 提出的范式模型(Paradigm Model)，即分析现象、条件、互动以及结果之间的逻辑关系，按照这个范式模型，可以把主要范畴之间的关系按照逻辑关系予以展现，资料重新被组合到一起，主要包括因果关系、时间先后关系、语义关系、情境关系、相似关系、差异关系、对等关系、类型关系、结构关系、功能关系、过程关系及策略关系等。

在进行主轴性编码时，按照三个主要步骤进行：第一步，通过对 48 个自由节点的分析，对相关符合要求的自由节点进行初步合并与归类，并且能够敏锐充分地反映数据类型，初步合并的自由节点之间具有较高的相似性和指向性，初步合并归类后得到 24 个节点，节点与节点之间基本达到"不重不漏"的标准；第二步，对 24 个节点再次进行探究，提升编码的抽象化程度，分析得出 12 个子节点，包括人际互动、需求意愿、协同合作、信息共享等；第三步，根据子节点之间的关系进行范畴化，研究得出三个树节点：价值共生、价值共识和价值共享三个主要维度。对概念进行主轴性的过程如表 4-4 所示。

表 4-4   主轴性译码举例

自由节点	关系	子节点(概念化)	范畴化
开放的创新过程	部分	人际互动	
了解客户需求	对等	需求意愿	价值共生
顾客表达价值主张	部分	顾客体验	
服务信息及时性与准确性	部分	信息沟通	
企业创新价值观	部分	共同承诺	
与顾客交流与合作	对等	协同合作	价值共识
服务信任	部分	顾客授权	
顾客与市场分析	影响	服务适应性调整	
大数据分析	部分	信息共享	
重视资源整合	部分	资源共享	价值共享
企业的资源获取	影响	企业资源	
企业间的交流与沟通	部分	互相学习	

资料来源：作者根据实际调研整理。

4.3.3   选择性编码

选择性编码是指在通过资料的故事线并经过系统分析和发现核心范畴，将核心范畴与其他主要范畴结合起来，收集其他新的资料并验证关系，通过资料与成型的理论来完善各个范畴相互之间的关系，从而建立起概念严密的扎根理论。

选择性编码一般包括以下 5 个步骤：明确本研究资料的故事主线；对主要范畴和次要范畴进行详细描述；提出理论假设以补充相关范畴；确定核心范畴以及核心类属与次类属之间的逻辑关系。通过进一步将三个主范畴与已有的资料进行比较，将"价值共识""价值共生""价值共享"确定为"突破式服务创新价值创造"的核心范畴。并且我们可以得到如下故事线：服务企业通过顾客的交互作用，获取顾客的需求，并采用多种市场分析手段，明确企业突破式服务创新的目标和方向，促进企业与顾客的价值共生，达成价值共识，进行价值共享，为突破式服务创新的开发提供正确而完整的"输入"，最终实现价值共赢，完成服务型企业突破式服务创新的价值共创。

4.3.4   信度检测

本文作者请三位研究组成员按照三角检测的原理对原始资料进行编码，编码完成后通过 NVIVO 软件中的"质询-编码比较"功能，对课题组成员的编码进行两两信度检测，分别得出系数为 85%、86% 和 80%。其中同意度百分比(信度)=相互同意的编码数/(相互同意的编码数+相互不同意的编码数)。

该结果表明由扎根理论所得到的突破式服务创新价值创造的维度比较稳定，相关概念、范畴信度良好。

4.4 突破式服务创新价值共创实现的传导过程

如今的顾客不仅消息灵通、非常活跃，并且形成网络遍布全球，同样如今的企业将资源进行整合，与顾客进行互动交流。这种趋势使新的价值创造成为可能。本节将在前文典型案例分析和扎根理论分析的基础上，探讨和构建突破式服务创新价值共创实现传导过程。

4.4.1 价值共创过程中企业与顾客的交互作用

从扎根理论的资料分析中可以看到，价值共创的实现离不开企业与顾客的交互作用。传统的价值创造是在企业内部实现价值的产生，并进行评估后，进入市场与顾客进行价值交换，创造价值并最终实现价值。可以说在这个服务生产的过程中，完全由企业自己来决定，企业通过信息和数据的收集，并进行开发与预测，以此推断顾客的需求和顾客所需要的价值，可以说顾客在这个创新的过程中，与价值创造几乎毫无关系。

如今以企业、产品为中心的思想和价值创造的观点正在逐步被共同创造价值观所逐步取代。经过 20 多年的管理实践和发展，企业管理者开始寻求新的方式和办法，通过顾客的参与，将部分开发、设计以及反馈工作交给企业的顾客来做，比如零售系统中的自行付费结账功能，节省了人力资本和时间成本，以及服务产品开发过程中的顾客参与和顾客体验等。服务和产品虽然由企业开发和生产出来，但随之创造出来的还有独特的顾客体验与参与。对于突破式服务创新来说，由于其风险性和不确定性相对较高，价值共创的实现不是简单的顾客导向，而是需要企业充分发挥顾客的作用，实现企业与顾客之间服务质量的交互与融合，与企业进行合作、分享成果与经验，并实现价值的共同创造。服务虽然由企业设计与开发，但随之创造出来的还有顾客的独特体验，如图 4-8 所示。

从图 4-8 中我们可以看到，在互联网平台的基础上，企业作为服务系统 1 与顾客服务系统 2 进行沟通与交流，进行创新渠道和互动渠道的构建。在互联网平台的基础上企业进行内部资源的整合与管理，顾客表达自己的意愿和能力，共同参与到价值共创的过程中。企业在服务创新系统中进行内部整合与管理，同时顾客表达自己的需求和意愿，通过互联网的平台，实现信息的沟通与交流。突破式服务创新是一个开放的创新过程，与价值共创系统是紧密联系相互渗透不可分割的一个整体，实现价值共创，离不开主要价值共创主体之间的互动与交流。

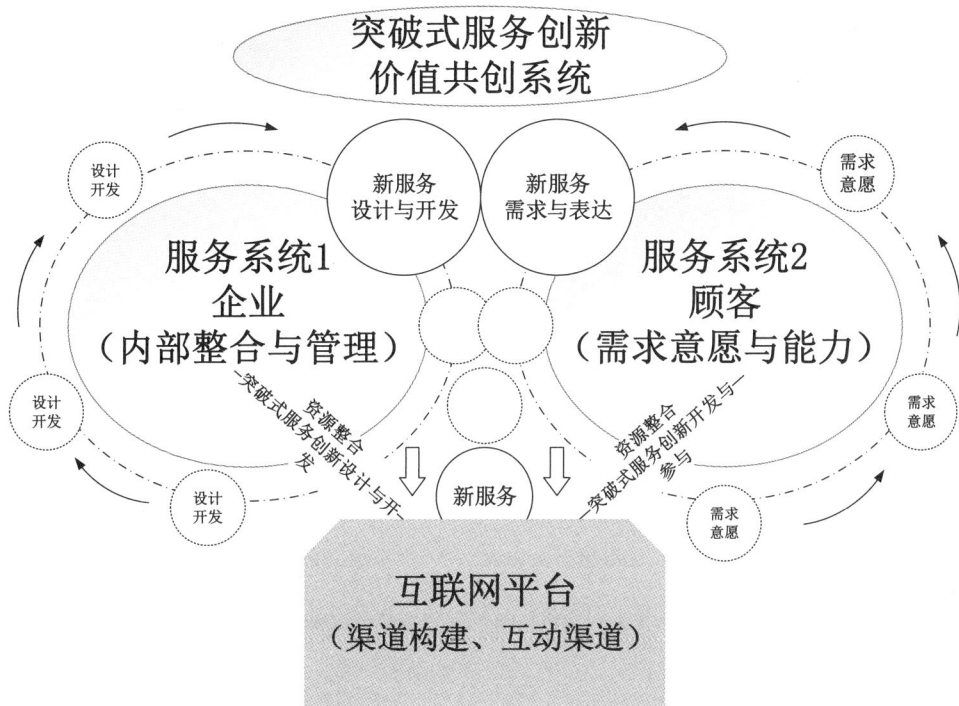

图 4-8 突破式服务创新价值共创过程中企业与顾客的交互作用

在突破式服务创新价值共创的过程中，企业与顾客进行资源的交换与价值的实现。实际上在广泛的社会交换中，企业和顾客两者之间存在着天然的相互依存关系，而不是对立的关系，因为两者都无法同时获取和控制为实现价值创造所需要的全部条件和资源，所以两者之间相互影响相互依存的关系也是价值共创的基础。Cova 和 Salle(2008)认为企业和顾客共同投入资源来创造价值，让价值共创的过程不仅仅局限于一方的价值创造，而是成为一种可以为企业和顾客共同创造价值的过程。企业和顾客为了创造各自所需要的价值而投入相关资源，并通过两者之间的沟通、合作、交流与互动来实现资源交换，在价值创造的过程中为自己创造价值的同时也为对方创造和实现价值[119]。如图 4-9 所示。服务主导逻辑的观点认为，顾客是价值的创造者，并将企业与顾客作为重要的两个创新主体。在传统的商品主导逻辑中，企业单独创造价值而不直接影响和参与顾客的消费过程，顾客作为消费主体只能被动参与和接受企业的商品，而如今随着现代服务业的发展和顾客需求的增加，服务主导逻辑下的企业与顾客则被赋予了更多的角色和职责。

从图 4-9 中可以发现，在企业与顾客的交流沟通过程中，企业与顾客可以充分利用内外部资源，摆脱内外部的束缚，共同创造服务创新的价值网络。一直以来研究都认为企业是价值的首要创造者，但在实际研究中发现，顾客在使用价值创造的过程中也占据着重要地位，而不仅仅是价值的毁灭者。顾客在突破式服务创新价值共创过程中扮演着重要的角色，他们可以在独特的情景环境和社会背景下，利用自己所购买的资源，以及加上自己所拥有的知识、技能、经验等为自己创造价值，这就是顾客通过使用自己所购买的相关资源，包括信息、服务和产品等创造出使用价值。而通过企业与顾客的投入，可在价值共创活动中创造创新的价值，实现价值产出，如图 4-10 所示。

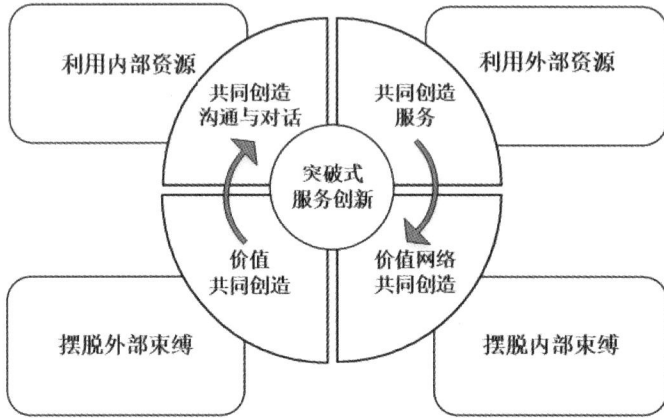

图 4-9 突破式服务创新价值共创实现过程中企业与顾客的角色

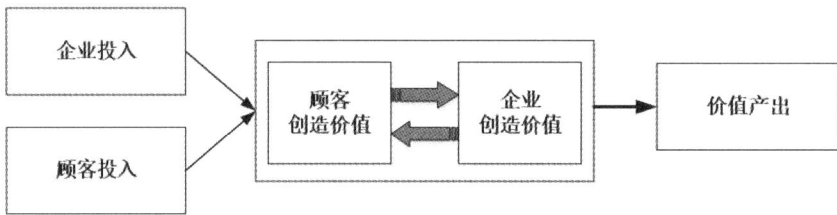

图 4-10 企业与顾客的价值共创过程

突破式服务创新的活动强调以顾客为导向的创新活动，由于相比较渐进式服务创新而言，突破式服务创新风险相对较高投入也更高，这就需要以顾客需求为导向，可以说拥有了顾客，就在市场上站稳了脚跟。当顾客处于价值创造的核心地位时，可以对企业在价值创造过程中的角色重新进行定位。在服务创新的过程中，企业是核心的服务集成商和服务创新的主要实施者，通过内外部资源的整合，最大程度地实现突破式服务创新的共创价值。

在突破式服务创新价值共创的过程中，企业不应该聚焦于如何区分产品与服务，而应该了解顾客使用服务和产品的过程。突破式服务创新不是在一个瞬间获得创新成果，而是需要在此基础上通过不断的优化与改进，最大限度地实现突破式服务创新的价值。同时，创新也不会停滞不前，在信息、技术、大数据不断发展的背景下，企业与顾客通过各种途径的交流互动，可以获取需求、期望和信息，不断激发创新灵感，实现新的突破式服务创新。突破式服务创新以客户体验至上，但是顾客的需求是一站式的，任何一家服务企业不可能拥有所有全部的资源，这就需要资源的整合以实现不断创新。结合典型案例中的分析与讨论，可以将顾客与企业在创新价值共创之间的关系总结如图 4-11 所示。

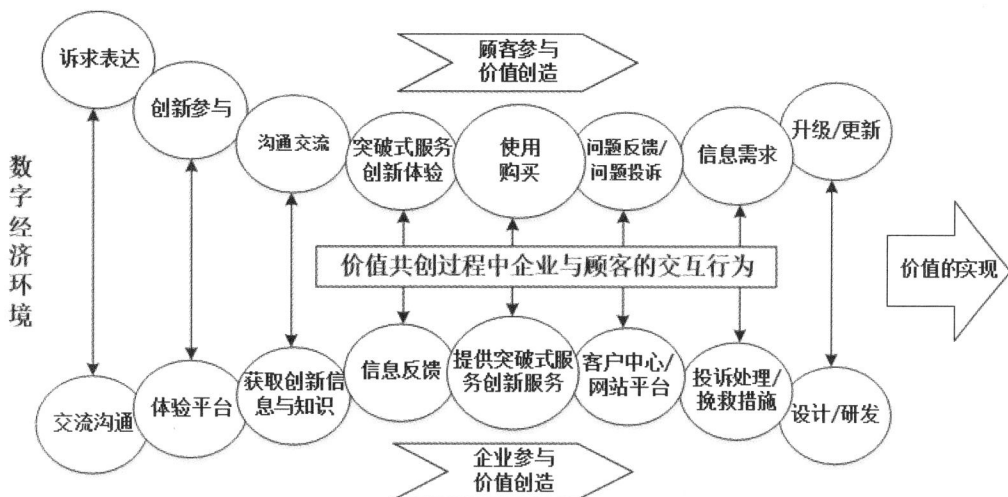

图 4-11　突破式服务创新价值共创过程中企业与顾客之间的互动行为

突破式服务创新的价值共创过程是服务主导逻辑下的价值共创过程,因而顾客是价值的共同创造者,而传统观点认为生产者是唯一的价值创造者,价值共创对于这一价值生成方式产生了极大的冲击和挑战。在如今经济飞速发展的全球背景下,价值共创是服务型企业生存和发展的战略核心问题,对于突破式服务创新来说更为重要。

4.4.2　突破式服务创新价值共创的实现过程

Sundbo(1998)提出了服务型企业创新过程中的一般模式,也是服务创新过程的经典模式,它对服务型企业创新过程实施和正式组织的一般过程进行了描述,可以说是一个适用于绝大多数创新性服务企业的创新过程模式[120]。在该模式中,创新过程被划分为三个阶段,即概念阶段、发展阶段和保护阶段。而根据 Vargo 和 Lusch 的服务生态系统理论,企业的价值共创是一个连续不断的创新过程,但并没有详细阐述服务主导逻辑下,不同服务创新类型的价值共创问题。Prahalad 和 Ramaswamy 也指出价值共创是一个连续的过程,在概念产生、设计、开发和销售等任何价值形成阶段都会产生,研究更侧重于顾客的体验,认为消费者主要通过服务创新和新服务开发(NSD)等方式参与价值创造。基于以上学者的研究和分析,遵循服务主导逻辑的前沿思想,依据服务创新过程的一般模式,本书总结出突破式服务创新价值共创的过程,如图 4-12 所示。

从图 4-12 中可以看到,企业与顾客产生的创新思想是价值共创过程的起点,在这一过程中价值得以发现,服务型企业在这一阶段发现创新的思想与顾客的需求,这也是突破式服务创新的源泉。在获取创新思想后,企业相关创新部门与研发部门必须对创新的思想进行提炼,对创新的价值进行分析,评估企业进行突破式服务创新开发与设计的实现方式,并对其风险性和不确定性进行测量与评估,将这些创新思想与需求转化为创新的知识,成为创新的能力和动力。同时，必须将市场资源，技术资源、知识资源等作为资源投入与应用到企业的突破式服务创新中，实现价值的传递。在创新思想获取、资源投入、设计开发的基础上，将突破式服务创新推广与应用到激烈的市场竞争中，并通过不断的信息反馈进行调整与更新，满足顾客需求，达成企业盈利目标，实现创新的价值，最终达成突破式服务创新价值实现的目标。

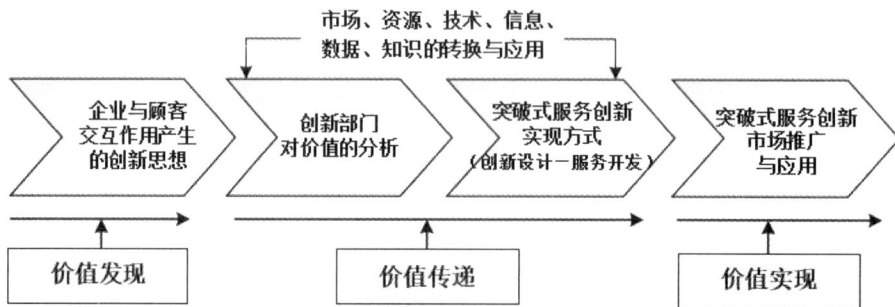

图 4-12　突破式服务创新价值共创流程

此外，在价值转化的流程中，企业创新研发部门需要对企业与顾客交互作用下的思想与信息进行分析与评估，同时也要对市场前景、互联网技术、资源获取以及企业管理方面的知识进行收集与整理。通过服务型企业创新研发部门与相关管理者的判断与决策，以及创新知识的获取、转化与应用等实现方式，实现突破式服务创新价值的转化。在这一过程中，服务型企业需要进行内外部资源的整合，充分利用信息技术，承担创新的风险，对服务创新进行反馈与追踪，进行突破式服务创新精益流程开发与改进，如图 4-13 所示。

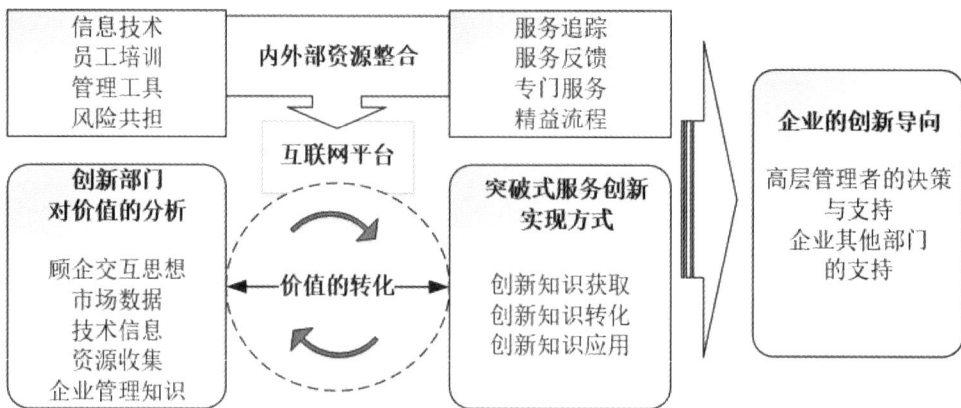

图 4-13　突破式服务创新价值转化内部流程

在此流程分析的基础上，进一步结合前文案例分析的共性和结果，以及扎根理论所构建的理论，可以从创新两个重要主体顾客和企业之间如何实现价值共创这一视角细化突破式服务创新过程，剖析其中的"黑箱"过程，促进服务主导逻辑以及服务创新理论的发展与深化。

价值共创的实现过程是实现突破式服务创新价值的重要组成部分。在突破式服务创新价值共创系统中，创新参与者包括企业创新系统和顾客创新系统两个系统。两个创新系统并不是相互独立的整体，而是相互沟通，相互融合的创新整体，共同实现创新主体的利益。服务创新系统通过使用、适应和整合资源，在不同的服务系统中进行价值交换。价值共同创造要求企业在设计提供服务时需要重新界定价值共创各方的作用和相互关系，把价值利益相关方的共创方式与服务型企业的关系体现在其组织、流程设计等内部管理过程中，形成一个新的价值创造系统。如图 4-14 所示。

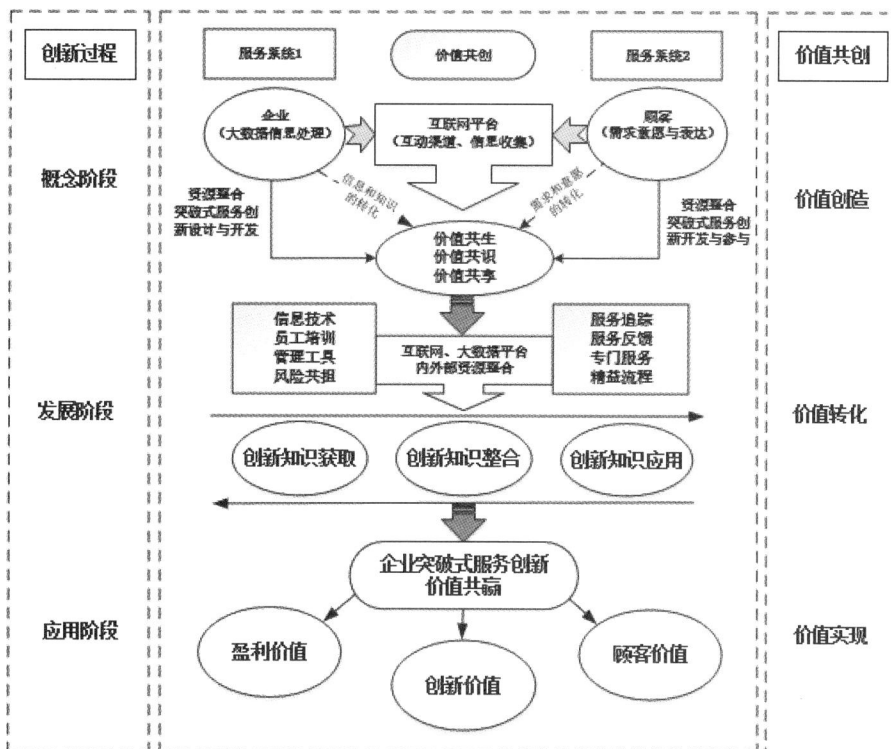

图 4-14 突破式服务创新价值共创的内在实现过程

在价值创造阶段，企业与顾客两个服务创新系统通过交互作用，把创新的行为、思想与理念融入企业的不断创新过程中，企业根据顾客的需要投入这些资源，帮助顾客整合资源并与顾客建立良好联系，同时顾客将创新的需求、思维与活动加入突破式服务创新过程中，采用与企业相互认可的理念，促进创新理念的产生，实现突破式服务创新价值共生。企业和顾客充分利用内外部资源，逐步达成突破式服务创新的理念与服务流程，达成价值共识，实现价值共享。可以说在突破式服务创新的概念阶段，企业和顾客在资源整合的过程中通过不断交互作用不断沟通促进了价值的创造。

服务主导逻辑下的价值共创理论认为，创新的理念可以通过一定的方式实现价值共创[83]。突破式服务创新整个创新过程是在企业创新战略和管理的指引下进行的。企业与顾客的交互作用所产生的创新思想和创新理念需要通过一定方式达成创新目标，这就需要企业创新部门的协同配合，通过创新知识的管理，成功实施创新知识的转移，实现价值的传递。虽然服务业的技术密集度没有制造业高，但服务创新很多都以 ICT(信息和通信技术)为基础，数字经济的发展为突破式服务创新的开发提供了平台和基础。在前文分析中可以看到互联网技术水平是突破式服务创新过程中重要的因素之一。信息技术是创新过程中重要的创新工作和手段，可以改变现有服务的提供和运作模式，可以促进顾客的想法和需求实现，同时在一定程度上也促进了突破式服务创新的传播与扩散。

价值共创为突破式服务创新创造了一个新的创新平台，而突破式服务创新的应用阶段，也是企业和顾客实现价值共赢的阶段。共创价值的实现不仅包括创新项目的成功实现，也包括企业目标的达成，收入与利润的实现，更重要的是在创新过程中实现了顾客的价值，促进了创新资源的整合。顾客不再是价值创造的毁灭者，而是实实在在的价值的核心创造者与合作者。价值共创在一定程度上降低了突破式服务创新的市场风险和投入风险，有助于企业实现其创新战略，扩大市场份额，同时顾客参与到创新的过程中，顾客实践、互动需求和期望得到了很好的满足与实现，提高了顾客的体验度和满意度，最大程度上提高了突破式服务创新活动所创造和带来的价值，最终实现企业价值与顾客价值的共赢。

第5章

突破式服务创新价值共创
理论模型与研究假设

5.1 理 论 模 型

Vargo 和 Lusch 提出的服务主导逻辑理论聚焦于服务价值的创造方面，通过对服务、资源、顾客、价值以及价值创造方面的新认识，为如今互联网环境下的服务设计和服务创新提供了新的思路。服务主导逻辑强调服务经济是核心经济，服务是市场营销本质的核心，价值共创网络中成员的共同分享与参与是价值产生的主要路径。顾客在服务开发、服务设计、服务生产、服务传递、服务扩散以及服务消费等各个环节方面扮演重要角色[121]。Caswell等人初步探讨了服务价值的发现与传递的规律[122]。而德鲁克(Drucker)在研究中指出创新的本质在于实现新知识的创造[123]。基于这基本一观点，野中郁次郎(Ikujiro Nonaka)认为新知识的形成更加依赖于人们的认知行为，并从知识转换的角度提出了著名的知识创造理论，指出知识的转换离不开人的主观认知[124]。知识转移概念最初来源于创新研究领域，美国创新管理与技术管理学家 Teece 在 1977 年首次从技术创新的角度提出知识转移的概念，并认为技术的国际转移可以帮助企业积累有价值的资源和信息，并转化为知识促进技术扩散，最终缩小不同地区之间技术所带来的差距[125]。

在如今全球化竞争激烈的大背景下，企业能否实现创新知识的产生和转化是获得可持续竞争力，保持企业竞争优势的关键和重要手段。同样从前文的实现过程中可以看到，企业创新知识的获取与应用也离不开企业创新研发部门的支持。如今许多大型服务型企业都有其自己的创新研发部门，这些创新与研发部门一方面为服务创新研发收集和获取相关信息和资源，另一方面将获取的信息和资源进行系统的整理和转化，为企业的创新发展提供源源不断的动力支持。结合前文扎根理论对突破式服务创新价值共创的提炼与总结，可以看到突破式服务创新价值共创的实现过程需要企业与顾客的参与与互动，通过互联网平台，实现沟通与交流，促进价值的发现，通过创新研发部门相关资料和数据的获取、收集与整理等方式实现价值的转化，最终实现企业与顾客的价值共创，实现价值的最大化。在突破式服务创新价值发现—价值转化—价值实现这一逻辑的基础上结合相关知识管理理论和价值共创理论，进一步构建本研究的突破式服务创新价值共创、创新知识转移与突破式服务创新价值共赢之间的理论关系模型，如图 5-1 所示，并采用结构方程(SEM)和相关数理统计的方法进行深入分析与验证。结构方程模型也称为潜在变量模型，是一种验证性的方法，综合运用了因素分析(Factor Analysis)和路径分析(Path Analysis)两种统计方法，而且必须有理论或者经验法则的支持，由相关理论来引导，并在理论引导的前提下建构假设模型图，其假设因果模型必须建立在一定的理论基础上。所以基于前文的突破式服务创新价值共创实现过程的提炼和总结，可以构建突破式服务创新价值共创的理论模型。

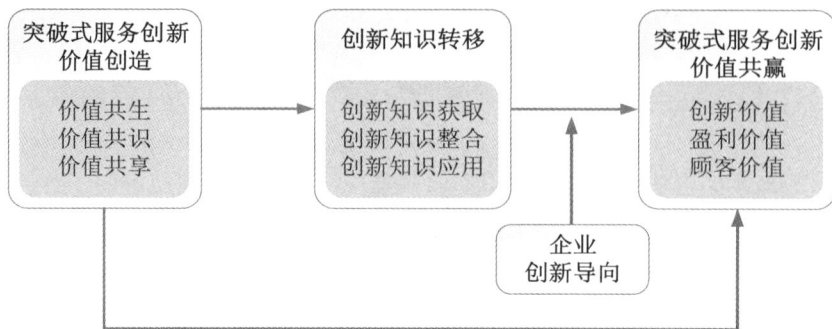

图 5-1　突破式服务创新价值共创的模型

通过相关的文献搜索与整理可以发现：在突破式服务创新价值共创方面相对成熟的理论模型比较少，其中 Cheng 和 Krumwiede(2012)以市场导向为基础讨论服务业市场绩效问题，并且通过研究发现以竞争者为导向的新服务绩效完全是突破式服务创新导致的，而顾客能够促进渐进式服务创新，内部功能的协调创新则可以促进突破式服务创新，顾客和内部协调都可以提高服务创新绩效。该研究聚焦于突破式与渐进式服务创新的对比对于服务创新绩效的影响，并没有针对特定的突破式服务创新问题进行深入研究，研究的内容更多地聚焦于服务创新绩效[126]。而价值共创方面更聚焦于理论方面的研究，周文辉(2015)以中小制造企业为主细分了知识服务的内涵，构建了价值共创模型，认为在创新领导者的推动下，知识服务内容与价值共创过程相互作用，共同实现创新绩效[97]。其主要采用多案例研究的方式，构建了知识服务的理论模型，但并未进行实证研究与验证。而对创新知识管理的相关模型研究更多地聚焦于 KIBS 知识密集型服务企业，以及创新知识管理对创新绩效的作用与影响。本研究从互联网背景下的服务型企业入手，聚焦于突破式服务创新本身，并在理论研究的基础上，进一步构建出新的理论模型。该模型借鉴了价值共创以及创新知识管理等方面的研究内容与成果，从价值共创的角度分析创新的结果与影响，避免了一般知识密集型服务企业的行业局限性，将知识管理应用到创新过程中，突破和深化了价值共创的实证研究，在理论模型方面具有一定的创新性和突破性。

在此模型的基础上，通过相关具体步骤，结合相关文献的梳理以及扎根理论的支持和引导，本研究进一步从实证的角度分析和探索了突破式服务创新价值共创的实现过程。

5.2　研 究 假 设

5.2.1　突破式服务创新价值创造与创新知识转移

根据 Vargo 和 Lusch 的价值共创观点，企业的创新战略应该始于对价值创造的理解，价值创造的整个过程应该是一系列完成特定目标任务的活动[127]。已有研究表明，企业与顾客之间的积极互动会影响企业创新知识的转移。本研究试图从企业与顾客交互作用的角度来分析和探索突破式服务创新价值创造与创新知识转移之间的关系。

1. 价值共生与创新知识转移

Kwan 和 Cheung(2006)提出了知识转移的 4 阶段模型，即动机、匹配、采取行动和保持。在动机阶段试图寻找知识转移的伙伴，那么对于企业来说最重要的知识来源之一就是顾客[128]。Cordey-Hayes(1996)研究从 5 个步骤提出知识转移的概念模型，知识转移过程的关键在于消化应用所获取的知识并通过相关手段取得效应和结果，知识转移的首要步骤就是知识的交流与获取，并接受、消化和应用[129]。创新知识的获取就在于顾客与企业之间的人际互动，顾客表达其需求意愿，企业获得相关需求意愿的信息。Cummings(2003)提出知识转移包括 4 个方面的因素，即知识受体、知识源、转移情境和转移的知识[130]。顾客不仅仅是企业营销的对象，同时也是企业知识和组织学习的最重要源泉[131]。企业与顾客之间的人际互动为企业获取创新知识提供了条件和便利，同时也有助于顾客需求意愿的表达，使企业能够充分了解顾客需求方面的信息。企业与顾客在互动过程中可在很大程度上是获取顾客的隐性需求，这就需要在特定的情境中，通过直接的交互作用和社交转移，实现创新知识的获取[132]。相比较资料和文件的方式，直接沟通更容易获取更多丰富的实践信息，顾客与企业间的互动，顾客需求意愿的表达，以及顾客体验所带来的信息反馈，增加了两者之间面对面沟通的机会，使企业可以具体而深入地了解顾客真实的潜在需求。

基于以上文献研究分析和相关扎根理论资料，本研究提出下述相关研究假设。

假设 H1a：价值共生对创新知识转移具有显著的正向影响。

2. 价值共识与创新知识转移

创新知识的转移在价值共创过程中不可或缺，是实现价值传递的一个重要步骤，过度依赖于企业内部所产生的知识可能会使企业的创新质量和创造性局限于企业已有的知识范围和水平内，从而不利于卓越创新的产生。Kahn 和 Kenneth(1996)指出顾客其实是高度介入创新设计、创新生产以及创新传递等的重要环节，与企业员工共同合作协同创新，并不断根据实际情况进行调整，可以形成促使信息沟通和流动的渠道和交易机制[133]。Dhanaraj 等(2004)的研究表明互相信任可以正向促进知识转移，这是因为相互的信任有利于共同承诺的实现，为各个利益主体之间营造了一种安全和谐的氛围，可以保证创新过程中的知识转移在企业的战略框架和设定意图之内[134]。企业与顾客在共同价值观和利益观的基础上，更容易建立相互信任与合作的内在联系，顾客更愿意与企业分享自己的看法和知识，表达自己的诉求，共同创造新的创新知识，企业在信任机制的基础上，从协同合作中可以获取新的知识和灵感，并充分利用知识资源。同时在这个过程中，顾客会更愿意表达自己的看法和观点，形成新的创新观点和知识，促进信息的更新和知识的传递。

基于以上文献研究分析和相关扎根理论资料，本研究提出下述相关研究假设。

假设 H1b： 价值共识会对创新知识转移产生显著的正向影响。

3. 价值共享与创新知识转移

在企业与顾客频繁的互动与交流过程中，顾客的知识库可以被改变，通过交互作用，企业也可以获得更多的知识与经验。企业在与顾客建立信任合作关系后，顾客会将自身表达的意愿和需求，通过信息共享以知识的形式作为特定的资源和能力源源不断地提供给企业，这些资源和能力通过创新研发部门的挖掘与整理往往会成为服务创新的来源。Gilbert 等人(2000)认为，知识的转移和知识的创造与获取是融为一体的，只有通过知识的获取与创造才能实现知识的转移价值。企业通过搭建共同创造平台，可以实现与顾客的信息与资源共享，在这一过程中实现了信息价值和资源价值的共享，企业和顾客获取了更多的知识与经验[135]。Szulanski(2000)认为知识转移是组织内部或者不同组织间跨越边界的一种知识共享，即知识以不同的方式在不同的组织和个体之间进行转移和传播，强调信息的传递不仅仅是知识的扩散，而是跨越组织或者个体边界有目的、有计划的共享与交流。企业的信息资源和战略资源等对企业的发展至关重要，也是在激烈的市场竞争中获取独特竞争优势的差异化资源[136]。在价值网络进行创新的过程中，拥有丰富信息资源和战略资源的企业，为创新的开发提供了物质保障，这一类企业往往注重于顾客的信息互动与资源共享，同时具有较强的知识获取和整合能力，在行业中占有创新领导的地位。

基于以上文献研究分析和相关扎根理论资料，本研究提出下述相关研究假设。

假设 H1c： 价值共享会对创新知识转移产生显著的正向影响。

5.2.2 创新知识转移与突破式服务创新价值共赢

如今知识已经成为许多服务型企业获取竞争优势保持市场地位的重要来源之一，已有研究表明内外部的创新知识转移对企业的创新和绩效具有重要的影响。从本质上来说，服务创新的过程就是不同创新的主体之间创新知识交换和转移的过程。Gold 等人(2001)将知识的管理过程划分为知识的获取、知识的转化、知识的保护与知识的应用 4 个基本维度，并认为这 4 个维度都会对创新过程、创新活动以及创新的实现产生重要影响[137]。根据相关学者的研究和总结发现，特别是企业与顾客之间创新知识转移，对服务创新的实现具有相当大的影响力。结合突破式服务创新特点可将突破式服务创新的知识转移整理为创新知识获取、创新知识共享和创新知识应用 3 个部分。

1. 创新知识获取与突破式服务创新价值共赢

Szulanski(1996)研究表明，创新知识转移的基本要素包括最基本的知识源、信息接收者、所获得的信息、传播情境和信息转移渠道等，这些要素通过相互作用来影响知识转移的绩效[138]。Zhen 等人(2012)通过研究发现外资与合资企业通过获取并内化所获得的新外部知识时，会得到企业希望的结果，达到为实现其目标而进行的有效输出[139]。通过知识转移，企业可以充分利用知识，不断调整新服务，使服务创新更加符合顾客需求，进一步提高顾客感知的服务质量[140]。服务企业在进行突破式服务创新的活动时，一个主要的创新障碍就是缺乏有效的信息和知识，如果通过有效合理地知识转移获取相应的知识，可以为突破式服务创新的开展提供支持，减少突破式服务创新的不确定性和高风险性。知识的获取不仅在于对企业内部知识的深入挖掘，还表现在创新过程中以及与顾客交互作用中产生的各种创新信息、资料，企业需要对这些资源进行筛选、识别与整理。

基于以上文献研究分析和相关扎根理论资料，本研究提出下述相关研究假设。

假设 H2a：创新知识获取会对突破式服务创新价值共赢产生显著的正向影响。

2. 创新知识整合与突破式服务创新价值共赢

企业与顾客交互作用下产生的信息和资料，需要通过适当的方式转化为创新的来源和动力，那么就需要企业对所获取的知识进行重新编码、整理和融合并加以利用，可以说这体现了企业对知识的整合能力[141]。创新知识的价值不在于知识到底有多少，而在于创新知识能够在多大程度上实现合理而有效地利用与重构[142]。企业自身具有知识转化能力，可以实现对外部知识的获取与自身创新能力的有效结合，收集有利于企业创新发展的信息，发挥知识的效用，并实现知识的创造。Thomas 等人(2010)认为一个组织为新服务开发产生新的构念时，知识转移将新获取的知识和已有的知识进行整合，从而可以提升能力去创造新的链接和关联[143]。Nonaka(1994)认为有效实现知识的转化和利用在于如何实现外界获取的知识与企业内部资源的相互融合，这样才能实现创新知识获取的有效性，并最大化企业内部的经济效益[144]。张杨(2009)的研究详细分析了在顾客知识转移过程中，针对服务创新过程的不同发展阶段，知识整合对服务创新的作用，并构建了知识转移模型，研究认为在服务创新过程中，存在 4 种基本的知识整合过程[145]。Zaichkowsky(1985)认为创新知识的整合是知识转化过程中的重要阶段，对整个知识的转移起到了沟通与链接的作用，为实现企业创新知识的获取到创新知识的应用构建起了桥梁[146]。

基于以上文献研究分析和相关扎根理论资料，本研究提出下述相关研究假设。

假设 H2b：创新知识整合会对突破式服务创新价值共赢产生显著的正向影响。

3. 创新知识应用与突破式服务创新价值共赢

企业创新过程中的知识转移可以增强企业的创新性，但如何实现创新知识的实际运用，就需要企业具有将知识转化为我所用的能力。对于突破式服务创新来说，创新知识的应用就是通过获取创新知识并应用到企业的突破式服务创新中，并将企业掌握的知识资源与自身其他资源相结合，最大限度地投入到企业运营当中，实现突破式服务创新价值的共赢。知识在企业内部的应用可以有效地减少新服务开发过程中与顾客需求、竞争者、技术开发、创新风险等方面的不确定性[147]。Moorman(1997)的研究证实企业知识的应用能够在日益竞争激烈的市场上比竞争对手更好更快地创造出新服务，不断增加企业创新开发过程中的决策制定和执行效率，提升新服务开发的财务绩效，增加企业的盈利价值[148]。Majchrzak(2004)认为企业顾客在价值共创中所获取的知识与企业内部所拥有的知识，需要企业有较强的知识转化能力促进两种知识的集合，实现知识的创造并应用到新服务开发中去，促进服务创新绩效的提升[149]。能不能对企业与顾客交流沟通所产生信息进行很好的利用，这对服务企业的知识转化提出了能力要求。

基于以上文献研究分析和相关扎根理论资料，本研究提出下述相关研究假设。

假设 H2c： 创新知识应用会对突破式服务创新价值共赢产生显著的正向影响。

5.2.3 突破式服务创新价值创造与突破式服务创新价值共赢

伴随服务市场竞争的日益加剧，为了获取更大的竞争优势，就需要不断与顾客交换资源来共同创造价值，企业迫切需要争夺某些关键资源，将最为重要的资源提供者之一——顾客，作为其企业发展的潜在合作伙伴，共同实现价值创造与共赢。虽然服务创新绩效不能等同于价值共赢，但创新绩效相关理论可以提供很好的支持和借鉴。结合相关研究与前文扎根理论总结，本研究将从突破式服务创新价值共生、价值共识以及价值共享三个方面来分析与突破式服务创新价值共赢之间的关系。

1. 价值共生与突破式服务创新价值共赢

研究表明互动可以加强企业与顾客之间的对话与学习，互动是推动企业价值共创的重要推动力，有助于企业获取更多的关于顾客的消费需求、消费习惯以及消费偏好等方面的信息[150]。Higgins(1998)分析了顾客对新的产品和服务开发的作用，提出顾客参与是改善创新绩效的一个重要条件，在创新活动中，消费者需要同时扮演参与者和消费者的重要角色，通过与企业的互动实现服务创新[151]。Mention(2011)等通过实证分析发现，加强顾客与企业之间的交互作用可以改善服务创新水平，进而提高企业服务创新效率，提高服务企业创新绩效。定制化服务是一种卓越的服务创新，定制化服务是按顾客的自身要求，改变千篇一律的模式，为其提供符合需求的，同时也让顾客满意的服务产品[152]。Tether(2002)认为与顾客合作进行创新体验能够保持和平衡企业的服务创新绩效，为企业的发展提供所缺乏的互补性知识，提高顾客接受与使用突破式新服务的可能性，让创新的性质与内涵更贴合顾客的需求[37]。顾客的需求可以帮助企业将创新开发和设计工作更好地集中在顾客需要的项目上面，通过了解顾客的需求，设计出满足顾客需求的突破式服务产品和突破式服务创新，这是一种企业与顾客双赢的策略，两者都可获益，为企业和顾客带来双重利益，并实现双重价值。

基于以上文献研究分析和相关扎根理论资料，本研究提出下述相关研究假设。

假设 H3a： 价值共生会对突破式服务创新价值共赢产生显著的正向影响。

突破式服务创新价值共创理论模型与研究假设 第 5 章

2. 价值共识与突破式服务创新价值共赢

服务创新理论认为服务价值的实现是在顾客与服务企业之间相互信任的基础上产生的。Normann 和 Ramirez(1993)提出价值共创的策略在于顾客会与企业建立关系联盟，使顾客产生一种归属感，而顾客在价值共创这个系统中，与企业给予共同的承诺而互动互惠，实现价值共赢[153]。顾客可以在服务企业创新过程中担任合作设计者(Co-designer)[154]。Preissl(2000)认为对于服务型企业来说顾客与企业共同参与创新生产，激发创新灵感是非常常见的，并且顾客的协助对服务创新绩效产生了重要的影响，可以说是创新成功的一个必要条件[155]。换句话说，企业借助支持系统能够帮助顾客体验创新之余，收获更多的价值，不断增加创新绩效和顾客价值的产出。Pittaway 等人(2004)认为顾客可以帮助企业提早发现潜在的市场需求，产生新的服务构思，降低企业服务创新所带来的风险等，也就是说企业与顾客之间良好的合作关系会对服务创新的发展与进步带来积极的影响[156]。

基于以上文献研究分析和相关扎根理论资料，本研究提出下述相关研究假设。

假设 H3b：价值共识会对突破式服务创新价值共赢产生显著的正向影响。

3. 价值共享与突破式服务创新共赢

突破式服务创新需要企业与顾客协同合作完成，相关研究表明，顾客与企业之间的信息共享和资源共享在服务创新价值创造过程中发挥着重要作用，服务型企业缺乏顾客所提供的信息和资源支持是很难开展创新活动的。Nooteboom(1999)认为价值网络之间的信息沟通有利于关键信息在服务创新活动中的传递与分享[157]。价值共享过程中实现信息共享需要进行有效沟通，不仅信息源要有分享信息的意愿，而且有效沟通所传递的信息是有价值的，能够对信息接收者产生重要的影响。刘衡等人(2010)在研究中指出信息沟通的关键是创新合作行为，也是一项关键的组织创新战略，能够提高创新双方在信息分享过程中的效果和效率，并从企业角度验证创新双方信息沟通对企业创新绩效存在正向的显著关系[158]。信息共享与资源共享都有助于激发创新活动创新各主体的创造性，促进突破式服务创新的开发，以及创新过程中问题和困难的解决，提供新的信息来源和解决思路。

基于以上文献研究分析和相关扎根理论资料，本研究提出下述相关研究假设。

假设 H3c：价值共享会对突破式服务创新价值共赢产生显著的正向影响。

5.2.4 创新知识转移的中介作用

在已有的研究中，对服务创新如何实现价值共创影响机制的研究并不多，只有少量实证研究描述了知识转移在顾客参与创新与创新绩效之间存在中介作用。而对于突破式服务创新的研究较少，更多的是定性推理，进行实证验证。陶颜等人(2007)针对金融服务创新过程中的知识转移问题进行梳理，认为在金融服务企业与顾客创新交互的过程中会产生知识转移，这种转移不仅有利于创新双方实现资源互补和能力重构，而且金融创新企业还能扩

89

大自己的知识储备并转化为创新动力，这无疑能给企业带来可持续的竞争力和创新能力[159]。赵红丹等人(2010)在开放式创新模式下实证研究资源共享对创新绩效的作用机制，将知识转移作为中介变量并研究知识转移的中介效应，通过研究发现知识转移在资源的输入对创新绩效的影响过程中有显著的中介效应[160]。卢俊义和王永贵(2011)探讨了顾客参与服务创新与创新绩效之间的关系，并认为两者关系之间存在知识转移这一中介变量，对三者之间的关系进行了理论综述并构建了理论模型，但该研究缺乏进一步的实证分析[161]。Cohen 和 Levinthal(1990)的相关研究进一步强调知识转移不仅让企业和顾客更为有效地利用相关知识，同时也使企业能够更好地理解和评价创新的本质和商业的发展潜力[162]。服务型企业要实现突破式服务创新的价值共创，不仅需要企业与员工在创新过程中的交互作用与协作，还需要相应的转化过程，而这种过程表现为创新知识的转移过程。服务型企业在突破式服务创新的发展过程中，企业与顾客协作与交互能够激发新的创新构思和独创性的想法，企业通过这些知识的获取、整理、转化和应用可以产生出具有创新性的服务，从而实现创新的价值共赢。

基于以上文献研究分析和相关扎根理论资料，本研究提出下述相关研究假设。

假设 H4：创新知识转移在价值共创与突破式服务创新价值共赢之间具有显著的中介作用。

假设 H4a：创新知识转移在价值共生与突破式服务创新价值共赢之间具有显著的中介作用。

假设 H4b：创新知识转移在价值共识与突破式服务创新价值共赢之间具有显著的中介作用。

假设 H4c：创新知识转移在价值共享与突破式服务创新价值共赢之间具有显著的中介作用。

5.2.5　企业创新导向的调节作用

通过以上文献分析以及扎根理论总结表明创新知识转移会对突破式服务创新价值共赢产生较大影响，但由于不同变量之间的关系和强度相对比较复杂，影响效果并非一成不变，所以并不一定在所有情况下这种影响都是正向的或者强度很大。这就需要我们寻找相关调节变量来支持本研究的假设理论。Hurley 和 Hult(1998)认为企业创新导向是企业成功实施创新过程、新产品和新服务开发以及克服企业障碍的重要驱动力，从长期来看，一个企业的成功可能会更多地与企业高层所设定的创新导向密切相关，换句话说仅仅拥有某一创新能力并不一定能够成功实施创新，还需要分析服务型企业所处的环境，结合企业的实际创新能力作出最终的战略决策[163]。Davenport 和 Prusak(1998)的研究表明，由于不同组织或企业对待创新知识的态度各不相同，导致即便企业的创新知识转移能力或者水平相对成熟，也存在无法获得企业预期成果和效果的问题，这是企业在创新导向方面需要重视的层面之一[164]。注重创新导向的服务型企业一般更为重视营造创新知识共享的氛围，关注企业与顾客的交流沟通对企业的影响以及所产生的价值，希望顾客多参与到企业的交流互动过程中，从而在知识的碰撞过程中彼此学习以激发新的服务创新思想。突破式服务创新需要以信息以及互联网技术为支撑，企业对待创新的态度和导向会对突破式服务创新共创价值的实现产生重要影响。

基于以上研究分析，本书提出下述研究假设。

假设 H5：企业创新导向在突破式服务创新价值创造与突破式服务创新价值共赢之间具有显著的正向调节作用。

综上所述，由以上详细分析可以得出本研究的理论假设和理论模型，总结本研究的假设如表 5-1 所示。

表 5-1　研究假设汇总

假设	假设内容
H1	突破式服务创新价值创造正向影响创新知识转移
	H1a　价值共生正向影响创新知识转移
	H1b　价值共识正向影响创新知识转移
	H1c　价值共享正向影响创新知识转移
H2	创新知识转移正向影响突破式服务创新价值共赢
	H2a　创新知识获取正向影响突破式服务创新价值共赢
	H2b　创新知识整合正向影响突破式服务创新价值共赢
	H2c　创新知识应用正向影响突破式服务创新价值共赢
H3	突破式服务创新价值创造正向影响突破式服务创新价值共赢
	H3a　价值共生正向影响突破式服务创新价值共赢
	H3b　价值共识正向影响突破式服务创新价值共赢
	H3c　价值共享正向影响突破式服务创新价值共赢
H4	创新知识转移在突破式服务创新价值创造与价值共赢之间起到中介作用
	H4a　创新知识转移在价值共生与突破式服务创新价值共赢之间存在显著的中介作用
	H4b　创新知识转移在价值共识与突破式服务创新价值共赢之间存在显著的中介作用
	H4c　创新知识转移在价值共享与突破式服务创新价值共赢之间存在显著的中介作用
H5	企业创新导向在创新知识转移与突破式服务创新价值共赢之间起到调节作用

资料来源：作者根据前文研究假设整理。

5.3　变 量 测 量

根据前文研究所提出的概念模型以及相关研究假设，进一步提炼在本研究中所涉及的变量，主要包括突破式服务创新价值创造(自变量)、突破式服务创新价值共赢(因变量)、创新知识转移(中介变量)、企业创新导向(调节变量)。由于突破式服务创新价值创造的研究量表相对较少，需要在借鉴相关量表的基础上并结合前文扎根理论，实现变量的测量。各变量的测量题项部分来源与国内外知名期刊上所发表的相对成熟的量表，部分根据研究的实际需要并结合前文对企业管理人员访谈的结果进行开发和补充。为了保证初始量表具有相对较好的结构效度和内容效度，初始量表的开发具体步骤如下所述。

第一步，仍以支付宝、携程、卓越等 10 家企业为研究样本探讨"突破式服务创新价值共创"这一焦点的深度访谈为基础，结合对服务企业的访谈和运用扎根理论所整理的资料进行分析，对量表测量题项进行开发。

第二步，在国内外知名期刊上查阅相关内容的成熟量表，并对相关量表的测量进行相对准确的翻译，并结合实际情况，对测量量表进行补充和修订，确定最终初始量表。

在变量测量的方式上，本研究主要采用 5 级李克特量表，以利于被调研者的选择。其中"1"表示非常不同意，"2"表示比较不同意，"3"表示不能确定，"4"表示比较同意，"5"表示非常同意。所有测量题项均为单项选择题，通过被调查对象根据实际情况与题项的相符程度进行打分，从而进行变量的测量。

5.3.1 突破式服务创新价值创造的测量

目前针对价值共创方面的实证研究相对较少，多为从经验资料中抽取出新的概念和观点，关于价值共创方面的测量相对成熟的量表也不多，仅有少数的实证研究从不同的角度对这一构念进行测量。本研究从企业与顾客的角度出发，结合前文的访谈分析和扎根理论分析，分别对突破式服务创新价值共创的价值共生、价值共识和价值共享三个方面构建测量量表，以验证模型的准确性和科学性。由于测量题项来源于前文的扎根理论和部分相关的参考文献，而不同的参考文献中对于同一构念有可能存在相关偏差，所以在测量题项的选择上，选取典型的题项，尽可能地避免相似的测量选项，以避免价值共生、价值共识以及价值共享三个内涵的交叉。

Chen 等人(2011)从 IT 服务业的角度出发研究 B2B 情境下的顾客如何参与服务创新，从服务创新管理者的层面对顾客的参与行为进行测量与评价[165]。其中题项包括"顾客作为合作伙伴与我们企业相互协作""顾客会公开讨论他们的需求以传递和表达他们的服务需求""顾客对于我们服务过程贡献很大"等。Fortuin 等人(2005)探讨了顾客在传递服务创新的过程中进行协同合作的情形，研究中认为顾客在服务创新传递过程中存在自愿行为，并将这种行为划分为"顾客忠诚、顾客参与和顾客合作"三类[166]。Zolfagharian(2007)将顾客参与创新过程划分为两种类型，即顾客参与共同生产和顾客鼓励企业不断进行创新的共同生产，并进一步划分为时间、努力、熟悉度、员工和服务生产 5 个自维度[167]。结合文献分析中已有的量表，并参考企业高层管理者的访谈内容与专家讨论的结果，设计价值共生的初始测量量表，具体内容如表 5-2 所示。

Menguc 等人(2007)认为在服务的创造与扩散过程中，顾客的参与对于服务创新是非常有意义的，研究中针对咨询服务业的创新过程进行测量，采用了"顾客尝试与企业一起合作""顾客会做一些事情使得企业做事更加便利"等题项[172]。Tsai 等人(2010)提出顾客在组织创新过程中扮演了积极参与者的角色，并针对银行服务业的特点来测量顾客参与的创新行为[173]。例如"顾客愿意付出大量努力帮助银行提供服务""顾客乐意根据实际情况对服务创新活动进行适时调整"等。此外，Claycomb 等人(2001)[174]，Gow 等人(2003)也从相关角度开发出测量量表[175]。结合以上已有量表，并结合企业管理者访谈与专家讨论结果，从价值共识的角度出发，从共同承诺、协同合作以及适应性调整等方面来设计价值共识的初始测量量表。具体内容如表 5-3 所示。

表 5-2　价值共生的量表测量题项

维度	编号	测量指标	参考来源
价值共生	VS1	本企业经常邀请顾客体验新服务以了解顾客的偏好	Bettencourt(1997)[168]；Ja Shen Chen et al.(2012)[169]；Gruen(2000)[170] Lovelock et al.(1983)[171]
	VS2	本企业经常与顾客交流以了解顾客需求	
	VS3	本企业会收到顾客提出服务改进方面的建议与反馈	
	VS4	本企业可以获得顾客所提供服务创新的信息	
	VS5	顾客会主动向企业表达对新服务的需求和期望	
	VS6	顾客会鼓励企业进行新服务的设计与研发活动	

表 5-3　价值共识初始测量题项设计

维度	编号	测量指标	参考来源
价值共识	VC1	本企业愿意使顾客利益最大化	Menguc et al.(2007)[172]；Tsai H et al. (2010)[173]；Claycomb et al. (2001)[174]；Gow et al.(2003)[175]
	VC2	本企业与顾客共同维护合作互利的关系	
	VC3	顾客信任企业创新过程中所提供的专业判断	
	VC4	本企业主动与顾客探讨相关问题的目标与解决方案	
	VC5	企业能够根据顾客的需求适时调整创新设计和开发	
	VC6	为了配合新服务的开发,经过沟通顾客愿意做出相应的调整	

Lievens 等人(1999)聚焦于金融服务行业中的新服务开发，认为信息共享与资源共享在组织学习过程中必不可少，研究从企业提供创新信息和创新资源的角度进行测量，并指出顾客在企业沟通网络中占据中心地位[176]。Gallouj(2002)对服务创新进行维度测量的研究中，从企业资源的角度，提出企业战略资源的共享对企业创新优势的发展具有重要意义[177]。此外，Gupta 等人(2006)、Holbrook(2006)也从信息和资源共享的角度开发出相关量表[178][179]。结合以上已有量表，并结合企业管理者访谈与专家讨论结果设计价值共享的初始测量量表，具体内容如表 5-4 所示。

表 5-4 价值共享初始测量题项设计

维度	编号	测量指标	参考来源
价值共享	VP1	本企业经常与顾客共享服务创新需求与新服务开发信息	Lievens et al. (1999)[176]、Gallouj (2002)[177] Gupta et al. (2006)[178]、Holbrook M B (2006)[179]
	VP2	本企业与顾客共享企业发展战略和策略信息	
	VP3	本企业经常与顾客沟通了解竞争者信息和市场信息	
	VP4	本企业在创新过程中投入大量的资源(人力资源、企业资源等)	
	VP5	本企业搭建互动平台(在线客服、网站论坛等)为顾客提供服务支持	
	VP6	本企业与顾客共享技术创新和产品创新成果	

5.3.2 创新知识转移的测量

目前知识转移的测量量表开发主要集中在知识管理方面，国内外也有一些相对比较成熟的量表针对顾客知识转移。本研究创新知识转移测量量表如表 5-5 所示。

表 5-5 创新知识量表测量题项

变量	维度	编号	测量指标	参考来源
创新知识转移	创新知识获取	IKG1	本企业可以从顾客那里获取关于顾客需求的知识	Teresa L. Ju，Chia-Ying Li，Tien-Shiang Lee(2006)[180]；Bou-Wen Lin & Chung-Jen Chen(2006)[181]；Van Wijk et al. (2007)[182]；钱锡红、杨永福、徐万里(2010)[183]
		IKG2	本企业可以从顾客那里获取新的服务理念与技术革新的知识	
		IKG3	本企业可以从顾客那里获取竞争对手的创新知识	
		IKG4	本企业可以从顾客那里获取市场前景的创新知识	
		IKG5	本企业能够从大量创新知识中迅速过滤并得到有价值的创新知识	
	创新知识整合	IKI1	本企业能够系统处理分析顾客所带来的创新信息与资料	
		IKI2	本企业能够消化吸收从顾客那里获得的新知识	
		IKI3	本企业可以很快找到解决突破式服务创新问题的知识	
		IKI4	本企业能够将内部资源与获取的创新知识进行有效整合	
	创新知识应用	IKA1	本企业能够利用创新知识解决新的问题和挑战	
		IKA2	本企业利用创新知识捕捉新的市场机遇并快速应用到关键性的竞争需求中	
		IKA3	本企业能够应用创新知识开发新的突破式服务创新	

表 5-5 的开发借鉴了相关研究成果，并结合突破式服务创新特征和创新知识特点，将 Teresa、Chia-Ying、Lee(2006)等人所提出的创新知识管理测度题项作为本研究测量指标的基础，同时在该测量指标的基础上进行调整，从创新知识获取、创新知识整合和创新知识应用三个维度来对突破式服务创新价值共赢进行衡量。

5.3.3 突破式服务创新价值共赢的测量

关于创新价值方面的测量尚未形成一致的测量指标体系，研究者通常根据研究的需要选取指标衡量服务创新的价值。本研究主要借鉴相关共创价值以及创新绩效方面的研究测量指标。Cooper 和 Kleinschmidt(1987)聚焦于新服务开发，从成本收益、市场份额和开拓新市场三个方面提出相关测量指标测量服务创新的开发绩效[184]。在此研究基础上，Brentani(1995)开发出服务创新绩效考核的四个重要方面，即成本收益、市场份额、企业竞争力和其他方面[185]。Prajogo(2006)从服务企业与制造业之间不同区别的角度探讨创新与绩效之间的关系，认为顾客的信息反馈对提升服务企业创新绩效有重要作用[186]。

突破式服务创新价值的测量与服务创新价值的测量在指标的选取上有一定的共性，主要是在财务方面的指标。但突破式服务创新有其独特性，这些特性会使其在指标的测量上有所侧重，尤其是在创新价值方面的评价相对更为重要，突破式创新与渐进式创新的一个重要区别就在于对创新价值贡献的多少。此外，突破式服务创新更关注与企业和顾客之间的关系，顾客更多地参与突破式服务创新的产生与传递，会影响到创新的质量和价值。将Ramani 和 Kumar(2008)所提出的从顾客指标、盈利指标和创新指标三个层面作为本研究测量指标的基础，同时在该测量指标的基础上进行调整，从创新价值、盈利价值和顾客价值三个维度来对突破式服务创新价值共赢进行衡量[187]。具体内容如表 5-6 所示。

表 5-6 突破式服务创新价值共赢量表测量题项

变量	维度	编号	测量指标	参考来源
突破式服务创新价值共赢	创新价值	IV1	本企业的突破式服务创新能够有效地改进创新流程	Tidd et al.(2003)[188]；Cooper& Kleinschmidt(1987)[184]；Ulrike de Brentani(1995)[185]；Prajogo et al. (2006)[186]；Sundbo (2008)[189]；Ramani&Kumar(2008)[187]；Storey&Kelly (2001)[190]；Nooteboom B (2000)[191]
		IV2	本企业进行的突破式服务创新使得技术方面得到了提升与改善	
		IV3	本企业进行的突破式服务创新能够提供更多定制化服务和产品	
	盈利价值	PV1	本企业进行的突破式服务创新使企业利润增加	
		PV2	本企业的突破式服务创新提高了企业市场占有率	
		PV3	本企业进行的突破式服务创新比竞争对手更具有更高的销售额	
	顾客价值	CV1	本企业进行的突破式服务创新使得顾客优先考虑本公司的服务	
		CV2	本企业进行的突破式服务创新使得顾客满意度提高	
		CV3	本企业进行的突破式服务创新使得老顾客推荐更多新顾客	

5.3.4　企业创新导向的测量

对于企业的创新导向测量主要采用了 Hurley 和 Hult(1998)开发的创新倾向性量表[163]，以及 Diamantopoulos 等人(2006)的企业创新战略量表[192]。同时李清政和徐朝霞(2014)从顾客共同生产对服务创新绩效的角度开发了企业创新导向对顾客知识转移以及服务创新绩效的测量量表[193]。结合前文访谈内容与扎根理论，构建本研究的调节变量量表，量表共有 7 个题项，具体如表 5-7 所示。

表 5-7　企业创新导向测量量表

变量	编号	测量指标	参考来源
企业创新导向	IO1	本企业经常关注信息技术革新与互联网发展的导向	Hurley&Hult(1998)[163]；Diamantopoulos et al.(2006)[192]；李清政、徐朝霞(2014)[193]
	IO2	本企业经常在信息技术的研发和设计方面分配资源	
	IO3	本企业高层管理者很重视信息技术创新	
	IO4	在本行业通常率先引进突破性新的技术	
	IO5	面对信息技术创新的不确定性会做出大胆的决策	
	IO6	本企业倾向于选择高风险高回报的突破性技术以实现企业目标	
	IO7	本企业鼓励管理者和员工进行突破性创新	

5.4　问卷设计与预测试

5.4.1　问卷设计的原则与程序

问卷调查法作为搜集研究材料的一种调查手段，在获取实证研究数据的研究中得到了普遍应用。与深度访谈相比较，问卷调查可以突破时空界限，对众多被调查者进行调查，干扰程度相对较小，可以实现由"点"到"面"的拓展，所收集的数据相对比较可靠，可以更加方便实现对调查结果进行定量研究。但将不完善的调查问卷发放给调查者，容易影响问卷最终结果的有效性。这就需要我们在设计问卷的初始阶段遵循一定的原则和程序来保证问卷的可靠性与有效性。主要包括以下原则。

(1) 相关性原则。在调查问卷中只需要少数问题和题目提供相关研究背景，其余所包含的题目必须与本研究主题内容相关。

(2) 简洁性原则。每道题目都应当力求简洁而具体，不繁杂、不含糊，每道题目只涉及一个问题，而且调查问卷中的题目应与研究目的直接相关。同时尽可能保证列举答题项的完备性，保证各个答题项之间存在明显的差异。

(3) 方便性原则。调查问卷中的题目、语言和形式应该尽量方便调查对象回答，让被调查者自愿真实地回答问题，不要让调查对象觉得问卷无从下手，花费很多时间思考。

(4) 系统性原则。设计问卷时应该围绕研究的主题提出相应的假设，根据假设设计每一个问题与答案，最后根据研究目的以及研究的逻辑进行编排，实现调查问卷的完善系统性。

根据相关文献搜索对问卷开发及设计的建议，本研究遵循提炼题项→初始量表→初始调查问卷→正式调查问卷的四个阶段进行，如图5-2所示。

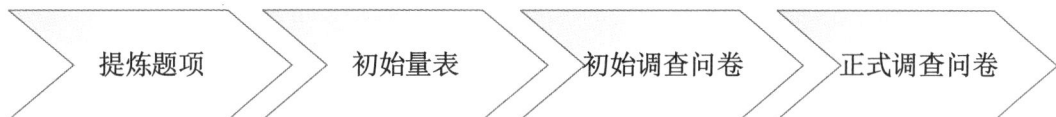

图5-2　问卷开发与设计

通过前文文献的回顾与整理以及扎根理论所得到的信息，充分考虑突破式服务创新价值共创、创新知识转移以及企业创新导向等方面的信息与内容，在保证初始量表的信度与效度的基础上，提炼出本研究的初始测量题项。虽然国内外研究对于价值共创的测量量表较少，但是可以借鉴相关服务创新与知识转移的相关量表进行题项的选择与整合，并在此研究基础上结合扎根理论所得到的信息开发突破式服务创新价值创造量表，同时借鉴组织间知识转移的相关量表进行创新知识转移量表的开发。而对企业创新导向的测量相对较多，已经形成相对成熟的量表，进行必要的调整使用即可。为了保证问卷设计的科学性，针对问卷初稿在本研究团队中进行讨论，然后选择 4 位就职于服务型企业的管理人员进行深度访谈，考察题项之间的逻辑性以及与企业实际情况的一致性，并在此基础上对量表题项进行修改与整理，形成初始的问卷。为了避免问卷中可能存在的问题影响调查的效果，在进行大样本调查前先通过小样本进行了预测试，通过被调查者的反馈情况进一步修正了量表，形成了最终的调查问卷。

关于突破式服务创新价值共创题项在前文中已经做了较为详细的分析与论述，形成了初始量表。在服务创新以及知识转移研究等方面，量表形式的调查问卷在诸多研究中有广泛的应用，在不同的服务创新研究领域作出了大量的研究结论，相关量表题项的设置与修订在不同文献中反复应用，且量表的信度和效度相对较高，设计相对成熟有较高的认可度。所以调查问卷的形式适用于突破式服务创新价值共创的研究，相关量表的设计为本研究提供了宝贵的参考资料与研究方法。

5.4.2　问卷的预测试与小样本检验

在进行大样本的调查之前，需要选择适量的样本进行预测试以提高测量问卷的信度和效度，以便在此基础上对问卷内容进行修正，并将调整后的问卷进行大样本调查，从而更好地提高问卷调查的准确性。针对研究目的对问卷的题项、量表、结构、逻辑等进行修改，初步形成初始问卷，并进行小样本预测试，同时根据量表开发程序对各变量进行净化，以确定量表中是否含有"垃圾测量条款"。由于本研究各个变量的测量条款是在文献资料以及扎根理论基础上形成的，需要对测量条款进行净化。本研究采用修正指标与总量的相关系数的 CICT 分析和 α 信度系数净化问卷中的测量条款。目前，国内外学者对于删除题项有不同的测量标准，如卢文岱提出删除题项的标准是 CICT<0.3[194]。一般而言，当 CICT 值<0.5 时，通常就应删除该测量条款。此外，另一个主要指标是参考删除该题项后的 α 系数 Cronbach's α，根据系数标准，如果删除某个测量题项以后，Cronbach's α 系数增大，则需要删除该测量题项，反之则不宜删除。在本研究中参考骆克任(2002)的评价标准，将 Cronbach's α 系数>0.6 作为合格标准[195]。

1. 测量量表的 CICT 与信度分析

首先，突破式服务创新价值创造包括三个子构念，即价值共生、价值共识以及价值共享。利用小样本获取的数据对价值共生的测量题项进行信度检验分析，包括 CICT 值和删除题项后的 α 系数等，具体输出结果如表 5-8 所示。量表初始的 Cronbach's α 系数为 0.839，价值共生包括 6 个题项，其中 VS4 和 VS6 的 CITC 值为 0.438 和 0.428，均低于 0.5，需要对量表中的测量题项进行相应调整。当删除这两个题项以后，检验表明其余的测量题项均呈现出较为理想的状态，最终问卷的信度系数为 0.865，结果表明最终量表具有很好的信度。此外，其他测量条款均达到标准要求 0.5 以上，那么删除任何题项都不会再增加信度系数，所以不需要再删除任何题项。突破式服务创新价值共生量表的测量题项经过 CICT 检验后成为 4 个。

表 5-8 价值共生测量量表 CICT 与 Cronbach's α 系数分析

变量	测量条款	CICT		删除题项后 α 系数		Cronbach's α	
		初始	最终	初始	最终	初始	最终
价值共生	VS1	0.662	0.718	0.803	0.828	0.839	0.865
	VS2	0.733	0.757	0.788	0.809		
	VS3	0.720	0.686	0.793	0.839		
	VS4	0.438	—	0.843	-		
	VS5	0.739	0.701	0.787	0.833		
	VS6	0.428	—	0.851	-		

同样利用小样本数据对价值共识进行信度检验，具体输出结果如表 5-9 所示。量表初始的内部一致性系数 Cronbach's α 为 0.848，其中突破式服务创新价值共识包括 6 个题项，由于初始量表中的 VC1 和 VC4 的 CITC 值为 0.433 和 0.430，均低于 0.5，需要对测量题项进行调整。当删除这两个题项以后，检验表明其余的测量题项均呈现出较为理想的状态，最终问卷的信度系数达到 0.908，结果表明最终量表具有很好的信度。此外，根据输出结果其他测量条款均达到标准要求 0.5 以上，那么删除任何题项都不会再增加信度系数，所以不需要再删除任何题项。突破式服务创新价值共生量表的测量题项经过 CICT 检验后成为 4 个。

表 5-9　价值共识测量量表 CICT 与 Cronbach's α系数分析

变量	测量条款	CICT		删除题项后α系数		Cronbach's α	
		初始	最终	初始	最终	初始	最终
价值 共识	VC1	0.433	—	0.869	—	0.848	0.908
	VC2	0.769	0.780	0.801	0.885		
	VC3	0.712	0.772	0.809	0.888		
	VC4	0.430	—	0.865	—		
	VC5	0.787	0.812	0.796	0.874		
	VC6	0.789	0.808	0.793	0.876		

利用小样本数据对价值共享进行信度检验，具体输出结果如表 5-10 所示。其中突破式服务创新价值共享包括 6 个题项，量表初始的 Cronbach's α系数为 0.777，由于初始量表中的 VP2、VP4 和 VP4 的 CITC 值为 0.359、0.368 和 0.389，均低于 0.5，因而需要对问卷中的测量题项进行相应调整。删除这三个题项后，检验表明其余的测量题项均呈现出较为理想的状态，最终信度系数为 0.856，结果表明最终量表具有很好的信度。此外，其他测量条款均达到标准要求 0.5 以上，那么删除任何题项都不会再增加信度系数，所以不需要再删除任何题项。突破式服务创新价值共生量表的测量题项经过 CICT 检验后成为 3 个。

表 5-10　价值共享测量量表 CICT 与 Cronbach's α系数分析

变量	测量条款	CICT		删除题项后α系数		Cronbach's α	
		初始	最终	初始	最终	初始	最终
价值 共享	VP1	0.713	0.758	0.700	0.774	0.777	0.856
	VP2	0.359	—	0.782	—		
	VP3	0.708	0.724	0.696	0.806		
	VP4	0.368	—	0.787	—		
	VP5	0.700	0.710	0.702	0.817		
	VP6	0.389	—	0.780	—		

其次，创新知识转移包括创新知识获取、创新知识整合以及创新知识应用。利用小样本数据对创新知识转移量表进行信度检验，具体输出结果如表 5-11 所示。量表初始的 Cronbach's α系数为 0.879，其中创新知识获取包括 5 个题项，由于初始量表中的 IKG5 的 CITC 值为 0.412，低于 0.5 的标准，需要对该题项进行相应调整。在删除这个测量题项以后，输出结果表明其余测量题项均呈现理想状态，最终信度系数为 0.920，结果表明最终量表具有很好的信度。此外，其他测量条款均达到 0.5 以上的标准，那么删除任何题项都不会再增加信度系数，所以不需要再删除任何题项。突破式服务创新价值共生量表的测量题项经过 CICT 检验后成为 4 个。

表 5-11　创新知识获取测量量表 CICT 与 Cronbach's α系数分析

变量	测量条款	CICT		删除题项后α系数		Cronbach's α	
		初始	最终	初始	最终	初始	最终
创新知识获取	IKG1	0.772	0.788	0.804	0.906	0.879	0.920
	IKG2	0.827	0.838	0.825	0.889		
	IKG3	0.795	0.807	0.831	0.901		
	IKG4	0.790	0.838	0.833	0.889		
	IKG5	0.412	—	0.920	—		

同样利用小样本数据对创新知识整合量表进行信度检验,具体输出结果如表 5-12 所示。量表初始的 Cronbach's α系数为 0.816,其中创新知识获取包括 4 个题项,由于初始量表中的 IKI3 的 CITC 值为 0.489,低于 0.5 的标准,因而需要对测量题项进行调整。检验表明删除这个题项后,其余测量题项均呈现理想状态,最终信度系数为 0.843,结果表明最终量表具有很好的信度。那么对于该量表删除任何题项都不会再增加信度系数。创新知识整合量表的测量题项经过 CICT 检验后成为 3 个。

表 5-12　创新知识整合测量量表 CICT 与 Cronbach's α系数分析

变量	测量条款	CICT		删除题项后α系数		Cronbach's α	
		初始	最终	初始	最终	初始	最终
创新知识整合	IKI1	0.704	0.738	0.738	0.753	0.816	0.843
	IKI2	0.720	0.703	0.729	0.788		
	IKI3	0.489	—	0.843	—		
	IKI4	0.657	0.685	0.760	0.804		

利用小样本调查的数据对创新知识整合进行信度检验,结果如表 5-13 所示。包括 4 个题项,整体 Cronbach's α系数为 0.905,说明测量量表具有较好的信度,量表所有测量题项的 CICT 均大于 0.5 的标准,那么删除任何题项α系数都不会再增加信度系数,符合量表的信度要求,所以不需要删除任何题项,创新知识应用测量量表的测量题项经过 CICT 检验后仍为 3 个。

表 5-13　创新知识应用测量量表 CICT 与 Cronbach's α系数分析

变量	测量条款	CICT	删除题项后α系数	Cronbach's α
创新知识应用	IKA1	0.772	0.899	0.905
	IKA2	0.837	0.843	
	IKA3	0.826	0.851	

再次,对突破式服务创新价值共赢量表进行分析。包括创新价值、盈利价值和顾客价值三个子构念。利用小样本调查的数据创新价值进行信度分析,结果如表 5-14 所示。包括

3 个题项，整体 Cronbach's α 系数为 0.870，说明测量量表具有较好的信度，量表所有测量题项的 CICT 均大于 0.5 的标准，那么对于该量表来说删除任何题项 Cronbach's α 信度系数都不会再增加，符合量表的信度要求，因而不需要删除任何题项，创新价值测量量表的测量题项经过 CICT 检验后仍为 3 个。

表 5-14　创新知识应用测量量表 CICT 与 Cronbach's α 系数分析

变量	测量条款	CICT	删除题项后 α 系数	Cronbach's α
创新价值	IV1	0.792	0.779	0.870
	IV2	0.757	0.812	
	IV3	0.709	0.854	

利用小样本调查的数据盈利价值进行信度检验，结果如表 5-15 所示。包括 3 个题项，整体 Cronbach's α 系数为 0.898，说明测量量表具有较好的信度，量表所有测量题项的 CICT 均大于 0.5 的标准，对于该量表来说删除任何题项 Cronbach's α 系数都不会再增加，符合量表的信度要求，因而不需要删除任何题项，盈利价值测量量表的测量题项经过 CICT 检验后仍为 3 个。

表 5-15　创新知识应用测量量表 CICT 与 Cronbach's α 系数分析

变量	测量条款	CICT	删除题项后 α 系数	Cronbach's α
盈利价值	OV1	0.812	0.843	
	OV2	0.815	0.841	0.898
	OV3	0.770	0.880	

利用小样本调查的数据盈利价值进行信度检验，结果如表 5-16 所示。包括 3 个题项，整体 Cronbach's α 系数为 0.912，说明测量量表具有较好的信度，量表所有测量题项的 CICT 均大于 0.5 的标准，符合量表的信度要求，那么删除任何题项 Cronbach's α 系数都不会再增加，因而不需要再删除测量题项，顾客价值测量量表的测量题项经过 CICT 检验后仍为 3 个。

表 5-16　顾客价值测量量表 CICT 统计值与 Cronbach's 系数

变量	测量条款	CICT	删除题项后 α 系数	Cronbach's α
顾客价值	CV1	0.860	0.842	
	CV2	0.825	0.874	0.912
	CV3	0.789	0.902	

最后，利用小样本调查的数据对企业创新导向进行信度检验，结果如表 5-17 所示。包括 7 个题项，整体 Cronbach's α 系数为 0.913，说明测量量表具有较好的信度，量表所有测量题项的 CICT 均大于 0.5 的标准，量表所有测量题项的 CICT 均大于 0.5 的标准，符合量表的信度要求，那么删除任何题项 Cronbach's α 系数都不会再增加，因而不需要再删除测量题项，企业创新导向测量量表的测量题项经过 CICT 检验后仍为 7 个。

表 5-17　顾客价值测量量表 CICT 统计值与 Cronbach's 系数

变量	测量条款	CICT	删除题项后α系数	Cronbach's α
企业创新导向	IO1	0.704	0.904	0.913
	IO2	0.695	0.905	
	IO3	0.772	0.897	
	IO4	0.815	0.892	
	IO5	0.769	0.897	
	IO6	0.707	0.906	
	IO7	0.722	0.902	

2. 测量量表的探索性因子分析

对突破式服务创新量表题项进行探索性因子分析。在进行探索性因子分析的过程中，所收集的样本量需要满足研究中变量数的 5～10 倍或者达到相关变量题项数的 5～10 倍即为达到要求，本研究的样本数量为 273，满足样本数量这一要求。在此基础上，利用 SPSS 对该量表题项进行探索性因子分析(EFA)。首先运用 KMO(Kaiser-Meyer-Olkin Measure of Sampling Adequacy)和 Bartlett 球体检验(Bartlett Test of Sphericity)。而参照 Kaiser(1974)给出的判别标准，KMO 的取值范围应介于 0 到 1 之间，如果 KMO＞0.9 时，说明数据非常适合做因子分析；如果 0.8＜KMO＜0.9 时，说明数据比较适合于做因子分析；当 0.7＜KMO＜0.8 时，说明数据可以做因子分析；当 KMO＜0.7 时，说明数据不太适合于做因子分析。

突破式服务创新价值创造量表探索性因子分析如表 5-18 所示。其中量表的 KMO 值为 0.901，数值均大于 0.9，说明数据非常适合做因子分析，而 Bartlett 检验卡方值显著概率分别为 681.781，Sig 为 0.000。说明原始数据适合于探索性因子分析。

表 5-18　突破式服务创新价值创造 KMO and Bartlett's 检验结果

取样足够度的 Kaiser-Meyer-Olkin 度量。		0.901
Bartlett 的球形度检验	近似卡方	681.781
	df	55
	Sig.	0.000

创新知识转移量表探索性因子分析，结果如表 5-19 所示。其中量表的 KMO 值为 0.891，数值均介于 0.8 和 0.9 之间，说明数据比较适合做因子分析，而 Bartlett 检验卡方值显著概率分别为 914.043，Sig 为 0.000。说明原始数据适合于探索性因子分析。

表 5-19　创新知识转移 KMO and Bartlett's 检验结果

取样足够度的 Kaiser-Meyer-Olkin 度量。		0.891
Bartlett 的球形度检验	近似卡方	914.043
	df	66
	Sig.	0.000

对突破式服务创新价值共赢量表进行探索性因子分析，结果如表 5-20 所示。根据检验结果，该量表的 KMO 值为 0.904，其数值大于 0.9，说明数据分析结果非常适合做因子分析，而 Bartlett 检验卡方值显著概率分别为 666.866，Sig 为 0.000。说明原始数据适合于探索性因子分析。

表 5-20　突破式服务创新价值共赢 KMO and Bartlett's 检验结果

取样足够度的 Kaiser-Meyer-Olkin 度量。		0.904
Bartlett 的球形度检验	近似卡方	666.866
	df	36
	Sig.	0.000

在前文分析的基础上，采用主成分分析法，提取特征根大于 1 的标准来确定因子数目，并采用正交旋转方法测量各个特征根的值。经过预测试样本检验后，各项目的负荷因子都大于 0.6。突破式服务创新价值创造、创新知识转移、突破式服务创新价值共赢三个量表的探索性因子分析结果如表 5-21、表 5-22、表 5-23 所示。

表 5-21　突破式服务创新价值创造探索性因子分析结果

编号	成分		
	1	2	3
VS1	0.663		
VS2	0.743		
VS3	0.786		
VS5	0.794		
VC2		0.776	
VC3		0.801	
VC5		0.845	
VC6		0.805	
VP1			0.688
VP3			0.777
VP5			0.649
特征值	2.477	1.052	1.019
累计方差贡献率%	49.541	65.587	70.691

Weiss(1970)认为根据主成分分析法所输出的结果解释方差的累积比例需要大于 50%，突破式服务创新价值创造的 3 个因子共解释了方差变异的 70.691%，大于 50%，如表 6-14 的输出结果。此外，相对于其他因子而言这 3 个因子在所对应的因子上均具有较大的因子载荷，大于 0.5 的标准，可以说明突破式服务创新价值创造区分效度较高。

表 5-22　创新知识转移探索性因子分析结果

编号	成分		
	1	2	3
IKG1	0.804		
IKG2	0.816		
IKG3	0.875		
IKG4	0.883		
IKI1		0.823	
IKI2		0.802	
IKI4		0.736	
IKA1			0.831
IKA2			0.902
IKA3			0.664
特征值	2.015	1.131	1.003
累计方差贡献率%	48.274	63.147	69.211

同样对创新知识转移进行探索性因子分析，通过主成分分析法和方差最大旋转后，对创新知识转移量表提取三个特征值大于 1 的因子，这三个因子共同解释了方差变异的 69.211%，大于 50%，符合标准，且 3 个因子的测量题项都有较大的因子载荷，并且都大于 0.5，说明创新知识转移的区分效度较高。

表 5-23　突破式服务创新价值共赢探索性因子分析结果

编号	成分		
	1	2	3
IV1	0.882		
IV2	0.879		
IV3	0.889		
OV1		0.919	
OV2		0.887	
OV3		0.788	
CV1			0.874
CV2			0.876
CV3			0.837
特征值	4.513	1.744	1.010
累计方差贡献率%	50.315	64.289	77.423

同样对突破式服务创新价值共赢进行探索性因子分析，通过方差最大旋转后，创新知识转移量表存在三个特征值大于 1 的因子，这三个因子共同解释了方差变异的 77.423%，大于 50% 的标准，且 3 个因子的测量题项都有较大的因子载荷，并且都大于 0.5，说明突破式服务创新价值共赢的区分效度较高。

第 6 章

突破式服务创新价值共创
假设检验与模型检验

6.1 数据收集与数据评估

6.1.1 大样本数据的收集

根据服务对象不同的划分标准，格鲁伯将服务业划分为三大主要部分，即生产服务业、消费服务业和政府社会服务业。本文研究的互联网信息服务业属于消费服务业，主要包括金融服务业、旅游服务业、计算机服务业等。互联网背景下的服务型企业突破式服务创新活动，是对传统服务型企业的一次冲击，也是服务型企业的创新发展同互联网的结合。本研究所选择的样本主要来自长三角地区，包括上海、杭州、南京等城市。一方面这些地区的信息技术和互联网技术水平以及普及率相对较高，对服务型企业影响较大。同时信息与互联网技术的发展促进了服务经济飞速发展，服务水平较高，服务型企业发展和革新迅速，比较符合突破式服务创新发展的特征与需要，研究具有一定的普适性和典型性。

因为突破式服务创新的发展有其自身的特点，对受访资源有一定的特征和要求，为了快速有效地获取数据样本，保证问卷的有效回收率，本研究主要采取三种方式发放和回收问卷：第一，是从事相关行业的企业朋友和同学帮助发放，由于考虑到企业对于问卷的规避态度，主要通过从事服务型企业的相关管理层朋友帮助发放问卷，在充分沟通和对问题有效理解的基础上，采用网络和邮件两种方式进行发放，一方面管理层的干预有助于问卷的发放，另一方面可以通过企业员工的有效参与提高问卷发放的回收率和有效率。第二，是从事服务型企业的朋友和亲友，同样采用网络和邮件两种方式，在与问卷发放人员进行充分沟通之后，对服务型企业进行问卷发放，采用滚雪球的方式发放给企业人员，较为熟悉的人际关系有助于问卷的填写和回收质量。第三，本文作者自己借助 QQ 和微信等网络平台进行在线收集，并告知问卷的填写事项以保证问卷的有效性。

问卷回收工作主要遵循以下原则进行用以剔除不合格问卷：一是填写具有明显规律性的问卷，比如选项明显都为同一项；二是问卷选项与其他题目选项的表达明显互相矛盾；三是根据之前问卷设计，填写时间基本保证在 10 分钟之内。参考问卷网站答题记录，一般作答时间在 400～600 秒之间，如果问卷填写时间少于 300 秒则作为不合格问卷应予以剔除。本研究问卷的发放以及回收工作主要集中在 2015 年 5 月至 7 月，历时 3 个月，共发放问卷450 份，回收问卷 344 份，回收率为 76.4%，剔除不合格问卷 71 份，获得有效问卷 273，回收有效率为 79.3%。根据 Kline(1998) 的建议认为在结构方程中样本数量若低于 100，无法保证数据的有效性。同样 Rigdon(1996) 指出结构方程的变量如果超过 10 个，那么样本数量需要达到 200 以上，否则会导致参数估计显著性降低。所以本研究最终样本数量是 273，基本满足样本的要求。

本研究主要选择统计分析软件 SPSS19.0 和 AMOS17.0 软件进行分析，其中 SPSS19.0对前文模型中各个变量展开描述性统计分析以及相关性和回归性分析，AMOS17.0 则主要用于模型假设检验。两种统计工具的应用保证了数据的有效分析。

6.1.2 数据的描述性统计分析

根据问卷的设计，本研究针对问卷进行描述性统计分析，主要从个人信息和企业信息两个方面展开。个人信息主要考察性别、年龄、教育程度、工作年限、在企业中的职位以及对公司业务发展的熟悉程度 6 个方面，企业信息的统计分析主要从企业所属行业、企业成立时间、企业规模以及所处阶段 4 个方面展开。

1. 个人信息的描述性统计分析

通过问卷信息的整理与收集，个人信息的描述性统计分析整理如表 6-1 所示。

（1）性别。通过对样本问卷信息的整理可以看到被调查人员的性别分布，其中男性人数为 149 人，占所有被调查人员比例的 54.6%；而女性人数 124 人，占所有被调查人员比例的 45.4%。可以看到男女被调查比例人员差别不大，男性略高于女性，由于信息和互联网服务型企业对技术能力相对要求较高，所以男性员工略高于女性员工。

（2）年龄。调查对象的年龄层次主要分布在 25～45 岁之间，共达到 191 人，所占比例分别为 38.8%和 31.2%；25 岁以下和 45～55 岁之间所占人数分别为 53 人和 21 人，比例为 19.4%和 7.7%；而 56 岁以上人数为 8 人，所占比例为 2.9%。可以看到在信息与互联网技术为基础的服务型企业中，主要以 25～45 岁之间的中青年为主要力量，这一部分群体对新技术与新知识的接受能力更高，创造性和适应性较强，乐于对新事物进行挑战，思维也更加活跃。

（3）教育程度。从教育程度来看，相关被调查者的学历水平普遍较高。其中大专及以下学历的人数有 23 人，所占比例为 8.4%；具有本科学历的人员数量达到 123 人，占所调查人员比例的 45.1%；硕士学位的人员 98 人，所占比例为 35.9%，具有更高博士学位的人数为 29，比例为 10.6%。与工作年限以及在企业中的职位对比发现，大专以下学历人员工作年限相对较长，年龄也偏高，而具有本科和硕士学历的人所占比例相对较高，共达到 81%。可见近几年服务业在国民经济中的比例不断增加，无论国家还是企业更加注重服务业的发展，加上教育水平不断上升，以信息和互联网技术为主的服务型企业对管理者和员工的要求也在不断提高，所以整体教育程度普遍较高。

表 6-1 有效问卷个人信息的描述性统计分析

统计项目	类别	频次	百分比(%)	累计百分比(%)
性别	男	149	54.6	54.6
	女	124	45.5	100
年龄	25 岁以下	53	19.4	19.4
	26～35 岁	106	38.8	58.2
	36～45 岁	85	31.2	89.4
	46～55 岁	21	7.7	97.1
	56 岁以上	8	2.9	100

续表

统计项目	类别	频次	百分比(%)	累计百分比(%)
学历	大专及以下	23	8.4	8.4
	本科	123	45.1	53.5
	硕士	98	35.9	89.4
	博士	29	10.6	100
职位	董事长	2	0.7	0.7
	总监	42	15.4	16.1
	总经理	37	13.6	29.7
	副总经理	49	17.9	47.6
	部门经理	54	19.8	67.4
	部门经理助理	55	20.1	87.5
	企业普通员工	34	12.5	100
工作年限	2 年以下	68	24.9	24.9
	2~5 年	103	37.7	62.6
	5~10 年	67	24.6	87.2
	10 年以上	35	12.8	100
对企业了解程度	非常了解	69	25.3	25.3
	比较了解	121	44.3	69.6
	一般了解	83	30.4	100
	不太了解	0	0	100
	非常不了解	0	0	100

(4) 企业职位。在所有调查对象中，总经理以上职位的人员相对较少，总人数为 16 人，共占比例 5.8%，而副总经理、总监、部门经理、企业员工等人员为被调查人员的核心组成部分，共达到 257 人，所占比例为 94.2%。由于考虑到高层管理人员对企业创新战略、相关企业管理知识与服务创新知识等方面较为熟悉，所以在问卷调研中，尽可能多地向高层管理人员发放问卷，但由于约谈时间、企业管理要求等方面的限制，人数比例相对不高，仅可以提供一个相对真实的数据来源，为研究提供参考。

(5) 工作年限。从工作年限的角度来看，调查对象的工作年限主要集中在 2~5 年和 5~10 年两个区间段，其中 2~5 年的人数为 103，所占比例 37.7%；5~10 年的人数为 67 人，所占比例为 24.6%，两个区间段共占比 62.3。此外，10 年以上和 2 年以下分别为 35 人和 68 人，所占比例为 12.8% 和 24.9%。对比教育程度的统计分析，可以看到工作年限在 5 年以内并且职位相对较高的员工中，受教育程度也相对较高，一般都拥有硕士学历。在以信息和互联网技术为基础的服务型企业中，技术和知识的更新速度加快，年轻的员工更容易接受新知识学习新知识，更加注重自身能力的培养，提升自己的能力。相应地更易于适应新的环境与挑战，更好地在自己的岗位上作出成绩。

(6) 对企业了解程度。对了解程度的整理分析可以看到，共有 190 人对经营状况比较了解和非常了解，对企业运营状况一般了解的人数为 83 人。通过之前企业职位和工作年限的对比，对企业了解程度较高的人员相对职位较高并且工作年限也相对较长，一般了解的员工相对集中在工作年限为 2 年以下以及 2～5 年，所占比例不高，总体满足本研究对突破式服务创新调查的要求与需要。

2. 企业信息的描述性统计分析

1) 企业类型

通过对 273 份有效问卷的整理和分析，调查企业的类型如表 6-2 所示：其中计算机服务业占比 12.4%，商务服务业 22.3%，旅游服务业 23.8%，金融服务业 17.9%，房地产服务业 16.5%，教育服务业 3.7%，其他行业 3.3%。基本涵盖目前服务型企业，其中占比较大的是计算机服务业、商务服务业、旅游服务业等。这些行业的服务创新发展较快，呈现出较多突破性的革新与改变，同时也是促进服务经济飞速发展的中坚力量，具有相对的典型性。本研究调查所涵盖范围较广，在一定程度上保证了研究的相对普适性。

表 6-2 企业所属类型的描述性统计分析

统计项目	类别	频次	百分比(%)	累计百分比(%)
企业所属行业	计算机服务业	34	12.4	12.4
	商务服务业	61	22.3	34.7
	旅游服务业	65	23.8	58.5
	金融服务业	49	17.9	76.4
	房地产服务业	45	16.5	92.9
	教育服务业	10	3.7	96.6
	其他行业	9	3.3	100

2) 企业成立时间

企业成立时间主要集中在 5～10 年和 10～15 年之间，占到总数量的 64.3，其中选择成立 5～15 年的企业人数共累计 232，占到总数量的 85.0%，成立 15 年以上的企业数量共 56 人，所占比例为 20.5%，成立在 2～5 年间以及 2 年以下的频数为 24 和 17，所占比例分别为 8.8% 和 6.2%，如表 6-3 所示。从这些数据可以发现，这些新兴企业的成立年份与历史并不长远，多集中在近 10 年的服务型企业发展过程中，随着技术和互联网的普及与应用而逐渐发展壮大起来，这也与突破式服务创新的发展情况是相符合的。

表 6-3 企业成立时间的描述性统计分析

统计项目	类别	频次	百分比	累计百分比(%)
企业成立时间	2 年以下	17	6.2	6.2
	2～5 年	24	8.8	15.0
	5～10 年	89	32.6	47.6
	10～15 年	87	31.9	79.5
	15 年以上	56	20.5	100

3) 企业规模

根据问卷的整理和分析，可以看到企业的规模主要集中在 1500 人以上，共占比重 58.2，其次是 1001～1500 人和 501～1000 人，分别占总比重的 31.8% 和 17.5%，如表 6-4 所示。从这些数据可以看到目前企业基本规模水平相对较高，一方面企业有能力进行突破式的服务创新，需要相对丰富的资源和技术支持，以实现对庞大顾客群的服务，另一方面可以看到如今服务型企业发展的规模不断壮大，人员需求较高，企业可以实现资源和人员的有效配置。

表 6-4　企业规模的描述性统计分析

统计项目	类别	频次	百分比	累计百分比(%)
企业 规模	100 人以下	11	4.0	4.0
	101～500 人	14	5.1	9.1
	501～1000 人	23	8.4	17.5
	1001～1500 人	39	14.3	31.8
	1501～2000 人	72	26.4	58.2
	2000 人以上	114	41.8	100

4) 企业发展阶段

根据问卷的分布来看，目前大多数企业处于成长阶段和成熟阶段，频次分别为 123 和 120，所占比重为 45.1% 和 43.9%，如表 6-5 所示。这说明服务业作为国民经济发展的重要产业，其发展日益壮大，不断进行创新与改革，实现服务型企业突破性创新改变，这也是与大力发展服务业这一未来的主要发展趋势相符合的。

表 6-5　企业发展阶段的描述性统计分析

统计项目	类别	频次	百分比	累计百分比(%)
企业 所处阶段	起步阶段	21	7.7	7.7
	成长阶段	123	45.1	52.8
	成熟阶段	120	43.9	96.7
	衰退阶段	9	3.3	100

6.2　数据的信度与效度检验

6.2.1　同源误差与共同方法变异检验

之所以对收集的数据进行同源误差检验、共同方法变异(Common Method Variance，CMV)检验，是因为数据来源和测量环境所造成的变量之间变异重叠。为了检测问卷测量中是否存在 CMV，本研究采用哈曼单因子检验来判断[196]，将研究中所涉及的突破式服务创新价值创造、创新知识转移、突破式服务创新价值共赢以及企业创新导向的题项进行探索性因子分析，输出结果表明，所涉及的指标总共解释了 66.73%的变异量，根据特征值大于 1 的标准共分解出 9 个因子，最大的因子其解释力仅为 32.17%，并未占到多数，不存在解释力超过总解释量一般的因子，这表明同源误差检验的影响并不严重，不影响最终测量结果。

6.2.2 信度与效度分析

信度(Reliability)又叫可靠性，是指根据测量工具测验测量结果的一致性和可信程度，信度系数越高，则表示测验结果越稳定、一致和可靠，主要表现为测量结果的一致性和一贯性，稳定性和再现性。在进行深入分析之前需要对问卷进行信度检验，以保证研究的科学性。信度检验主要通过 Cronbach's α系数进行。一般来说α信度系数越高，问卷的信度越好，当α系数＞0.9 时，表明问卷信度非常好；0.7＜α系数＜0.9 时，表明问卷信度较好；0.35＜α系数＜0.7 时，表明问卷具有中等信度；而如果α系数＜0.35 时，则表明问卷信度较差，处于低信度水平，必须予以拒绝。本研究参照小样本预测试中的 CICT 以及α系数分别对突破式服务创新价值创造、创新知识转移、突破式服务创新价值共赢以及企业创新导向的量表进行信度分析，选择 CICT＞0.5 以及α系数＞0.7 作为最低标准。

为了验证前文所涉及的测量量表能否准确衡量本研究所包含的问题，能否进一步检验结构方程模型，还需要检验测量量表的效度。效度即有效性，是指测量工具与手段测量事物是否准确的程度，目前最常用的效度检验主要为建构效度以及内容效度。本研究所设计和开发的测量量表是在一定相关文献阅读和整理的基础上，结合扎根理论的提炼与总结进行归纳和整理，同时根据实际的情况和研究的需要进行调整，同时与相关研究领域的研究人员以及高层管理人员进行讨论、修改而确定的，故可以认为本研究的测量量表具有较高的内容效度。建构效度主要包括聚合效度和区分效度，本研究进一步检验两种效度。检验的标准在于当输出所有变量的标准化因子载荷系数时，如果均大于 0.5，那么所有系数在统计上是显著的，则该量表具有较好的聚合效度。区分效度是指不同概念的测量题项之间不存在显著的相关性。研究采用验证新因子分析(CFA)的方法进行检验。参考 Bollen(1989)的建议进行分析检验时不能只依赖于某一种指标，而应参考多个不同类型且相对稳定的指数测量结果，在运用结构方程模型进行验证性因子分析时，模型适配度检验指标及其判别标准如表 6-6 所示[197]。

表 6-6　验证性因子分析指标与评价标准

指标	建议值
CMIN/DF	小于 5
RMSEA	小于 0.10
GFI	大于 0.85
NFI	大于 0.9
CFI	大于 0.9

1. 突破式服务创新价值创造的信度和效度分析

根据在小样本中对突破式服务创新价值创造量表进行探索性因子分析得到的结果，价值创造可以分为 3 个维度，其中价值共生 4 个测量题项，价值共识 4 个测量题项，价值共享 3 个测量题项。在这 3 个维度的基础上采用验证性因子分析的方法构建突破式服务创新价值创造的初始模型，使用 AMOS17.0 对模型进行拟合，得到模型的标准化解，如图 6-1 所示。相应的参数估计值及拟合指标具体结果如表 6-7、表 6-8、表 6-9 和表 6-10 所示。

表 6-7　突破式服务创新价值创造量表的信度分析结果

因子	测量题项	CITC	删除该测量条后的α系数	Cronbach's α	组合信度(CR)
价值共生	VS1	0.707	0.852	0.875	0.891
	VS2	0.730	0.841		
	VS3	0.773	0.825		
	VS5	0.723	0.844		
价值共识	VC2	0.696	0.846	0.871	0.902
	VC3	0.727	0.834		
	VC5	0.770	0.817		
	VC6	0.709	0.842		
价值共享	VP1	0.766	0.829	0.879	0.899
	VP3	0.806	0.793		
	VP5	0.728	0.863		

表 6-8　突破式服务创新价值创造验证性因子分析拟合指标

拟合指标	χ^2	Df	χ^2/Df	GFI	RMSEA	NFI	CFI
指标值	89.881	44.000	2.043	0.912	0.044	0.947	0.931

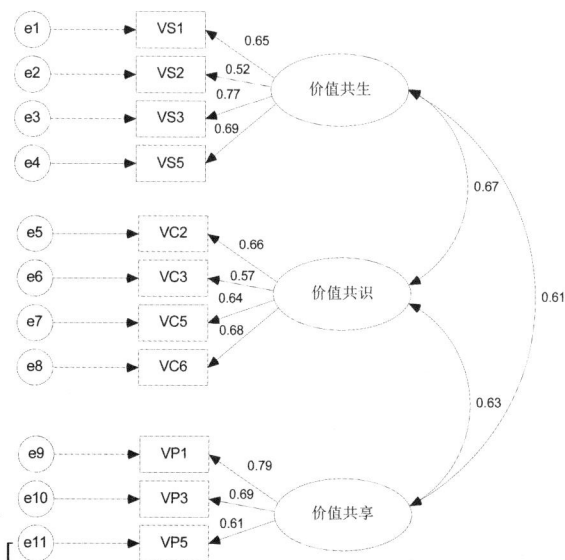

图 6-1　突破式服务创新价值创造验证性因子分析

表6-9　突破式服务创新价值创造参数估计表

因子	测量题项	标准化路径系数	T值	标准化误差
价值 共生	VS1	0.653	—	—
	VS2	0.521	6.133**	0.134
	VS3	0.773	6.009**	0.154
	VS5	0.690	8.921**	0.103
价值 共识	VC2	0.664	—	—
	VC3	0.575	9.179**	0.122
	VC5	0.641	8.911**	0.102
	VC6	0.687	7.341**	0.110
价值 共享	VP1	0.797	—	—
	VP3	0.693	6.145**	0.161
	VP5	0.610	7.120**	0.201

表6-10　突破式服务创新价值创造的均值、标准差、AVE均方根与相关系数

维度	均值	标准差	1	2	3
价值共生	3.487	0.566	0.564	0.67**	0.61**
价值共识	3.745	0.525	0.401	0.661	0.63**
价值共享	3.823	0.439	0.356	0.350	0.585

在表6-7中,突破式服务创新价值创造量表的Cronbach's α系数为0.875,0.871和0.879,均大于0.7的标准,同时KMO值大于0.7,Bartlett球体检验值显著,所以本研究开发的突破式服务创新价值创造量表具有较好的信度。从图6-1中可以看到,所有系数在统计上是显著的,标准化路径系数均大于0.5的标准,说明该量表具有较好的聚合效度,同时在表6-10中,各因子所对应的AVE值均大于0.5的标准,可以看到各因子的AVE值均大于对应行列上的共同方差,下三角的元素为因子间的共同方差为0.401、0.356和0.350,均小于0.5,说明该测量量表具有较好的区分效度。

根据表6-8所示的拟合优度指数分析模型的整体拟合情况, χ^2/Df值为2.043,小于3的标准,GFI、NFI和CFI均大于0.9,RMSEA小于0.1,说明整体模型的拟合度较好,综上分析,突破式服务创新价值创造量表具有较好的信度和效度。

2. 创新知识转移的信度与效度分析

根据在小样本中对创新知识转移量表进行探索性因子分析得到的结果,创新知识转移可以分为3个维度,其中包括创新知识获取4个测量题项,创新知识整合3个测量题项,创新知识应用3个测量题项。采用验证性因子分析的方法构建创新知识转移模型,如图6-2所示,使用AMOS17.0对假设模型和测量数据进行拟合,得到模型的标准化解。相应的参数估计值及拟合指标具体结果如表6-11、表6-12、表6-13和表6-14所示。

表 6-11 创新知识转移量表的信度分析结果

因子	测量题项	CITC	删除该测量条后的α系数	Cronbach's α	组合信度(CR)
创新知识获取	IKG1	0.759	0.880	0.902	0.915
	IKG2	0.809	0.863		
	IKG3	0.760	0.881		
	IKG4	0.739	0.793		
创新知识整合	IKI1	0.799	0.813	0.884	0.901
	IKI2	0.781	0.829		
	IKI4	0.743	0.863		
创新知识应用	IKA1	0.767	0.905	0.907	0.911
	IKA2	0.839	0.844		
	IKA3	0.836	0.847		

表 6-12 突破式服务创新价值创造验证性因子分析拟合指标

拟合指标	χ^2	Df	χ^2/Df	GFI	RMSEA	NFI	CFI
指标值	245.655	93	2.641	0.937	0.043	0.914	0.912

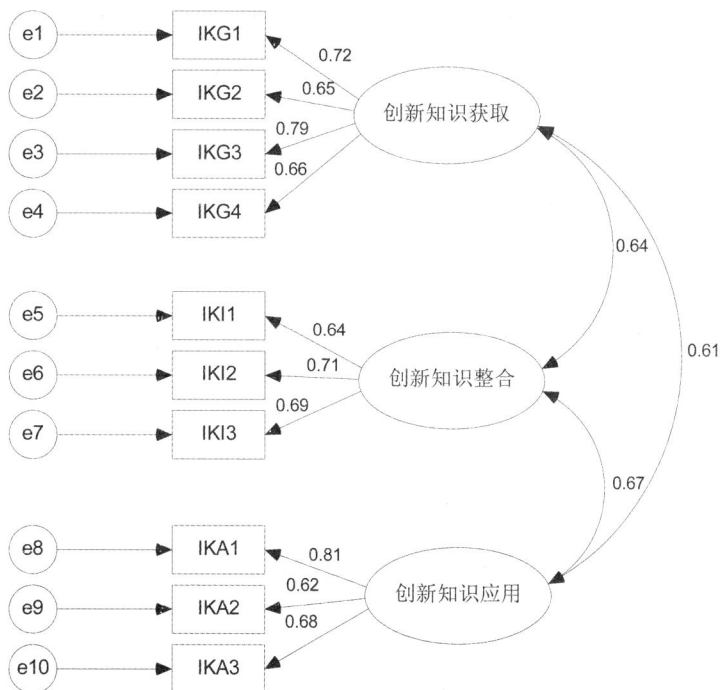

图 6-2 创新知识转移创造验证性因子分析

表 6-13 创新知识转移参数估计表

因子	测量题项	标准化路径系数	T 值	标准化误差
创新知识获取	IKG1	0.721	—	—
	IKG2	0.651	9.902**	0.081
	IKG3	0.794	10.006**	0.102
	IKG4	0.660	7.221**	0.093
创新知识整合	IKI1	0.641		
	IKI2	0.713	7.230**	0.069
	IKI4	0.690	9.116**	0.079
创新知识应用	IKA1	0.815	—	—
	IKA2	0.623	9.035**	0.088
	IKG3	0.684	9.366**	0.091

表 6-14 创新知识转移的均值、标准差、AVE 均方根与相关系数

维度	均值	标准差	1	2	3
创新知识获取	3.271	0.586	0.682	0.64**	0.61**
创新知识整合	3.626	0.592	0.422	0.690	0.67**
创新知识应用	3.801	0.610	0.432	0.350	0.561

在表 6-11 中，创新知识转移量表的 Cronbach's α 系数为 0.902、0.884 和 0.907，均大于 0.7 的标准。所以本研究开发的突破式服务创新价值创造量表具有较好的信度。在图 6-2 中，所有系数在统计上是显著的，标准化路径系数均大于 0.5 的标准，结果说明该测量量表具有相对较好的聚合效度，同时在表 6-14 中可以看到各因子的 AVE 值均大于对应行列上的共同方差，因子间的共同方差为 0.422、0.432 和 0.350，均小于 0.5 的标准，表明该测量量表具有良好的区分效度。

根据表 6-12 所示的拟合优度指数分析模型的整体拟合情况，χ^2/Df 值为 2.641，小于 3 的标准，GFI、NFI 和 CFI 均大于 0.9，RMSEA 小于 0.1，说明整体模型的拟合度较好，综上分析，突破式服务创新价值创造量表具有较好的信度和效度。

3. 突破式服务创新价值共赢的信度与效度分析

根据在小样本中对突破式服务创新价值共赢量表进行探索性因子分析得到的结果，创新知识转移可以分为 3 个维度，其中创新价值 3 个测量题项，盈利价值 3 个测量题项，顾客价值 3 个测量题项。采用验证性因子分析的方法进一步构建突破式服务创新价值共赢的模型，使用 AMOS17.0 拟合相关数据和假设模型，如图 6-3 所示，得到模型的标准化解。在此基础上整理出相应的参数估计值及拟合指标具体结果如表 6-15、表 6-16、表 6-17 和表 6-18 所示。

表 6-15　突破式服务创新价值共赢量表的信度分析结果

因子	测量题项	CITC	删除该测量条后的α系数	Cronbach's α	组合信度(CR)
创新价值	IV1	0.749	0.809	0.866	0.882
	IV2	0.747	0.811		
	IV3	0.741	0.817		
盈利价值	OV1	0.811	0.805	0.885	0.912
	OV2	0.741	0.867		
	OV3	0.776	0.836		
顾客价值	CV1	0.795	0.807	0.880	0.897
	CV2	0.780	0.821		
	CV3	0.833	0.846		

表 6-16　突破式服务创新价值共赢验证性因子分析拟合指标

拟合指标	χ^2	Df	χ^2/Df	GFI	RMSEA	NFI	CFI
指标值	233.658	84	2.782	0.959	0.032	0.903	0.915

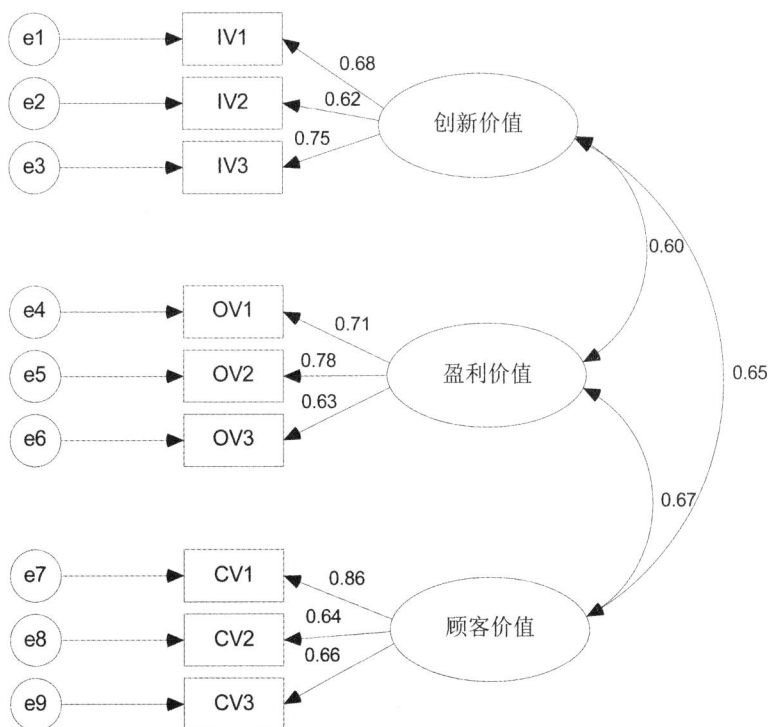

图 6-3　突破式服务创新价值共赢验证性因子分析

表 6-17 创新知识转移参数估计表

因子	测量题项	标准化路径系数	T 值	标准化误差
创新价值	IV1	0.680	—	—
	IV2	0.621	8.311**	0.107
	IV3	0.753	9.112**	0.104
盈利价值	OV1	0.710	—	—
	OV2	0.783	7.937**	0.076
	OV3	0.633	10.552**	0.125
顾客价值	CV1	0.867	—	—
	CV2	0.641	9.238**	0.079
	CV3	0.669	9.887**	0.125

表 6-18 创新知识转移的均值、标准差、AVE 均方根与相关系数

维度	均值	标准差	1	2	3
创新价值	3.168	0.674	0.769	0.60**	0.67**
盈利价值	3.577	0.606	0.462	0.620	0.65**
顾客价值	3.287	0.572	0.481	0.350	0.653

在表 6-15 中，创新知识转移量表的 Cronbach's α 系数为 0.866、0.885 和 0.880，均大于 0.7 的标准。所以本研究开发的突破式服务创新价值创造量表具有较好的信度。在图 6-3 和表 6-17 中，所有系数在统计上是显著的，其标准化路径系数均大于 0.5 的标准，检验结果表明该量表具有良好的聚合效度，同时在表 6-18 中可以看到各因子的 AVE 值均大于对因行列上的共同方差，因子间的共同方差为 0.462、0.481 和 0.350，均小于 0.5 的标准，结果表明该量表具有良好的区分效度。

根据表 6-16 所示的拟合优度指数分析模型的整体拟合情况，χ^2/Df 值为 2.782，小于 3 的标准，GFI、NFI 和 CFI 均大于 0.9，RMSEA 小于 0.1，说明整体模型的拟合度较好。综上分析，突破式服务创新价值共赢量表具有良好的信度和效度，适合进一步的模型检验。

4. 企业创新导向的信度与效度分析

企业创新导向是服务型企业创新过程中的重要因素之一。其验证性因子分析如图 6-4 所示，经过 AMOS17.0 运算输出后整理结果如表 6-19 所示。在表 6-19 中，企业创新导向的 Cronbach's α 系数为 0.919，大于 0.7 的标准，表明企业创新导向具有良好的信度。根据图 6-4 和表 6-19 所示，经过验证性因子分析，所有的标准化路径系数均大于 0.5 的标准，输出结果在统计上是显著的，所以说量表具有良好的效度。企业创新导向验证性因子分析拟合指标如表 6-20 所示。

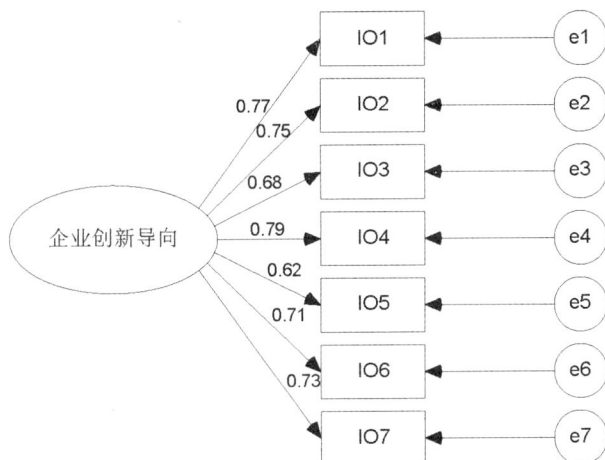

图 6-4　企业创新导向验证性因子分析

表 6-19　企业创新导向量表的信度分析结果

因子	测量题项	CITC	删除该测量条后的α系数	标准化路径系数	T 值	标准化误差	Cronbach's α
企业创新导向	IO1	0.736	0.908	0.775	—	—	0.919
	IO2	0.752	0.907	0.756	8.871**	0.103	
	IO3	0.749	0.901	0.680	9.802**	0.201	
	IO4	0.788	0.903	0.791	10.221**	0.098	
	IO5	0.758	0.906	0.625	9.366**	0.113	
	IO6	0.756	0.907	0.710	9.028**	0.094	
	IO7	0.714	0.910	0.734	8.414**	0.105	

表 6-20　企业创新导向验证性因子分析拟合指标

拟合指标	χ^2	Df	χ^2/Df	GFI	RMSEA	NFI	CFI
指标值	279.658	117.40	2.382	0.922	0.037	0.921	0.938

6.3　模 型 检 验

在第 5 章理论模型的基础上，对突破式服务创新价值创造、创新知识转移以及突破式服务创新价值共赢三者之间的关系构建初始模型，并利用 AMOS17.0 软件绘制可识别的结构方程模型，初始模型如图 6-5 所示。在此初始模型的基础上，可通过相关数据分析进一步对本研究提出的相关假设进行验证。

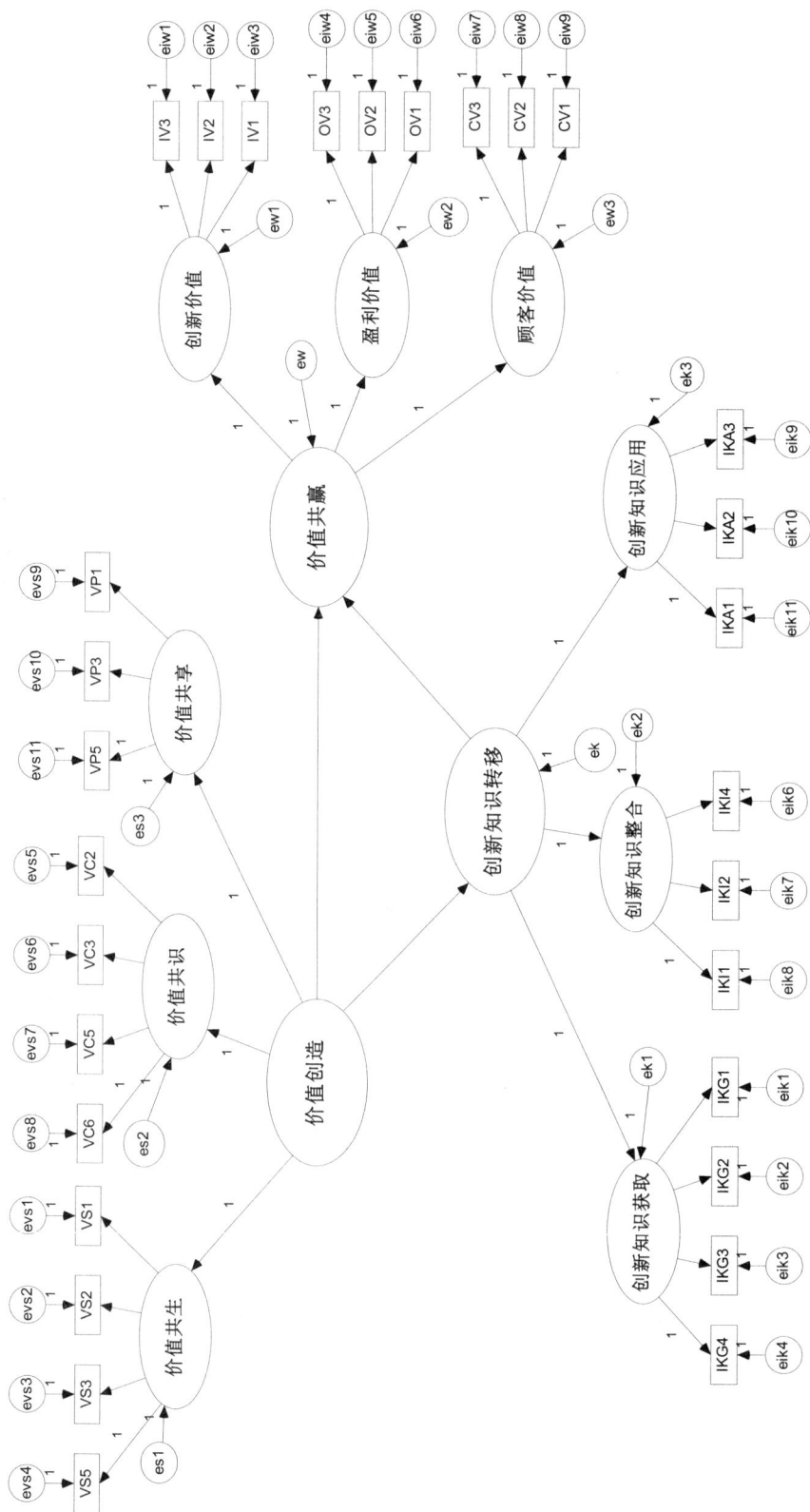

图 6-5 突破式服务创新价值共创实现初始模型

6.3.1 突破式服务创新价值创造对创新知识转移的影响作用

为了检测突破式服务创新价值创造对创新知识转移的影响作用，必须将数据带入以上模型，并用 AMOS 进行拟合。

如图 6-6 所示，突破式服务创新价值创造对创新知识转移的标准化路径系数为 0.60，在 0.001 的水平上显著，且 P 值为 0.000，回归系数达到显著性水平，结果表明突破式服务创新价值创造对创新知识转移的影响关系模型成立，其假设 H1 得到验证。从模型拟合指标来看，CMIN/DF=1.757，小于 3 的标准，CFI=0.906，IFI=0.908，其值均大于 0.9。GFI、AGFI 的值均大于 0.85，其中 GFI=0.867，AGFI=0.890；RMSEA=0.061，小于 0.08。结果说明突破式服务创新价值创造对突破式服务创新价值共赢的整体拟合较好。

在此基础上，可以进一步检验突破式服务创新价值创造各个维度分别对创新知识转移的影响，并将各个维度与创新知识转移的标准化路径系数整理如表 6-21 所示。

表 6-21　突破式服务创新价值创造各个维度对创新知识转移的影响

路径	标准化路径系数	P 值	结果
价值共生与创新知识转移	0.66	**	显著
价值共识与创新知识转移	0.69	**	显著
价值共享与创新知识转移	0.72	**	显著

首先，检验价值共生对突破式服务创新价值共赢的影响。通过结构方程模型进一步分析可以发现价值共生对突破式服务创新价值共赢的标准化路径系数为 0.66，且在 0.001 的水平上显著，P 值为 0.000。通过检验结果表明价值共生对突破式服务创新价值共赢的影响关系模型成立，假设 H1a 得到验证。从模型拟合指标来看，CMIN/DF=2.34，小于 3 的标准，同时 CFI、IFI、GFI 的值均大于 0.9，其中 CFI=0.911，IFI=0.931，GFI=0.916；AGFI=0.872，大于 0.85；RMSEA=0.053，小于 0.08。结果说明价值共生对创新知识转移的整体拟合较好。

其次，检验价值共识对创新知识转移的影响。通过结构方程模型进一步分析可以发现价值共识对创新知识转移的标准化路径系数为 0.69，且在 0.001 的水平上显著，P 值为 0.000。通过检验表明价值共识对突破式服务创新价值共赢的影响关系模型成立，假设 H1b 得到验证。从模型拟合指标来看，CMIN/DF=2.33，小于 3 的标准，同时 CFI、IFI、GFI 的值均大于 0.9，其中 CFI=0.937，IFI=0.9915，GFI=0.911；AGFI 的值大于 0.85，AGFI=0.881；RMSEA=0.053，小于 0.08。结果说明价值共识对突破式服务创新价值共赢的整体拟合较好。

最后，检验价值共享对创新知识转移的影响。通过结构方程模型进一步分析说明价值共享对突破式服务创新价值共赢的标准化路径系数为 0.72，且在 0.001 的水平上显著，P 值为 0.000。通过检验表明价值共享对突破式服务创新价值共赢的影响关系模型成立，假设 H1c 得到验证。从模型拟合指标来看，CMIN/DF=2.23，小于 3 的标准，同时 CFI、IFI、GFI 的值均大于 0.9，其中 CFI=0.935，IFI=0.926，GFI=0.928；AGFI 的值大于 0.85，AGFI=0.828；RMSEA=0.062，小于 0.08。结果说明价值共享对创新知识转移的整体拟合较好。

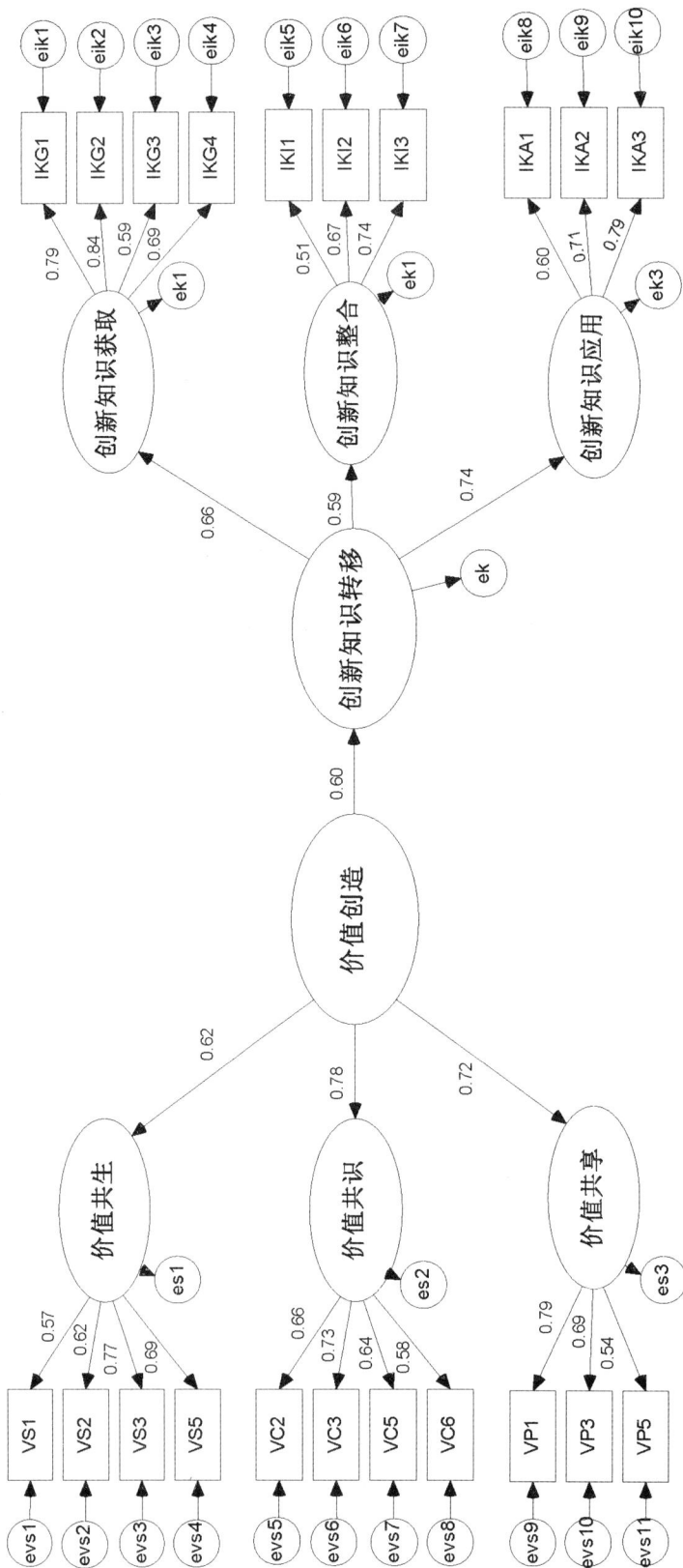

图 6-6 突破式服务创新价值创造对创新知识转移影响的模型

6.3.2　创新知识转移对突破式服务创新价值共赢的影响作用

在 AMOS17.0 软件中绘制可识别的结构方程模型，并将数据导入 AMOS 进行拟合，如图 6-7 所示，创新知识转移对突破式服务创新价值共赢的标准化路径系数为 0.68，并且在 0.001 的水平上显著，P 值为 0.000。通过检验表明创新知识转移对突破式服务创新价值共赢的影响关系模型成立，其回归系数达到显著性水平，假设 H2 得到验证。从模型拟合指标来看，CMIN/DF=1.843，小于 3 的标准，同时 CFI、IFI 的值均大于 0.9，GFI、AGFI 的值均大于 0.85 的测量标准，其中 CFI=0.922，IFI=0.923，GFI=0.869，AGFI=0.902；RMSEA=0.059，小于 0.08 的标准。结果说明创新知识转移对突破式服务创新价值共赢的整体拟合较好。

在此基础上，进一步检验创新知识转移各个维度对突破式服务创新价值共赢的影响，如表 6-22 所示。

表 6-22　创新知识转移各个维度对突破式服务创新价值共赢的影响

路径	标准化路径系数	P 值	结果
创新知识获取与价值共赢	0.71	**	显著
创新知识整合与价值共赢	0.69	**	显著
创新知识应用与价值共赢	0.73	**	显著

首先，检验创新知识获取对突破式服务创新价值共赢的影响。通过结构方程模型进一步分析可以发现创新知识获取影响突破式服务创新价值共赢的标准化路径系数为 0.71，且在 0.001 的水平上显著，P 值为 0.000。通过检验表明创新知识获取对突破式服务创新价值共赢的影响关系模型成立，假设 H2a 得到验证。从模型拟合指标来看，CMIN/DF=2.82，小于 3 的标准，同时 CFI、IFI、GFI 的值均大于 0.9，其中 CFI=0.933，IFI=0.937，GFI=0.915；AGFI 的值大于 0.85，AGFI=0.864；RMSEA=0.051，小于 0.08。结果说明创新知识获取对突破式服务创新价值共赢的整体拟合较好。

其次，在此基础上进一步检验创新知识整合是否影响突破式服务创新价值共赢。通过结构方程模型进一步分析可以发现创新知识整合影响突破式服务创新价值共赢的标准化路径系数为 0.69，且在 0.001 的水平上显著，P 值为 0.000。通过检验表明创新知识整合对突破式服务创新价值共赢的影响关系模型成立，假设 H2b 得到验证。从模型拟合指标来看，CMIN/DF=2.45，小于 3 的标准，同时 CFI、IFI、GFI 的值均大于 0.9，其中 CFI=0.927，IFI=0.936，GFI=0.931；AGFI 的值大于 0.85，AGFI=0.912；RMSEA=0.073，小于 0.08。结果说明创新知识整合对突破式服务创新价值共赢的整体拟合较好。

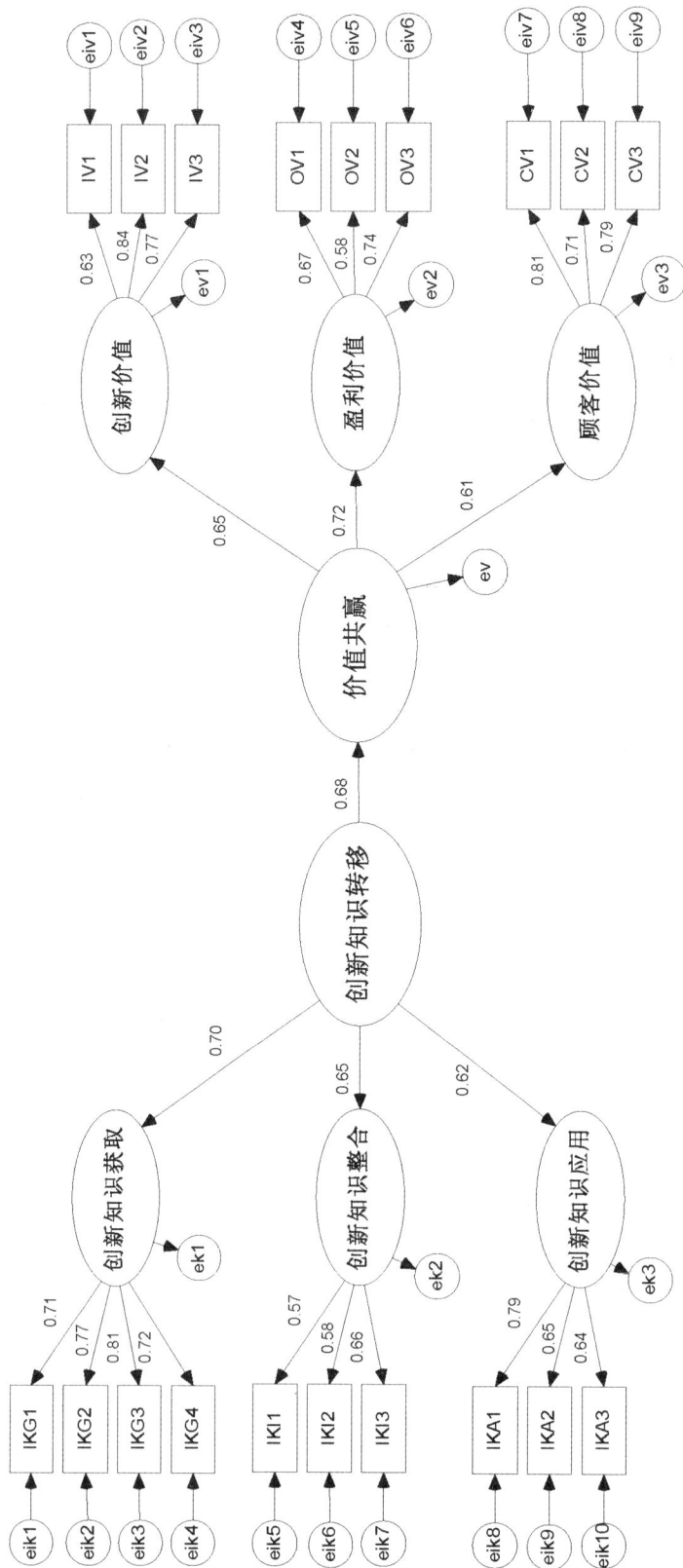

图 6-7 创新知识转移对突破式服务创新价值共赢影响的模型

最后，检验创新知识应用是否影响突破式服务创新价值共赢。通过结构方程模型进一步分析可以发现创新知识应用对突破式服务创新价值共赢的标准化路径系数为 0.73，且在 0.001 的水平上显著，P 值为 0.000。检验结果输出表明创新知识应用对突破式服务创新价值共赢的影响关系模型成立，假设 H2c 得到验证。从模型拟合指标来看，CMIN/DF=2.79，小于 3 的标准，同时 CFI、IFI、GFI 的值均大于 0.9，其中 CFI=0.912，IFI=0.918，GFI=0.933；AGFI 的值大于 0.85，AGFI=0.856；RMSEA=0.074，小于 0.08。结果说明创新知识应用对突破式服务创新价值共赢的整体拟合较好。

6.3.3 突破式服务创新价值创造对突破式服务创新价值共赢的影响作用

在 AMOS17.0 软件中绘制可识别的结构方程模型，并将数据导入 AMOS 进行拟合，如图 6-8 所示，突破式服务创新价值创造对突破式服务创新价值共赢的标准化路径系数为 0.74，且在 0.001 的水平上显著，P 值为 0.000。检验表明突破式服务创新价值创造对突破式服务创新价值共赢的影响关系模型成立，其回归系数达到显著性水平，假设 H3 得到验证。从模型拟合指标来看，CMIN/DF=1.799，小于 3 的标准，CFI=0.914，IFI=0.915，CFI、IFI 的值均大于 0.9 的标准。GFI、AGFI 的值均大于 0.85，其中 GFI=0.873，AGFI=0.876；RMSEA=0.069，小于 0.08 的标准。结果说明突破式服务创新价值创造对突破式服务创新价值共赢的整体拟合较好。

在此基础上，进一步检验突破式服务创新价值创造各个维度对突破式服务创新价值共赢的影响，对突破式服务创新价值创造各个维度的标准化路径系数总结如表 6-23 所示。

表 6-23 突破式服务创新价值创造各个维度对突破式服务创新价值共赢的影响

路径	标准化路径系数	P 值	结果
价值共生与价值共赢	0.78	**	显著
价值共识与价值共赢	0.61	**	显著
价值共享与价值共赢	0.73	**	显著

首先，检验价值共生对突破式服务创新价值共赢的影响。通过结构方程模型进一步分析可以发现价值共生对突破式服务创新价值共赢的标准化路径系数为 0.78，且在 0.001 的水平上显著，P 值为 0.000。检验表明价值共生对突破式服务创新价值共赢的影响关系模型成立，假设 H3a 得到验证。从模型拟合指标来看，CMIN/DF=2.17，小于 3 的标准，同时 CFI、IFI、GFI 的值均大于 0.9，其中 CFI=0.936，IFI=0.913，GFI=0.911；AGFI=0.886，AGFI 值大于 0.85 的标准；RMSEA=0.063，小于 0.08。结果说明价值共生对突破式服务创新价值共赢的整体拟合较好。

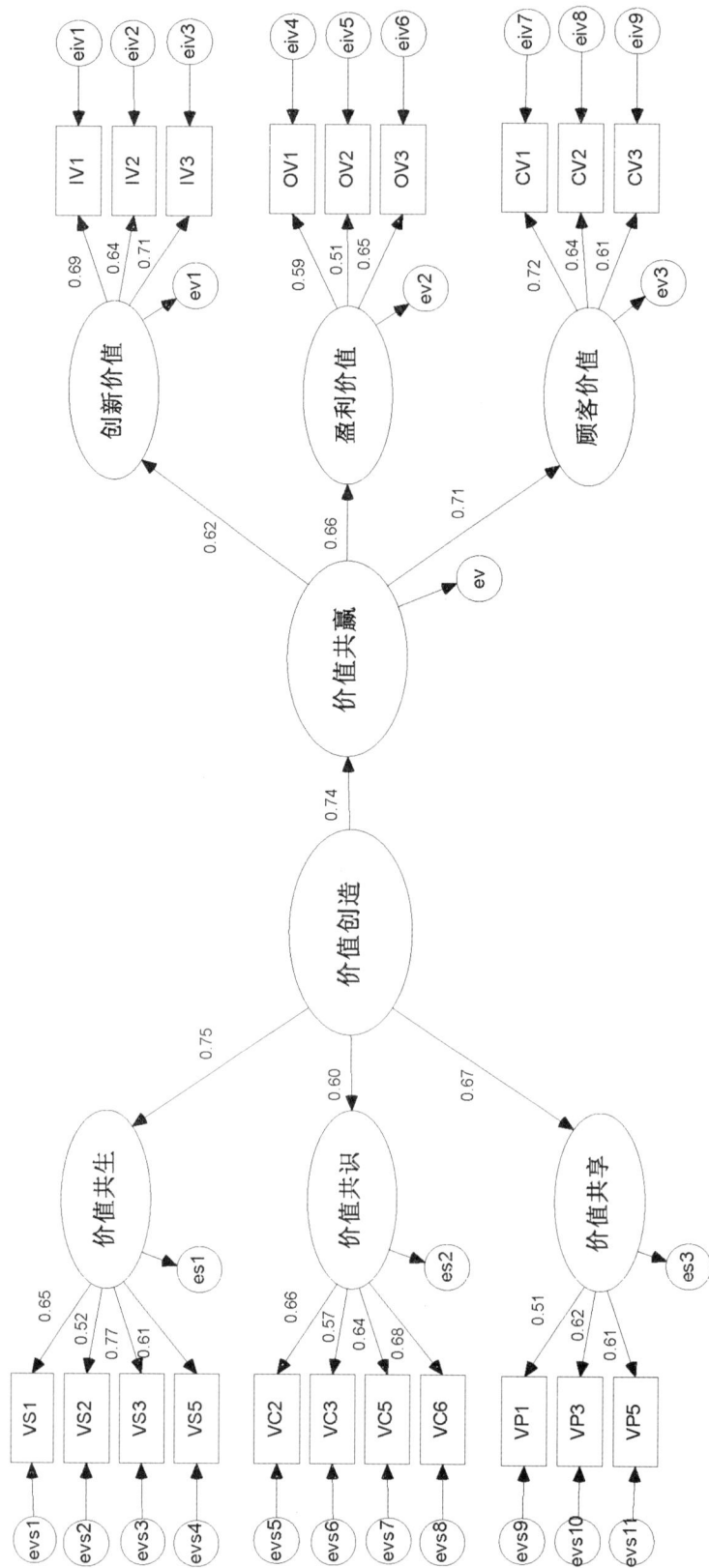

图 6-8 突破式服务创新价值创造对突破式服务创新价值共赢影响的模型

其次，检验价值共识对突破式服务创新价值共赢的影响。通过结构方程模型进一步分析可以发现价值共识对突破式服务创新价值共赢的标准化路径系数为 0.61，且在 0.001 的水平上显著，P 值为 0.000。通过检验表明价值共识对突破式服务创新价值共赢的影响关系模型成立，假设 H3b 得到验证。从模型拟合指标来看，CMIN/DF=2.33，小于 3 的标准，同时 CFI、IFI、GFI 的值均大于 0.9，其中 CFI=0.907，IFI=0.924，GFI=0.910；AGFI 的值大于 0.85，AGFI=0.870；RMSEA=0.043，小于 0.08。结果说明价值共识对突破式服务创新价值共赢的整体拟合较好。

最后，检验价值共享对突破式服务创新价值共赢的影响。通过结构方程模型进一步分析可以发现价值共享对突破式服务创新价值共赢的影响标准化路径系数为 0.73，且在 0.001 的水平上显著，P 值为 0.000。通过检验表明价值共享对突破式服务创新价值共赢的影响关系模型成立，假设 H3c 得到验证。从模型拟合指标来看，CMIN/DF=2.79，小于 3 的标准，同时 CFI、IFI、GFI 的值均大于 0.9，其中 CFI=0.915，IFI=0.935，GFI=0.921；AGFI 的值大于 0.85，AGFI=0.891；RMSEA=0.021，小于 0.08。结果说明价值共享对突破式服务创新价值共赢的整体拟合较好。

6.3.4　中介变量检验

根据 Baron 和 Kenny(1986)对中介变量的判定标准，对创新知识转移进行中介变量的判定，其思路包括以下 4 个步骤：①用自变量与中介变量进行回归分析，且回归系数要求显著。②用自变量与因变量进行回归分析，且要求显著。③用中介变量与因变量进行回归分析，且要求显著。④最后用自变量和中介变量同时对因变量进行回归分析，自变量与因变量之间的回归系数如果明显降低，则表明部分中介作用，如果不再显著，则表明完全中介作用。当上述条件均满足时，中介作用模型的假设检验得以验证。

1. 创新知识转移对突破式服务创新价值创造与突破式服务创新价值共赢的中介作用模型

根据以上的检验步骤，检验创新知识转移对突破式服务创新价值创造与突破式服务创新价值共赢的中介作用，模型结果和估计值如图 6-9 和表 6-24 所示。根据前文对变量两两进行回归的结果，可以看到价值创造对创新知识转移具有显著的正向影响作用，其中模型中的标准化路径系数为 0.60，P 小于 0.001；价值创造对价值共赢具有显著的正向影响作用，其中模型中标准化路径系数为 0.74，P 小于 0.001；创新知识转移对价值共赢具有显著的正向影响作用，标准化路径系数为 0.68，且 P 小于 0.001。可以看到当自变量和中介变量对因变量进行回归时，突破式服务创新价值创造对突破式服务创新价值共赢的正向影响明显降低，且不再显著，其中标准化路径系数为 0.12，P 值为 0.948，根据中介效应检验的条件，该模型的数据和分析结果满足检验条件，说明创新知识转移对突破式服务创新价值创造与突破式服务创新价值共赢之间的关系具有完全中介作用。

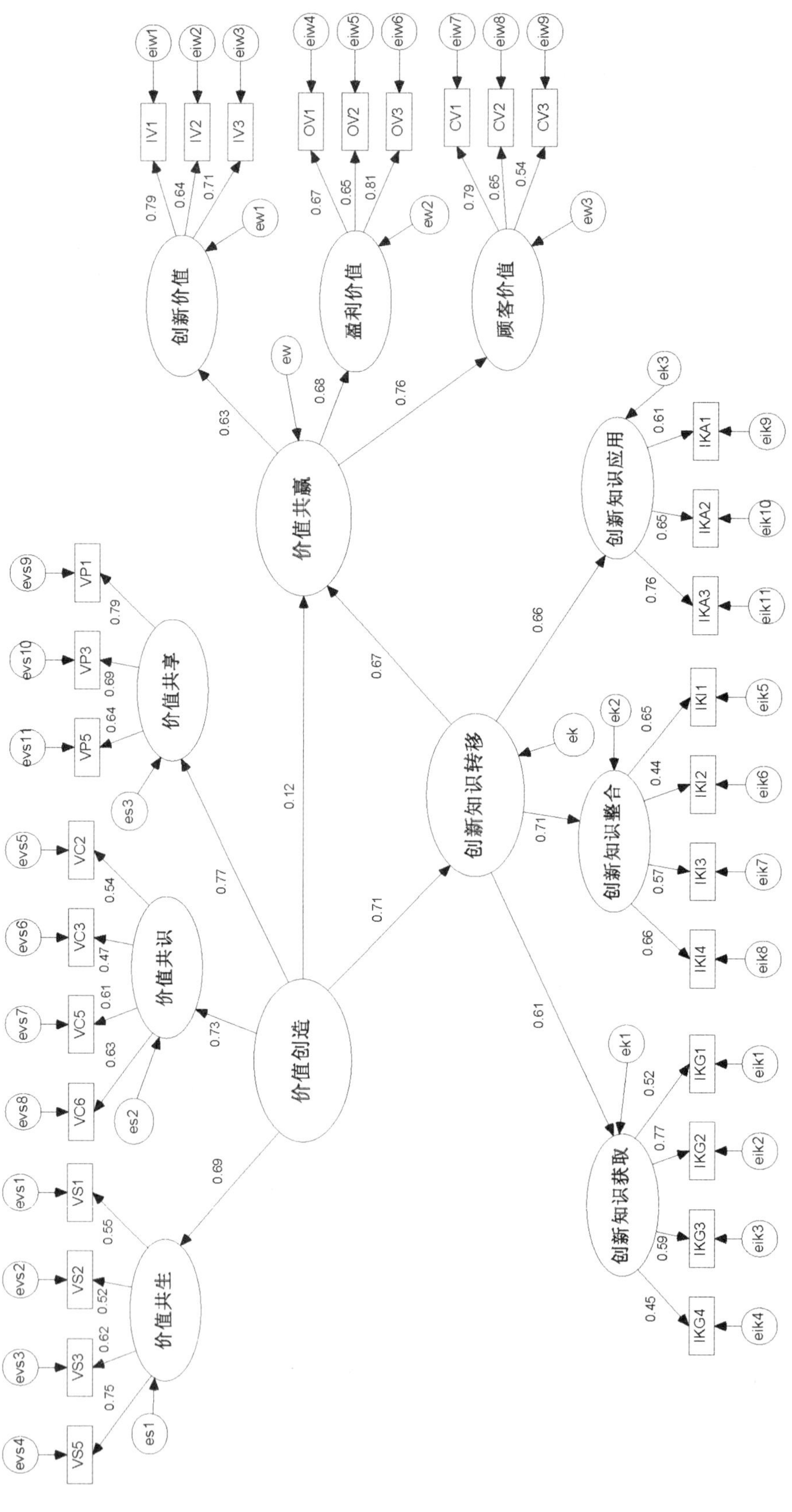

图 6-9 创新知识转移对突破式服务创新价值创造与价值共赢的中介作用模型

表 6-24 创新知识转移对突破式服务创新价值创造与价值共赢的中介作用模型检验

路径	标准化路径系数	P 值	结果
变量间两两回归			
价值创造与创新知识转移	0.60	**	显著
价值创造与价值共赢	0.74	**	显著
创新知识转移与价值共赢	0.68	**	显著
整体中介检验			
价值创造与价值共赢	0.12	0.948	不显著
拟合优度指数			

CMIN/DF	CFI	IFI	GFI	AGFI	RMASEA
1.784	0.912	0.905	0.866	0.847	0.056

从表 6-24 中可以看到 CMIN/DF 值为 1.784，小于 3，CFI、IFI 的值均大于 0.9，GFI 和 AGFI 的值均大于 0.85，RMSEA 的值为 0.056，小于 0.08 的标准，说明创新知识转移对突破式服务创新价值创造与突破式服务创新价值共赢的中介作用模型整体拟合较好。

2. 创新知识转移对价值共生与突破式服务创新价值共赢的中介作用模型

根据以上的检验步骤，检验创新知识转移对价值共生与突破式服务创新价值共赢的中介作用，模型结果和估计值如图 6-10、表 6-25 所示。对变量两两进行回归，可以从之前的检验看到价值共生对创新知识转移具有显著的正向影响作用，模型中的标准化路径系数为 0.66，同时 P 小于 0.001；价值创造对价值共赢具有显著的正向影响作用，模型中的标准化路径系数为 0.74，且 P 小于 0.001；创新知识转移对价值共赢具有显著的正向影响作用，模型中的标准化路径系数为 0.68，且 P 小于 0.001。根据检验要求，可以看到当自变量和中介变量对因变量进行回归时，突破式服务创新价值创造对突破式服务创新价值共赢的影响明显降低，并且不再显著，满足中介效应检验的条件，模型中标准化路径系数为 -0.07，P 值为 0.767，说明创新知识转移对价值共生与突破式服务创新价值共赢间的关系存在完全中介作用。

从表 6-25 中可以看到 CMIN/DF 值为 2.193，小于 3 的标准要求，CFI、IFI 的值均大于 0.9 的标准，同时 GFI 和 AGFI 的值均大于 0.85，RMSEA 的值为 0.060，小于 0.08 的标准，说明创新知识转移对价值共生与突破式服务创新价值共赢的中介作用模型整体拟合较好。

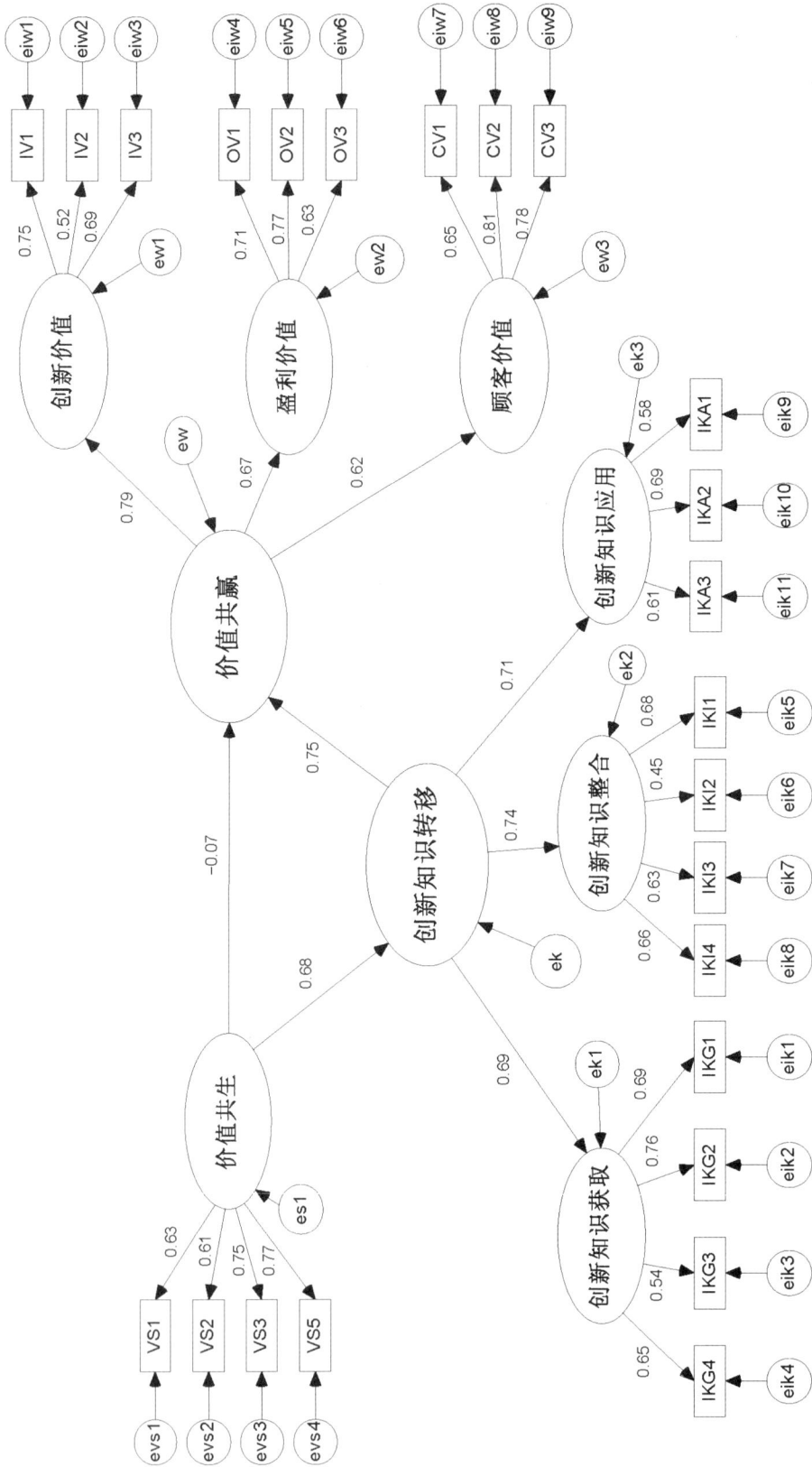

图 6-10　创新知识转移对价值共生与突破式服务创新价值共赢的中介作用模型

3. 创新知识转移对价值共识与突破式服务创新价值共赢的中介作用模型

根据以上的检验步骤，检验创新知识转移对价值共识与突破式服务创新价值共赢的中介作用，模型结果和估计值如图 6-11 和表 6-26 所示。对变量两两进行回归，可以看到价值共识对创新知识转移具有显著的正向影响作用，其中标准化路径系数为 0.69，P 小于 0.001；价值共识对价值共赢具有显著的正向影响作用，模型中标准化路径系数为 0.61，且 P 小于 0.001，进一步说明创新知识转移对价值共赢具有显著的正向影响作用，其中模型中的标准化路径系数为 0.68，P 小于 0.001。可以看到当自变量和中介变量同时对因变量进行回归时，价值共识对突破式服务创新价值共赢的影响明显降低且不再显著，标准化路径系数只有 -0.03，P 值为 0.729。根据中介效应检验的条件，可以进一步说明创新知识转移对价值共识与突破式服务创新价值共赢间的关系具有完全中介作用。

表 6-25　创新知识转移对价值共生与突破式服务创新价值共赢的中介效应检验

路径	标准化路径系数	P 值	结果
变量间两两回归			
价值共生与创新知识转移	0.66	**	显著
价值共生与价值共赢	0.78	**	显著
创新知识转移与价值共赢	0.68	**	显著
整体中介检验			
价值共生与价值共赢	−0.07	0.767	不显著
拟合优度指数			

CMIN/DF	CFI	IFI	GFI	AGFI	RMASEA
2.193	0.924	0.907	0.822	0.836	0.060

从表 6-26 中可以看到 CMIN/DF 值为 2.210，小于 3，CFI、IFI 的值均大于 0.9，GFI 和 AGFI 的值均大于 0.85，RMSEA 的值为 0.052，小于 0.08 的标准，说明创新知识转移对价值共生与突破式服务创新价值共赢的中介作用模型整体拟合较好。

表 6-26　创新知识转移对价值共识与突破式服务创新价值共赢的中介效应检验

路径	标准化路径系数	P 值	结果
变量间两两回归			
价值共识与创新知识转移	0.69	**	显著
价值共识与价值共赢	0.61	**	显著
创新知识转移与价值共赢	0.68	**	显著
整体中介检验			
价值共识与价值共赢	−0.03	0.729	不显著
拟合优度指数			

CMIN/DF	CFI	IFI	GFI	AGFI	RMASEA
2.210	0.953	0.943	0.887	0.860	0.052

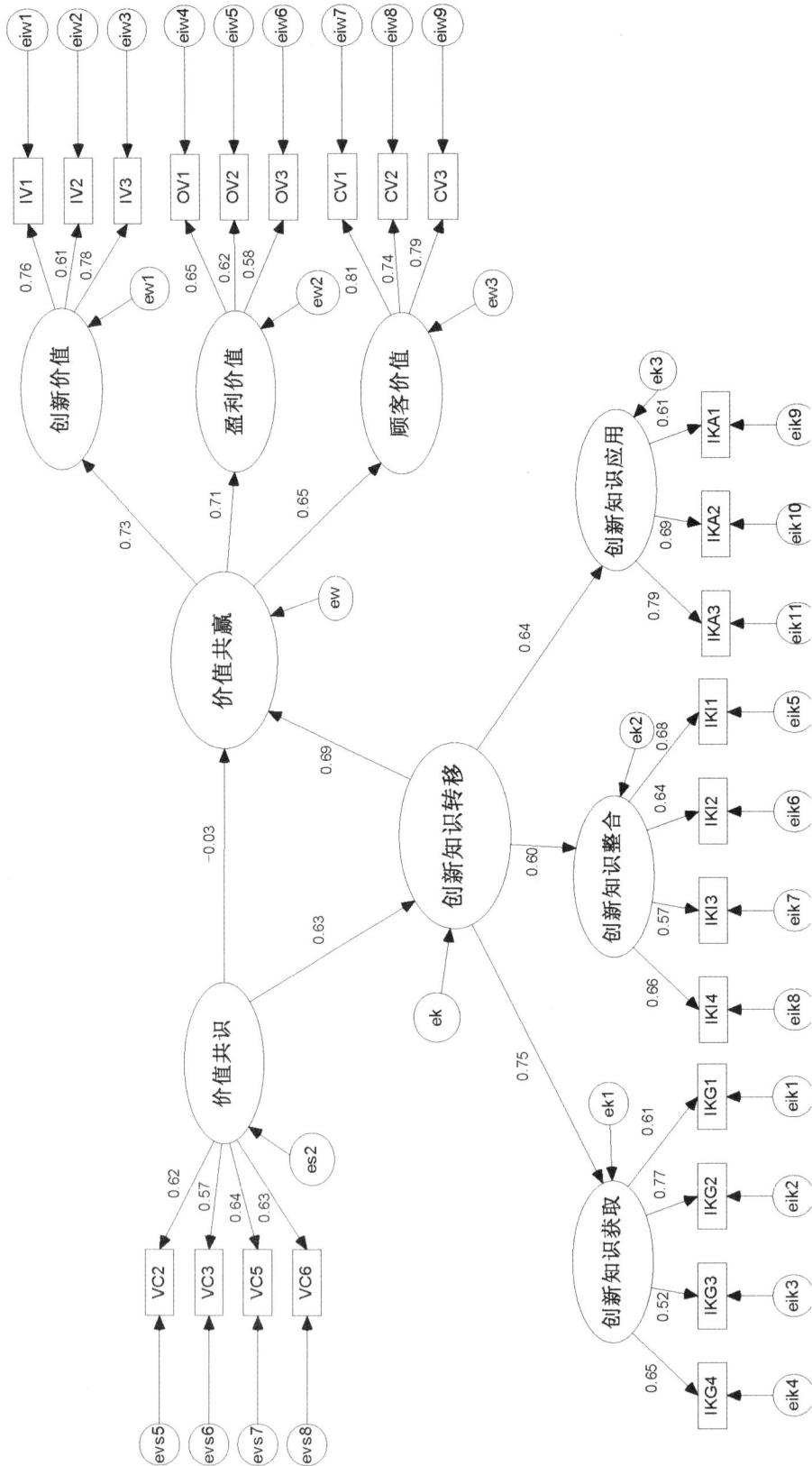

图 6-11　创新知识转移对价值共识与突破式服务创新价值共赢的中介作用模型

4. 创新知识转移对价值共享与突破式服务创新价值共赢的中介作用模型

根据以上的检验步骤，检验创新知识转移对价值共享与突破式服务创新价值共赢的中介作用，模型结果和估计值如图 6-12 和表 6-27 所示。对变量两两进行回归，可以看到价值共享对创新知识转移具有显著的正向影响作用，模型中的标准化路径系数为 0.72，P 小于 0.001；说明价值共享对价值共赢具有显著的正向影响作用，模型中的标准化路径系数为 0.73，P 小于 0.001；说明创新知识转移对价值共赢具有显著的正向影响作用，模型中的标准化路径系数为 0.68，P 小于 0.001。可以看到当自变量和中介变量同队对因变量进行回归时，价值共享对突破式服务创新价值共赢的影响明显降低且不再显著，其中标准化路径系数为 0.09，P 值为 0.744，以上满足中介效应检验的条件，说明创新知识转移对价值共享与突破式服务创新价值共赢间的关系具有完全中介作用。

表 6-27　创新知识转移对价值共享与突破式服务创新价值共赢的中介效应检验

路径	标准化路径系数	P 值	结果
变量间两两回归			
价值共享与创新知识转移	0.72	**	显著
价值共享与价值共赢	0.73	**	显著
创新知识转移与价值共赢	0.68	**	显著
整体中介检验			
价值共享与价值共赢	0.09	0.744	不显著
拟合优度指数			

CMIN/DF	CFI	IFI	GFI	AGFI	RMASEA
2.031	0.923	0.927	0.883	0.821	0.056

从表 6-27 中可以看到 CMIN/DF 值为 2.031，小于 3，CFI、IFI 均大于 0.9，GFI 和 AGFI 均大于 0.85，RMSEA 的值为 0.056，小于 0.08 的标准，说明创新知识转移对价值共享与突破式服务创新价值共赢的中介作用模型整体拟合较好。

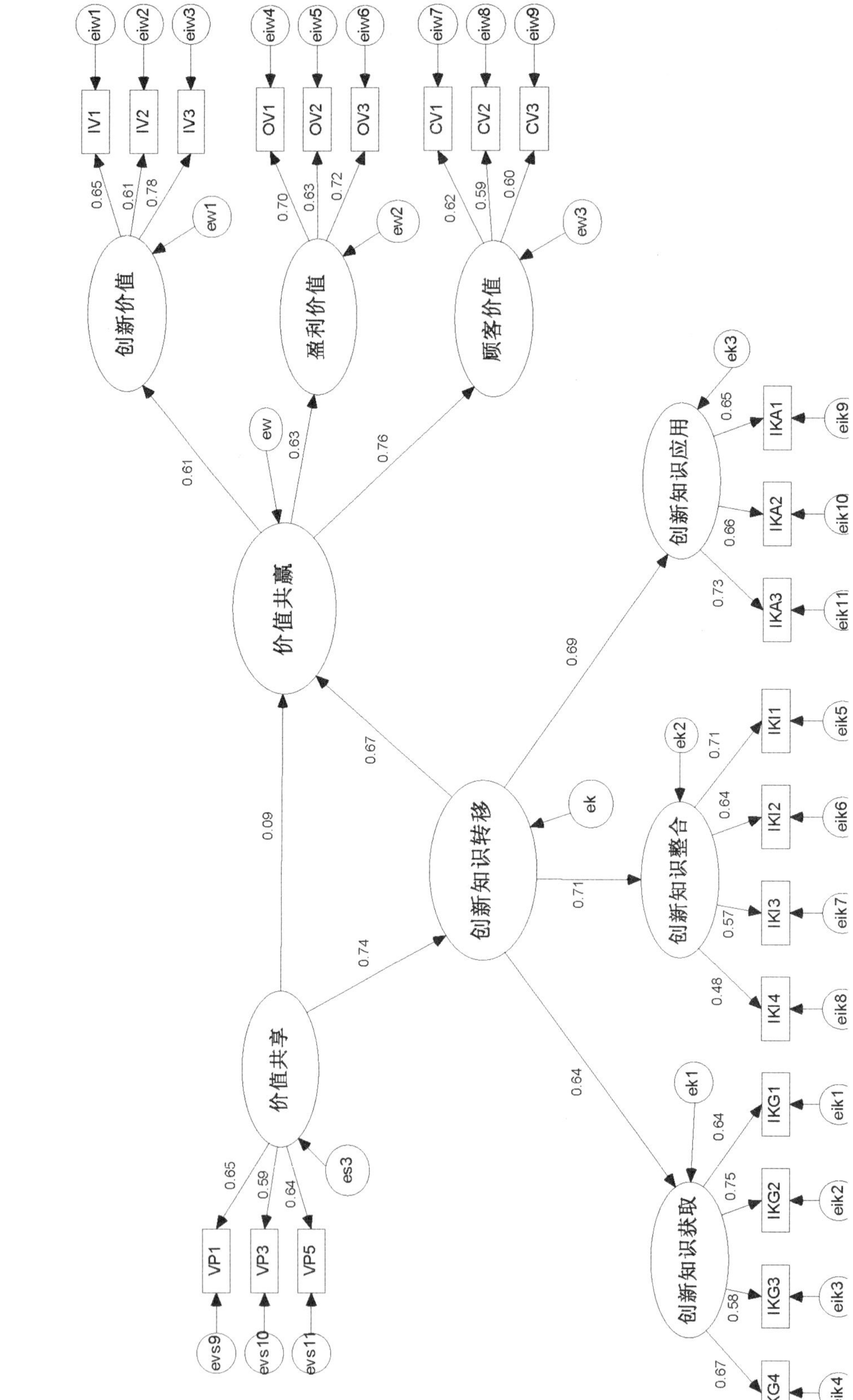

图 6-12 创新知识转移对价值共享与突破式服务创新价值共赢的中介作用模型

6.3.5 调节变量检验

Flannery 等人(1984)对变量间调节作用的基本原理进行了描述，指出如果因变量 Y 与自变量 X 的关系是变量 M 的函数时，那么 M 则可称为调节变量[198]。本部分以之前的模型为初始模型，进一步检验企业创新导向是否在创新知识转移和突破式服务创新价值共赢之间具有显著的调节作用。

首先对企业创新导向的测量指标样本进行聚类分析，结果表明可以将 273 个样本分为两组，其中 A 组(N=186)的均值都显著高于 B 组(87)的均值。并将两组样本数据分别拟合前文的模型，结果如表 6-28 所示。可以看到在分组后，在 A 组中创新知识转移对突破式服务创新价值共赢具有显著的正向影响，其中路径系数为 0.676，P 小于 0.001。而在 B 组，创新知识转移对突破式服务创新价值共赢的影响没有那么显著的影响，其中路径系数为 -0.247，P=0.961。

表 6-28　A 和 B 两组的模型估计结果

路径	路径系数	P 值	路径系数	P 值	路径系数	P 值
	A(N=186)		B(N=87)		初始模型(N=273)	
价值创造与创新知识转移	1.133	**	0.547	**	0.69	**
创新知识转移与价值共赢	0.676	**	-0.247	0.961	0.68	**
价值创造与价值共赢	-0.04	0.869	0.613	0.92	0.12	0.948

在此基础上，利用 AMOS 的多组比较方法检验 A、B 两组中创新导向的调节作用在各个路径系数上的差异是否显著，其结果如表 6-29 所示。

表 6-29　企业创新导向调节作用的显著性检验

假设	路径系数	P 值
A、B 两组，价值创造对价值共赢的路径系数相等	0.529**	0.000

在该模型中，由于 T 值在 0.001 的水平上显著，表明在不同企业创新导向的水平下，突破式服务创新价值创造对突破式服务创新价值共赢的影响是存在显著差异的。同时结合两个检验结果可以看到，当企业创新导向由低向高变换时，价值创造对价值共赢的影响由不显著变为显著，这说明企业创新导向对创新知识转移与突破式服务创新价值共赢的关系具有正向的调节作用，假设 H5 得到验证。

综上所述，本研究中突破式创新价值共创影响模型结构方程的验证结果如表 6-30 所示。可以看到最终的假设检验结果均得到了支持。

表 6-30　突破式服务创新价值共创结构方程模型假设检验结果

关系假设	假设内容	检验结果
H1	突破式服务创新价值创造正向影响创新知识转移	支持
H1a	价值共生正向影响创新知识转移	支持
H1b	价值共识正向影响创新知识转移	支持
H1c	价值共享正向影响创新知识转移	支持
H2	创新知识转移正向影响突破式服务创新价值共赢	支持
H2a	创新知识获取正向影响突破式服务创新价值共赢	支持
H2b	创新知识整合正向影响突破式服务创新价值共赢	支持
H2c	创新知识应用正向影响突破式服务创新价值共赢	支持
H3	突破式服务创新价值创造正向影响突破式服务创新价值共赢	支持
H3a	价值共生正向影响突破式服务创新价值共赢	支持
H3b	价值共识正向影响突破式服务创新价值共赢	支持
H3c	价值共享正向影响突破式服务创新价值共赢	支持
H4	创新知识转移在价值创造与价值共赢之间起到中介作用	支持
H4a	创新知识转移在价值共生与价值共赢之间存在显著的中介作用	支持
H4b	创新知识转移在价值共识与价值共赢之间存在显著的中介作用	支持
H4c	创新知识转移在价值共享与价值共赢之间存在显著的中介作用	支持
H5	企业创新导向在创新知识转移与价值共赢之间起到调节作用	支持

第 7 章

数字经济新环境下突破式服务创新价值共创优化策略

本书在服务创新、突破式创新、服务主导逻辑等相关研究的基础上构建了突破式服务创新价值共创实现的理论模型，并通过实证调查，对提出的假设进行验证并对该理论模型进行检验。通过前文研究获得以下 4 个结论。

1. 对突破式服务创新价值创造量表的开发与测量

通过扎根理论和实际调查，以及对相关测量量表的归纳与整理，设计出突破式服务创新价值创造的初始测量问卷。由于突破式服务创新价值共创的相关研究成果并不多，所以只有借鉴相关已有成熟测量量表的题项并结合实际调查，才能最终开发出突破式服务创新的测量量表。通过问卷的开发、小样本的预测试和大样本的正式调查，并结合探索性因子以及验证性因子分析对数据进行统计分析和检验，最终的统计结果表明，该量表具有良好的信度和效度，从而说明了该量表和概念维度划分的合理性。

2. 提出并验证了突破式服务创新价值共创实现模型

本书在国内外相关文献的基础上，通过理论推导和逻辑演绎的方式构建出突破式服务创新价值共创实现过程的理论模型，并通过结构方程建模的方法从企业与顾客交互作用的角度证实了突破式服务创新价值共赢的实现过程。通过实证研究证实了突破式服务创新价值共创对突破式服务创新价值的实现具有显著的正向影响，并进一步验证了突破式服务创新价值共生、价值共识和价值共享各个构成维度对突破式服务创新价值共赢的影响，结果表明企业与顾客间的价值共生、价值共识和价值共享对突破式服务创新价值共赢的实现存在显著的正向影响。

3. 提出并验证了在突破式服务创新价值共创过程中，创新知识转移对突破式服务创新价值创造和价值共赢的完全中介作用

根据经典的投入——转化——产出模型，本文将企业与顾客之间的价值创造过程视为向服务型企业投入资源并进行资源整合的行为，最终结果是实现突破式服务创新价值共赢的目标。创新知识转移是这一价值实现过程中的中间转化环节。在判定中介作用 4 个条件的基础之上，通过实证研究验证了创新知识转移在突破式服务创新价值创造与价值共赢之间存在的中介作用，并进一步探讨了创新知识转移在突破式服务创新价值创造各个维度和突破式服务创新价值共赢之间的中介作用。这一研究结论说明企业与顾客交互作用而形成的价值共生、价值共识和价值共享推动了创新知识的转移过程，即将价值创造过程中产生的新思想和理念有效地转化为企业组织的创新知识和能力，并通过这些知识的整合与应用，推动企业创新活动，促进价值的共创和实现。创新知识转移的效果是突破式服务创新价值创造对价值共赢实现的关键环节。

4. 提出并验证了在突破式服务创新价值共创过程中，企业创新导向的调节作用

通过对已有的研究分析可以进一步发现，企业创新导向会影响突破式服务创新价值的

实现。通过对所有样本进行聚类分析不难发现，研究样本在企业创新导向的调查中可分为两组，并可分别对这两组进行检验。研究结果显示，在不同创新导向组中存在显著差异。企业创新导向对突破式服务创新价值的实现具有正向的调节作用。企业创新导向对创新知识的转移与突破式服务创新价值共赢的实现具有正向的调节作用。当企业不热衷于创新的时候，组织对于突破式服务创新持较为保守的态度，关注的是企业日常的运营和维持企业的生存发展，企业管理层和领导者更倾向于维持现状，创新知识的产生与应用难以得到企业的采纳与重视，创新知识在应用时会遇到较大阻力，难以实现突破式服务创新价值的共赢，而随着企业创新导向的增强，企业高层管理者会逐步重视价值创造过程中产生的有利知识，企业领导者并且会采取多种措施促进创新知识的应用，从而推动突破式服务创新价值共赢的实现。

基于以上对研究结论的分析与总结，为了更有效地实现服务型企业突破式服务创新价值共创，结合服务型企业的实际情况，可以从价值创造、创新知识转移、企业创新导向等动因入手，提出相关针对性的建设性意见。

7.1 数字经济为"突破式服务创新"赋能

7.1.1 洞察突破式服务创新需求

世界经济服务化的趋势日益明显，服务贸易日益成为各国经贸合作的重要内容和领域。新一轮科技革命和产业变革加速了数字经济时代的到来。适应服务的数字化、网络化、智能化发展趋势，推动服务贸易数字化进程，是时代的要求，也是时代的必然。数字经济将为我国服务贸易的创新与发展注入新的动力，拓展服务创新的发展空间。

数字经济时代背景下的突破式服务创新发展不是建立一条简单的网络渠道，而是在此基础上不断与客户沟通交流、充分发挥客户的创造力，将服务作为企业发展的核心竞争力。随着移动工具、物联网、大数据、AI、社交工具、地图、人脸识别、云技术、区块链等IT技术的普及和推广，让几年前还是展望的场景变成了如今习以为常的习惯，也使服务无处不在成为可能。如今的顾客购买习惯已经发生了变化，过去的用户更偏重于产品和服务的质量、服务的价格，与顾客交互的触点聚集在产品和服务的消费环节。而现在的顾客更偏重于场景中服务的体验，售后的体验以及定制化的体验。企业与顾客之间的距离、交互频次、交互温度都会对顾客的满意度、口碑宣传以及建立顾客服务忠诚度产生极大的影响，企业与顾客的交互触点更多地聚集在服务环节。而对于企业的需求来说，现在企业的价值不仅仅只关注销售利润和销售量，在数字化经济的融合下，与顾客黏度和交互的频度，服务创新生态系统的建立等很多因素影响了对企业的未来创新路径和战略的评判。而在数字技术的基础上，突破式创新生态系统的建立最好的抓手就是服务环节，而服务环节也最容易提升用户体验，挖掘用户新需求，培养多次消费习惯，并通过数据、流量形成企业自己的服务创新生态圈。

7.1.2 挖掘信息与互联网技术资源

数字化时代的到来推动了企业的数字化转型,从传统的"产品和服务"思维转换为"数字化产品和思维"是企业数字化创新成功的关键,这极大地考验着企业的智慧和创新文化。突破式服务创新的发展与数字化、网络化以及互联网的发展是紧密联系在一起的。服务型企业需要充分利用互联网技术和信息技术所带来的优势,洞察和选择企业进行突破式服务创新发展的方向和路径。如今进行突破式服务创新的互联网服务型企业面临的挑战,是如何以信息化、数字化作为管理利刃,传统服务企业则面临如何实现信息技术与业务的完美融合。突破式服务创新的发展离不开突破式技术的支持,而突破式服务创新的本质意义在于获取竞争优势,突破式技术为其提供了支持和保证。例如京东已经开始试验利用无人飞行器代替人力物流运输,将顾客选择的产品和货物直接送到千家万户,这一服务创新如果得以实现,不仅节约了物流带来的人力和交通成本,而且可以大幅度减少运营成本,实现行业的突破性发展。

移动互联网、大数据以及信息技术的飞速发展是当前时代的发展趋势,势不可挡。工业革命、第四次科技革命带来的世界格局正在发生剧烈的变化,信息技术和互联网对传统企业的融合与碰撞,是未来服务业发展的大方向。如今餐饮、团购和打车软件等共同促进了突破式服务创新的产生与发展。同样还促进了金融服务行业以及教育服务行业的发展,在互联网和信息技术的基础上为顾客提供快捷便利的服务,对传统的企业产生了颠覆性的影响。

7.1.3 探究突破式服务创新转型之路

在数字化经济背景下,每一家服务型企业的起点和现状都不一样,对于企业的定位、诉求也不一样,这就需要服务型企业根据自身发展的能力和水平,充分整合已有的资源,实现数字化服务创新的转型。这种转变不仅仅是产品创新和产品交付,而是服务从研发、开发、体验、购买到售后的全周期、端到端的循环变化。服务创新是服务型企业所关注的,也是很多突破式服务创新企业核心竞争力的来源。

在传统的产品主导逻辑下,创新多从技术能力、产品工艺、成本价格等企业视角和能力出发,产品从制造商开始,再以生产成本定价,最终再寻找用户的需求,营销和拓展市场。将"产品"转化为"数字化服务"是企业突破式服务创新的关键,可以有效地推动突破式服务创新的发展,使其从传统的产品观转到数字化服务上来,集合企业的创新智慧和创新文化,找到适合自己的有效实施和落地的路径。

如今在数字经济的大环境背景下,利用数字技术、互联网平台和信息通信技术把互联网与传统行业结合起来,可以在新领域创造出一种新生态,促进服务企业的发展。但这并不是单纯销售也不是渠道销售，其消费方式和服务发展都远远超越传统服务企业经营的方式。可以看到突破式服务创新的产生离不开信息与互联网技术的发展，突破式服务创新未来更多会在"数字经济"的背景下产生，这就需要服务型企业实现转型，抓住机遇和挑战，实现服务型企业的突破性创新与价值共赢。

7.2　数字经济引领"突破式服务创新"发展

7.2.1　重视企业与顾客之间的互动与交流

突破式服务创新价值共创是一个复杂的创新过程，对于企业来说实现突破式服务创新价值共创的实质就是通过企业与顾客之间的互动与参与实现突破式服务创新价值的共同创造。数字经济时代的突破式服务式创新价值共创，不仅包括企业价值的实现，更重要的在于顾客价值的实现，顾客参与创新已经成为企业创新竞争能力的最主要动力和源泉。服务型企业需要构建顺畅高效的交流沟通渠道，促进顾客产生积极的体验价值。

随着顾客角色的不断变化，企业与顾客在创新过程中的价值共创将是未来的主要竞争模式，顾客在突破式服务创新过程中作为一种隐形的资产受到越来越多的关注。在传统生产模式中，企业与顾客的职能是分开的，分别扮演着生产与消费的不同角色，企业是创造价值的核心，企业生产服务并创造价值，在市场上与顾客进行交换，将服务从企业转移到顾客手中。但是随着服务主导逻辑的发展，顾客和企业之间的界限已经不再那么分明，顾客逐步替代企业成为价值创造的核心，开始越来越多地参与到价值创造的过程中来，正如携程、阿里巴巴等企业以实现顾客价值为第一，把顾客作为企业发展的首要位置，让顾客感知到对其自身有利并且自愿参与其中。企业与顾客之间价值的产生、意见的达成以及信息与资源的共享，促进了价值双方之间价值网络关系的形成，企业与顾客之间的任何信息不对称、沟通不顺畅、交流不完善都会阻碍突破式服务创新价值共创的实现。企业需要增加与顾客之间的透明性，制定有效策略提高顾客满意度与信任度，充分利用各种信息传播手段建立起与顾客之间的沟通机制，使顾客可以清晰和调整自己的期望和能力。

由于在价值共创过程中顾客存在着不同的参与方式、参与程度以及参与过程，企业需要针对不同的情况合理安排不同的服务和技能团队来应对价值共创过程中遇到的各种问题与矛盾。在创新的过程中顾客是根据自己的想法和特点有针对性地参与创新活动以满足自己的需要，促进服务创新能够更好地符合自己的需求。在企业拥有一定的突破式服务创新能力的基础上，应该充分发挥顾客的作用，让顾客介入与参与到创新过程中来。如今的互联网、社交平台、APP，都赋予了顾客交流和表达自身需求和反馈的各种参与渠道，突破式服务创新风险与投入较高，需要以顾客需求为导向，了解顾客意愿，构建双方共同交流与合作的机制，进而满足顾客定制化的需求，以减少各种问题以及不确定性。否则将为突破式服务创新价值共创过程带来各种问题与矛盾，阻碍价值共创的实现。

服务型企业需要了解和重视顾客的独特性需求，顾客能够通过选择和共同生产来体验相应的服务，表达自我的身份，满足个人的需求。随着技术的突破与互联网的迅猛发展，更多定制化的服务不断推广到市场上，这些定制化的突破性创新服务活动以顾客的独特性需求为基础，不断地沟通与参与，最大限度地满足了顾客的需求，在市场上得到了快速发展。在这个过程中，顾客可以真正了解自己需要什么、通过何种方式表达和获取，而企业应该制定有效的策略，推广定制化的突破式服务创新，通过广告、会员注册的方式挖掘潜在顾客，组织顾客体验、参与各种宣传活动，提高顾客的参与度，在一个交流互动轻松开放的氛围中提供个性化和定制化的服务。如今很多企业通过与顾客的互动在创新实践过程中受益匪浅，这些企业在发布新产品或服务前都会邀请目标客户参与体验，或免费试用产品，或免费体验服务，然后顾客对企业的新服务开发给出相应的反馈和建议，企业根据顾客的建议修改和完善新服务，并发布最具有市场价值的突破式服务。

数字经济环境下企业与顾客可以通过各种线上渠道线下体验协同合作来进行突破式服务创新设计，管理突破式服务创新过程，进行突破式服务创新开发。这种协同合作的能力作为一种重要的价值转化机制，使顾客和企业能够达到期望的产出，开发出更有目的性的突破式服务创新。同样，信息技术的发展，数据的分析，平台的服务协助将企业与顾客连接起来，通过建设性的对话参与利益交换，方式更有效率，目标更明确。

7.2.2　发挥创新研发部门知识传递的桥梁功能

在信息技术和互联网技术的基础上所构建的创新平台，为服务型企业获取创新知识提供了灵感的来源。为了获取更多关键性和创新性的信息、知识和数据，服务型企业不仅需要注重与顾客的沟通与交流，还需重视与不同创新主体之间的互动与沟通，并在此基础上促进不同优质信息、资源与知识的充分共享。而创新研发部门在这个过程中，可以有效地实现知识的传递，促进服务型企业的知识管理活动有效展开，实现其创新知识的重要桥梁功能。同时企业信息部门要从全局层面连接各种资源、方法、技术，变身为数字化部门，连接外部资源、顾客需求和新技术，并通过系统建设、培训交流、思想沟通等工作，将数字化创新能力传播和赋能给各个部门。

现代科学技术的飞速发展，信息技术和网络技术为知识的管理提供了技术上的支撑和保障，形成了知识交流与共享的创新平台，提高了知识协同的开发性和有效性，缩短了知识沟通与转移的过程。在这个过程中就需要充分发挥创新研发部门的传递桥梁功能，通过对创新前端部门在互联网交流平台上信息的搜索与收集，创新研发部门可以对相关信息和资料进行整理、编码、开发，通过一系列流程实现和完成信息的处理与交流，并实时将信息反馈给创新前端部门和高层管理者。例如携程的创新研发中心，对服务创新不断进行改进与完善，反馈顾客的需求，并将创新信息传递给企业高层管理者，实现服务创新的过程。创新研发部门在创新过程中，扮演着重要的知识传递者的角色。保障信息可以在这个过程中有效实现传递，是突破式服务创新过程中不可缺少的一个重要环节。

7.2.3　积极应对新环境下的创新机遇与挑战

数字经济环境下，服务型企业领导要有前瞻性、紧迫感和协同性，勇于引领不同环境下的变革以及拥有应对创新挑战的勇气。数字化服务创新发展，需要通过服务型企业的勇于适应和勇于变革以更好地适应激烈竞争的环境，支持突破式服务创新文化，让服务型企业变得更加敏捷和柔性。同时服务型企业构建数字化创新团队，必须大胆培养和提拔适应未来发展的创新型人才，统一认知、提高员工"数字创新修养"、重视利用数字技术并鼓励创新来赋能员工。

服务型企业通过与顾客的交流和沟通，会产生很多创新思想和对新产品新服务的需求，这就需要不断地反馈给企业的创新研发部门。谷歌、IBM 等国际大公司很早就意识到创新研发部门的重要性，并设计专门的创新网络平台，借助社交网络平台来获得知识，促进最终创新产品和服务的形成，充分利用社交平台发展创新服务产品。服务型企业对于创新思想的挖掘以及创新活动的管理，不能只依靠高层管理者和相关部门负责人，需要在创新研发部门对创新思想和知识进行相应的评估、整合和应用，进行数据和信息的全程管理，评估创新知识的价值。如今现代服务型企业都设有创新研发委员会、创新研发管理部门等，他们依靠自己的专业知识和经验，经常可以与客户直接接触，同时利用调研的职能，从与顾客的交流和沟通中获得第一手客户资料或客户需求，从客户需求中找到创新需求和创新知识，同时将这些创新思想和数据直接转化为服务创新的产品或服务。如京东的服务创新研发中心就曾参与和主导了很多服务创新项目，并有如"211 限时达"这种收益较好的服务产品等。服务创新研发部门会通过对大数据的收集和分析，依托新技术来进行服务创新，开发新服务推广到新市场。

许多服务型企业非常重视企业有形财产的控制与管理，但却忽视了实际管理中无形资源的收集与利用，通过前文研究可以发现，在创新过程中，创新知识的转移在实现价值共赢的过程中发挥了重要作用。在知识经济发展的时代背景下，创新知识的优化管理为企业的可持续发展作出了突出贡献。如何实现资源的优化配置和有效重组，促进新技术的开发以及创新绩效的提升，这都对企业突破式服务创新能力提出了更高的要求。面对日益竞争激烈的线下旅行社竞争，携程旅游通过数据获取、数据处理、移动互联网、人工智能等技术在新零售领域的大幅应用，开发出旅游新零售确实是叫旅游新零售可不加产品，高效率地实现了旅游门店数据获取和数据处理，数据的可视化，流程的透明化也将大幅度提到。通过数字化的流程，可以帮助旅游行业在宏观上把控服务的标准化运营，感知顾客需求，降低创新风险，积极开发新产品和新服务。

突破式服务创新过程中的知识协同是对知识的探索、获取、转移、吸收、分析、利用、共享、集成和再创造，是协同创新价值共创的重要保障。在协同创新过程中，服务型企业在充分沟通的基础上，达成知识评价上的一致性和各创新主体之间的信任，减少矛盾和问题的产生，同时构建知识协同平台，共建多渠道的知识沟通与交流机制，提高协同创新的整体速度与效率。如阿里巴巴内部员工建议建立一个客户和员工共同交流、学习的平台，不断有创新思想和建议通过这个平台发布出来，这些创新知识被创新研发部门收集后，组织专家进行讨论，最终开发出相关服务产品。

7.3 数字经济推动"突破式服务创新"价值共创网络构建

7.3.1 发展多主体参与的价值共创与协同创新

如今的突破式服务创新价值共创不仅需要重视企业与顾客之间的互动交流，更需要积极利用不同内外部创新力量，实现价值共创网络的构建。服务型企业进行创新实现价值共创很大程度上取决于创新主体之间信任关系的建立，各种内外部组织力量也都会对创新过程产生各种各样的影响。企业可以充分考虑内外部组织的力量，比如供应商、竞争对手、其他金融机构、咨询公司和辅助性组织的作用，调动这些创新相关方的积极性和主动性，把他们的创新活动、创新信息、创新知识纳入合作创新模式中来，以避免错失创新的机会，组成协同创新网络，构成服务创新价值共创生态网络，围绕服务型企业突破式服务创新的需求进行全方位、专业化和深层次的创新活动，如图 7-1 所示。

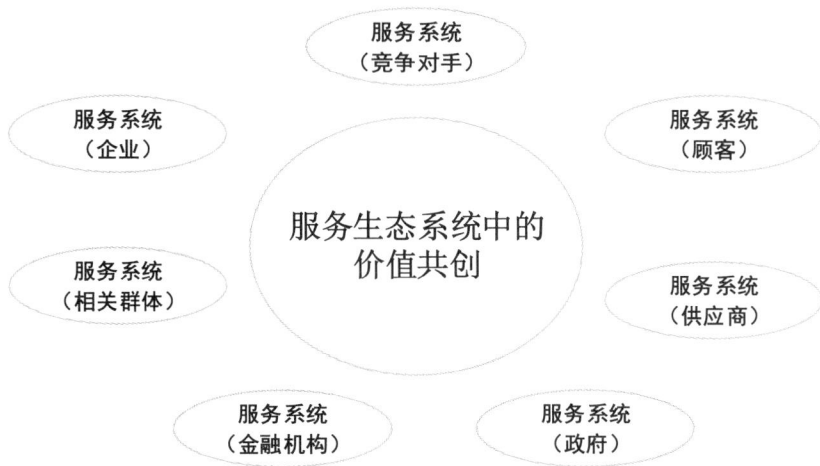

图 7-1 服务生态系统中多主体参与的价值共创

在传统的沟通模式中，服务型企业通常会排斥外部因素和外部力量的介入，把外部力量视为竞争力量，一般通过提高企业自身技术能力、增加内部运营效率等方式来提高自身竞争力。但在当今以顾客为中心的时代，不同创新主体参与价值共创是提高企业竞争优势的新途径。在突破式服务创新价值共创过程中，服务型企业可以创新性地建立一个以顾客为中心的价值共创网络系统，将不同创新主体纳入自己的创新网络中来，优化协同创新的外部环境，营造协同创新的良好氛围，更好地实现创新的价值共创。

服务型企业在突破式服务创新过程中，必须对各个创新主体自身的优劣势进行正确判断与分析，找准自己在协同创新系统中的角色定位，明确各自的资源优势与重点，提高相互之间合作的信任度，保持信息的交流与沟通，通过优势互补达成协同效应，从而带来更大的共创价值和共同利益。从内部来看，供应商对于企业来说，需要两者之间达成互相认可的理念，对企业的突破式创新活动进行支持和改进，比如说携程先后收购了香港的永安，台湾的易游，因为永安在香港具有最高的权威，而易游是在线旅行社里面做得最好的，可见供应商可以为创新活动提供更好的保障和支持，与服务型企业具有很好的互补作用，也是创新活动双方合作的基础。同样，外部环境也会对突破式服务创新的发展产生重要影响，竞争对手对服务型企业突破式创新能力起到重要推动作用，随着服务业竞争发展的加剧，不同企业之间的竞争也日趋白热化，在这个多元化发展的社会，信息的沟通与流动为企业间互相学习和互相补充提供了便利。携程与去哪儿都在旅游服务业中占有重要的一席之地，但是两个企业也在互相学习，互相关注，针对不同的细分市场共同发展。其实，在价值共创的过程中，创新各个主体之间只有形成共同的利益基础，这样才能打破组织界限，进行组织的重组与融合，形成互利共赢的心理预期，才能保持持久的合作关系，实现服务型企业突破式服务创新的持久发展，实现价值网络的互利共赢。

7.3.2　加强突破式服务创新体系支撑和建设

数字经济环境下，服务型企业以互联网为依托，通过运用大数据、人工智能等先进技术手段，对商品的生产、流通与销售过程进行升级改造，进而重塑业态结构与生态圈，并对线上线下服务和体验进行深度融合的创新。顾客购买习惯的变化，企业创新发展的需求、新技术新信息应用的爆炸，都使服务创新的数字化转型成为当务之急。

但数字化创新发展并不是简单的创新，而是需要企业方方面面的沟通、协调与配合，如图 7-2 所示。突破式服务的创新需要技术的支持，服务创新与技术创新是互相联系互相影响的。服务型企业的创新要具备数字化、信息化和互联网思维。如今的服务不是简单的销售、安装和维修，而是持续的服务和新的体验感。通过设计服务场景，技术带来的服务交互渠道，把一次性服务转变成长久交互的平台，持续不断引入新技术，降低创新交互成本，充分利用数字化工具，关注顾客体验，提升顾客感知，通过流量和需求的持续导入，线上和线下全渠道的生态融合，为突破式服务创新的发展提供持续的支撑力和驱动力。此外，服务型企业要充分利用服务场景、社交场景、生活场景带给顾客的服务体验反馈和信息数据收集，整合多方资源，建立数字化突破式服务创新生态系统。

数字经济发展和服务创新是相辅相成的，目标都是聚焦客户价值和客户体验。服务型企业在创新转型的同时，可以根据自身情况，把顾客的价值放在首位，努力打造顾客参与、顾客与企业共同创造、共同成长的创新生态环境。同时充分利用数字经济带来的机遇和各种信息技术、大数据分析以及创新手段，充分发挥和利用新技术和数据的价值，提高整体服务创新运营效率、降低成本和风险、加强创新团队的合作与沟通，构建坚实的突破式服务创新体系和架构。

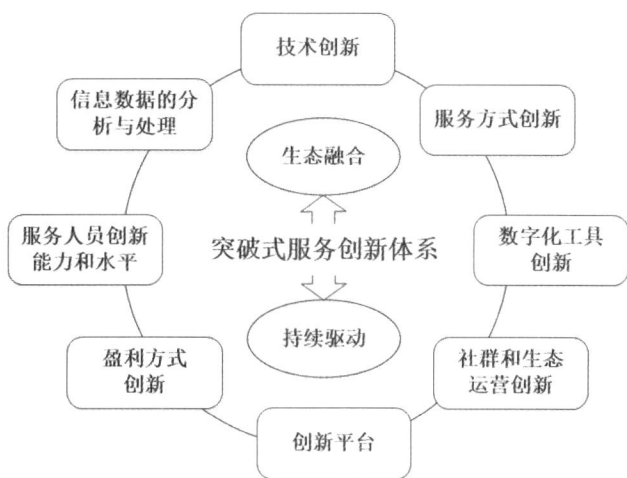

图 7-2　突破式服务创新支撑体系

7.3.3　实现突破式服务创新价值共创网络新发展

随着服务业的迅猛发展，我国服务型企业的突破式创新实践有了较快发展，但对于国内服务型企业而言，突破式服务创新还是一种相对较新颖的创新形态，高层管理者以及企业管理层对于如何有效实施突破式服务创新来获取超额市场绩效和市场竞争力还缺乏足够的认识。目前，一部分服务型企业突破式服务创新发展主要借鉴国外的发展经验，带有吸收和模仿的痕迹。为了应对经济竞争的巨大挑战，我国服务型企业应该结合具体的国情，充分利用内外部资源和能力，由原来的单纯消化、吸收向价值共创生态系统的方向转变，构建创新的价值共创生态系统。现在服务型企业的发展不仅仅是卖产品和技术，最终卖的还是服务。由于创新网络的复杂性特点，生态系统内的各个创新主体通过不断地改进与学习，能够产生多样性的新思想和新理念，而不断创新的互联网技术使多样性新思想的产生变成了可能。当服务型企业开发一项新的突破式服务创新的时候，其他服务创新企业也会迅速作出反应，使整个创新系统整体演进，不断进化和提升。

如今许多大型服务型企业通过不断创新，形成了突破式服务创新价值共创生态系统，例如阿里巴巴、腾讯等。阿里巴巴如今已经构建起较为复杂的创新生态系统模式，但回顾它最初的形态就像一个农贸市场，开辟了一块领地即网络空间，人们在这里进行买、卖。但都有一个共同特点，就是在此基础上，为顾客提供了方便快捷的服务，满足了消费者的需求，提高了买和卖的便捷性。如今价值共创服务生态系统为阿里巴巴和腾讯的成功发挥了巨大的作用，这种作用体现为打破传统创新的壁垒和边界，提供稳定安全的管理实施环境，不断运用创新方法实现价值的创造，有效集成资源和能力，更加适应环境的动态变化，为企业创造更大的利益和价值。

随着互联网和信息技术的飞速发展，服务行业的创新与整合仍在继续，仅仅依靠吸收、模仿和单一的创新发展模式已经难以实现企业的突破。突破式服务创新发展迅速，互联网信息的快速发展也为其带来了新的特点与特色，企业之间也不再单打独斗，而是强强联合。突破式服务创新的服务型企业也呈现出合并的强强联合趋势，从美团大众点评到携程和去哪儿的强强联合，已经成为服务型企业开展突破式服务创新一种新的价值共创方式。这样的一种价值共创的合作，在创新过程中也可以长短互补。市场的第一与第二合并，对于未来的突破式服务创新发展来说，最终还是新的平台，新的巨头。好的服务，价格更为优惠，可为顾客带来更多的体验与服务。一加一大于二的优势背后，是服务型企业突破式服务创新的强强联合，是强大的价值和平台优势，如图 7-3 所示。

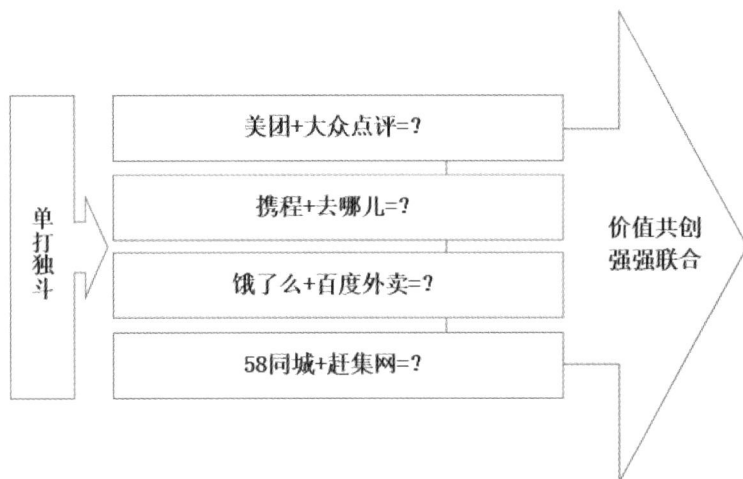

图 7-3　突破式服务创新企业价值共创强强联合发展

服务型企业的突破式创新更多地依赖于理念的创新和价值的融合，需要形成价值系统的突破，如同生态系统进化一般，创造出无法比拟的创新价值。服务型企业必须在自身的科技资源和能力的基础上，在价值共创系统中快速获取相关技术和资源，同时与顾客深入沟通以挖掘顾客的需求，通过企业组织间的高度协调与沟通，提高应对市场不断变化的能力，同时进一步分担和降低突破式创新所带来的成本和风险，实现突破式服务创新的价值共赢。

第 8 章

结论与展望

本书在服务创新、突破式服务创新、价值共创以及知识转移等文献系统研究和梳理的基础上，试图探究何谓突破式服务创新，从资料和文献的推演到核心假设的提出，挖掘突破式服务创新价值共创过程，通过数据分析其影响过程并逐步验证，最终获得实证结论。这一系列工作使本书获得了与研究主题相关的一些观点与结论，进一步拓展了突破式服务创新价值共创理论研究与实践工作的范围。本章基于前文的案例和实证分析结果，给出突破式服务创新价值共创的结论，探讨本书的理论意义和实践价值，并指出本书存在的局限性以及未来研究展望。

8.1 研究工作总结与研究结论

8.1.1 研究主要工作

本书对最初提出的几个关键性问题进行了回答，对这几个问题的探索性调查和研究构成了本书的主要工作内容。主要工作重点体现在以下四个方面。

1. 突破式服务创新的概念界定与特征

基于服务主导逻辑和价值共创理论，结合服务创新与突破式服务创新的相关文献和资料，对广泛的文献进行搜集、整理、分析，发现突破式服务创新研究多源于国外，而且是随着互联网和信息技术的发展近些年逐步发展起来的。本书通过文献和理论的推演，界定互联网背景下的突破式服务创新，并从创新风险、市场竞争、技术创新、行业特征和根本目标五个方面挖掘了突破式服务创新的特征，辨析相关易混淆概念，以此作为本研究的理论基点。

2. 选取典型案例调研佐证突破式服务创新价值共创

在界定突破式服务创新定义和本质界定的基础上，为了深度剖析突破式服务创新价值共创这一"黑箱"过程，需要选取典型突破式服务创新案例进行详细剖析。由于本研究针对的是突破式服务创新，国内外研究相对较少，还处于探索性研究阶段，相关研究成果较少，需要根据实际针对特定的以信息和互联网技术为基础的服务型企业进行走访调研，为了保证研究的真实性和有效性，在历时半年的实际调研过程中，尽力联系相关服务型企业高层管理人员进行访谈，虽然由于时间的安排和调研的预设目标等问题，导致访谈周期较长，但经过分工协作，最终完成了访谈任务，保证了访谈的质量，其工作量之大不言而喻。

3. 突破式服务创新价值共创过程的深度剖析

本研究在访谈和调研的基础上运用扎根理论的方法，结合研究初期的相关文献，对访谈中的资料进行详细的编码整理与分析，从资料中深度阐释和提炼突破式服务创新价值共创的创新流程，剖析了突破式服务创新价值共创实现过程，以便为后续的实证分析与研究提供支持。

4. 进一步从企业与顾客的交互作用分析突破式服务创新价值共创

突破式服务创新价值共创是一个非常复杂的创新过程，在前面理论剖析的基础上，从企业与顾客的交互作用入手，提出研究假设并不断试错与修正，利用问卷的方式进行数据收集，对两个重要创新主体之间的关系进行详细的数据分析，从实证研究的角度进一步验证了突破式服务创新价值发现—价值转化—价值实现的内在逻辑过程，最终得出理论与实证模型能够匹配的结论。

以上四个部分的内容共同围绕突破式服务创新价值共创这一研究主题展开，共同构成了本书的研究主体，层层递进并环环相扣，最终实现了本文主题的研究目标。

8.1.2　研究结论

1. 突破式服务创新概念界定与特征

基于服务主导逻辑的思想以及价值共创相关理论，本研究界定了数字经济环境下突破式服务创新，即服务型企业在服务领域进行突破性的创新改变，其产生与互联网和信息技术的发展密切相关，并通过突破性技术创新和产品创新的形式表现出来，对传统服务型企业产生了冲击性和颠覆性的影响，突破式服务创新的出现往往可以改变市场规则和竞争态势，创造出一个全新的产业。本研究还总结出突破式服务创新的五个特征，包括特征之一高度风险性和不确定性，特征之二与技术创新密不可分，特征之三影响现有的竞争态势、特征之四以互联网行业为典型和特征之五实现价值共创为重要目标。并对突破式服务创新与突破式技术创新，渐进式服务创新、破坏式创新进行了相关概念的辨析，进一步在此基础上将研究的范畴聚焦于基于互联网行业的服务型企业突破式服务创新价值共创。

突破式服务创新不再仅仅强调企业自身盈利价值的实现，其根本目的是要实现创新价值的共赢。在创新过程中，企业与顾客是两个不可分割的部分，通过两者之间的交互作用，共同实现自己的价值，并最终实现突破式服务创新的价值共创。未来服务型企业的突破性创新发展离不开价值共创，突破式服务创新的过程是企业和顾客交互作用而形成价值共创的实现过程。

2. 突破式服务创新价值共创实现过程

本书在访谈和文献的基础上，对服务型企业高层管理者进行了深度访谈，深入剖析了突破式服务创新价值共创这一"黑箱"过程。从质性的研究中提炼出突破式服务创新的价值发现——价值转化——价值实现的内在逻辑过程。并进一步细化为突破式服务创新价值创造——创新知识转移——突破式服务创新价值共赢之间的内在关系。企业与顾客通过交互作用实现价值的产生，达成共识，共享信息与资源，这是突破式服务创新设计和开发的源泉；企业与顾客通过交互作用产生的创新思想和价值发现需要通过一定的方式实现，这就需要企业的创新研发部门将这些创新思想与需求转化为新的创新知识(寻求解决方案),推动创新知识的转移,促进突破式服务创新的开发与设计,最终实现价值共创的结果——价值共赢。

3. 突破式服务创新价值共创过程中企业与顾客之间关系的研究结论

通过研究发现,创新过程不再是单一的企业创新过程,而是需要和顾客而紧密联系在一起,共同创造价值。突破式服务创新价值共创体现在企业与顾客之间的互动与沟通上,以企业和顾客之间的交互作用作为出发点,达到企业价值与顾客价值的共同实现作为最终目的,以此来阐述价值共创的过程。在价值共创的过程中,一方面需要企业通过与顾客的沟通和交流,了解顾客的需求和意愿,并以此作为突破式服务创新的依据和基础来进行突破式服务创新的设计与开发,以便降低新服务开发的风险,有效实现企业的盈利目标;另一方面顾客通过与企业交流、服务体验,表达对新服务的诉求和期望,加快了创新知识的转移速度,最终满足了顾客的需求以实现突破式服务创新价值。

4. 突破式服务创新价值共创与实现过程的实证研究

本研究在价值发现——价值转化——价值实现的逻辑基础上,进一步将突破式服务创新价值实现过程细化为价值创造——创新知识转移——价值共赢,并构建假设模型。进一步验证了突破式服务创新价值创造对价值共赢和创新知识转移具有正向作用,以及验证了创新知识转移在突破式服务创新价值创造和突破式服务创新价值共赢之间发挥的中介作用。这一结论说明突破式服务创新价值创造推动了创新知识的转移过程,将创新需求与思想转化为企业的新知识,并应用于企业的突破式服务创新活动,共同实现盈利价值、顾客价值以及创新价值。同样发现企业创新导向对突破式服务创新价值共创过程具有正向的调节作用。当创新导向处于低水平时,企业对突破式服务创新保持保守态度,价值的产生和共识达成较难以得到企业的重视,但随着创新导向的增强,企业会逐步提升对创新知识的敏感度和接受度,积极推动新知识的转移,实现突破式服务创新价值的共赢。

8.2 未来研究展望

8.2.1 研究局限性

本书在理论推演和实证研究的过程中,试图详细系统地探索突破式服务创新价值共创这一"黑箱"过程,以便系统分析企业与顾客之间的关系对价值共创的影响,并选取相关变量进行实证研究,弥补了服务创新理论以及行业背景研究的一些不足。但由于时间、条件以及外部因素的限制,虽力求达到科学性、规范性和严谨性,可能依然存在可进一步改进和完善的地方,表现在以下三个方面。

1. 行业代表性问题

由于突破式服务创新的特点,本研究主要以信息与互联网技术为基础的服务型企业这一典型行业作为样本研究,缺乏对其他类型其他行业的探析与比较。例如传统服务型企业在数字经济环境下的转型之路等。突破式服务创新涵盖了许多不同类型的新服务开发与设计,不同行业的定义标准、创新性质以及创新程度还存在或多或少的差异,本研究的结论是否适用于其他类型服务型企业以及制造业的突破式服务创新,还有待进一步检验与验证。

2. 资料收集问题

本研究的访谈企业以及问卷调查的企业主要集中在上海、江苏以及浙江等长江三角区,很好地体现了长江三角区突破式服务创新的发展,具有较好的典型性,但同时也有地理位置上的差异对突破式服务创新价值共创的影响,在不同地区的发展问题和代表性还有待进一步考察。

3. 数据收集问题

尽管在具体研究中和被调研对象反复强调访谈和问卷的学术性,采取多种方式避免数据收集的缺陷,但是仍不能排除因为企业内部敏感信息而无法真实表达自己的观点的可能性,这就不可避免地存在一些测量的偏差和缺陷。而采用李克特五点量表以主观打分的方式进行评价,虽然结合了现有的成熟量表、专家咨询以及深度访谈,但主观打分的方式可能会或多或少影响到数据的准确性和可靠性。

8.2.2 研究展望

本书从价值共创的视角探讨了突破式服务创新对企业的影响和发展作用,在未来的研究中,可以从以下几个方面进一步对本研究进行探讨和完善。

(1) 突破式服务创新在近十年来得到了较多的关注,呈现出不断上升的发展势头。突破性的创新活动是一个动态的发展过程,周期相对较长,影响较大,并非一蹴而就,随着数字经济的发展、技术的突破与互联网的发展,突破式服务创新会呈现出新的特征和形态,所以对于突破式服务创新的研究是一个长久的研究过程,需要持久地关注,可以从动态的角度进一步深入分析与探索,拓展与完善本书的结论。

(2) 以本书研究内容为基础,结合渐进式服务创新,探索两者在价值共创上的区别与联系,以及突破式创新与渐进式创新密切联系,虽然在研究中采用了一定的对比方法区分突破式与渐进式服务创新,但由于时间和工作量的限制,对比研究并不深入,是否可以对两者进行详细的数据分析以及进行对比研究有待进一步探索与考察。

(3) 探索多主体参与的突破式服务创新价值共创过程,以本研究为基础,进一步探索其他相关主体的价值共创,包括企业内部、企业与供应商、企业与竞争对手以及其他潜在创新主体对突破式服务创新价值共创的作用与贡献，以及不同企业之间是如何强强联合实现价值共创，并寻求案例的分析与佐证，以丰富突破式服务创新理论，帮助企业更好地发现突破式服务创新来源和动力，进一步深化本书的研究结论。

附录 A

"突破式服务创新：价值共创和实现" 访谈提纲

访谈目的介绍

尊敬的女士/先生，您好!

　　非常感谢您在百忙之中参加《突破式服务创新：价值共创和实现》的研究与探讨。本研究的主要目的是探索当前互联网背景下服务型企业是如何实现突破式服务创新的价值共创以及其实现过程，以期对相关企业实现突破式服务创新并实现价值共创提供相关理论借鉴。研究工作结束后，如果您对研究内容和结论感兴趣，请留下您的电子信箱，我们很高兴与您分享我们的研究成果。

　　本访谈需要 1 小时左右的时间。本人承诺，本次访谈涉及的内容仅用于学术研究，不会对任何非研究人员公开，也不用于任何商业用途。您所声明不宜公开的资料和观点，我们也将严格为您保密。所以请您真实表达自己的看法，您的观点和建议对我们的研究非常重要，关系到本研究的成败。为了研究的顺利开展，我们将对访谈的内容进行相关记录，非常感谢您的合作。

访谈问题

　　首先，您能否简单介绍一下您的个人情况、主要学习和工作经历。

　　(学历、年龄、毕业年份、工作年限、现任职务、任该职务时间，在该组织工作时间等)

　　接下来您能否介绍一下您所在企业的基本情况，包括主要发展经历、主营业务和单位性质等。

　　众所周知，突破式服务创新对于企业来说有着十分重要的作用。但是对于突破式服务创新的内涵是什么目前众说纷纭，所以您认为什么是突破式的服务创新？具体体现在哪些方面，或者可以用哪些词语来描述突破式服务创新？我想听听您的建议。

　　如今实现创新价值共创，不仅仅局限在企业内部。您认为突破式服务创新价值共创包括哪些创新主体呢？(进一步根据被访谈者所提到的内容和方面来进一步提问)

　　刚才您谈到突破式服务创新实现价值共创创新主体可能体现在哪几个方面，您能否具体谈一下是什么现象或者行为让您产生这种看法呢，他们都有哪些特点？

　　目前实现突破式服务创新价值共创已不仅局限于企业内部，还包括其他价值共创主体和方式，贵企业是如何实现顾客价值的？顾客扮演了什么样的角色？您觉得顾客是怎么样实现企业的突破式服务创新价值共创的？竞争对手是如何满足顾客价值的？

　　为了有效地实现突破式服务创新价值共创，贵公司都做了哪些工作或提供了哪些服务？其中关键环节有哪些？您认为实现双方的价值共创，还有哪些方面和环节需要改进？

　　在突破式服务创新价值共创过程中，您认为贵企业起到了哪些作用？扮演着什么角色？如何描述贵公司在其中的重要性？如果缺少了贵企业，您认为突破式服务创新价值共创会怎样，与顾客之间的沟通或交易会怎样？

附录 B

"突破式服务创新：价值共创和实现" 调查问卷

尊敬的女士/先生，您好

　　非常感谢您在百忙之中参与我们问卷的调查！本问卷是研究"突破式服务创新价值共创与实现"学术性研究问卷，主要目的是探讨突破式服务创新价值共创等相关问题，答案无对错之分，希望您能够抽出一些时间完成本问卷。您的意见对于本次学术性研究非常重要，您的支持是本课题研究成功的关键，希望您能够根据贵企业的实际情况填写。

　　本问卷采用匿名的方式收集数据，纯粹用于学术研究，所获得的信息也绝不用于任何商业目的，请您放心填写。如果您对本课题研究的内容和结论感兴趣，请在问卷结尾处留下您的通信方式，届时我们将会把研究成果及时发送给您。非常感谢您的合作与支持！

一、个人基本资料

1. 请问您的性别是：
   □男　　　□女

2. 请问您的年龄是：
   □25 岁以下　　□26～35 岁　　□36～45 岁　　□46～55 岁　　□56 岁以上

3. 请问您的学历是：
   □大专及以下　　□本科　　□硕士　　□博士　　□其他

4. 请问您的职位是：
   □总裁　　　□董事长　　　□总经理　　　　□副总经理　　□总监
   □部门经理　□部门经理助理　□企业普通员工　□其他

5. 请问您在本企业工作已有　　　年。
   □2 年以下　　□2～5 年　　□5～10 年　　□10 年以上

6. 您对本企业总体经营状况了解程度
   □非常不了解　□不太了解　□一般了解　□比较了解　□非常了解

二、企业基本信息

1. 请问贵企业所处的行业
   □计算机服务业　　□商务服务业　　□旅游服务业　　□专业技术服务业
   □金融服务业　　　□租赁服务业　　□销售服务业　　□房地产服务业
   □教育服务业　　　□运输服务业　　□其他行业

2. 企业成立时间
   □2 年以下　　□2～5 年　　□5～10 年　　□10～15 年　　□15 年以上

3. 请问贵公司的规模：
   □100 人以下　　□100～500 人　　□501～1000 人　　□1001～1500 人
   □1501～2000 人　□2000 人以上

4. 企业主营业务所处的行业目前所处阶段：
   □起步阶段　　□成长阶段　　□成熟阶段　　□衰退阶段

三、企业突破式服务创新价值共创实现过程研究

请您根据贵企业的实际情况与下列陈述的符合程度，勾选最认同的数字(或标识不同颜色)。具体数字含义如下所示：1=完全不同意；2=不同意；3=不确定；4=基本同意；5=完全同意。

(一)此部分问卷设计旨在了解贵企业与顾客在实现价值共生方面的实际情况，请您根据公司实际情况，选择最符合的选项。

序号	问 题	完全不同意←→完全同意
01	本企业经常邀请顾客体验新服务以了解顾客的偏好	1 2 3 4 5
02	本企业经常与顾客交流以了解顾客需求	1 2 3 4 5
03	本企业会收到顾客提出服务改进方面的建议与反馈	1 2 3 4 5
04	本企业可以获得顾客所提供服务创新的信息	1 2 3 4 5
05	顾客会主动向企业表达对新服务开发的需求和期望	1 2 3 4 5
06	顾客会鼓励企业进行新服务的设计与研发活动	1 2 3 4 5

(二)此部分问卷设计旨在了解贵企业与顾客在实现价值共识方面的实际情况，请您根据公司实际情况，选择最符合的选项。

序号	问 题	完全不同意←→完全同意
01	本企业愿意实现顾客利益最大化	1 2 3 4 5
02	本企业与顾客共同维护合作互利的关系	1 2 3 4 5
03	顾客信任本企业在创新过程中所提供的专业判断	1 2 3 4 5
04	本企业主动与顾客探讨相关创新问题的目标与解决方案	1 2 3 4 5
05	本企业能够根据顾客需求适时调整创新设计和开发	1 2 3 4 5
06	为配合新服务的开发，经过沟通顾客愿意进行相应的调整配合	1 2 3 4 5

(三)此部分问卷设计旨在了解贵企业与顾客在实现价值共享方面的实际情况，请您根据公司实际情况，选择最符合的选项。

序号	问 题	完全不同意←→完全同意
01	本企业经常与顾客共享相关服务创新需求和研发信息	1 2 3 4 5
02	本企业经常与顾客共享企业发展战略和策略信息	1 2 3 4 5
03	本企业经常与顾客沟通了解竞争者信息和市场信息	1 2 3 4 5
04	本企业在创新过程中投入了大量的资源(人力资源、企业资源等)	1 2 3 4 5
05	本企业搭建互动平台(在线客服、网站论坛等)为顾客提供服务支持	1 2 3 4 5
06	本企业与顾客可以共享技术创新和产品创新成果	1 2 3 4 5

(四)此部分问卷设计旨在了解贵企业近两年创新知识转移的实际情况，请您根据公司实际情况，选择最符合的选项。

序号	问　题	完全不同意←→完全同意
01	本企业可以从顾客那里获取关于顾客需求的知识	1　2　3　4　5
02	本企业可以从顾客那里获取新的服务理念与技术革新的知识	1　2　3　4　5
03	本企业可以从顾客那里获取竞争对手的创新知识	1　2　3　4　5
04	本企业可以从顾客那里获取市场前景的创新知识	1　2　3　4　5
05	本企业能够从大量创新知识中迅速过滤并得到有价值的创新知识	1　2　3　4　5
06	本企业能够系统处理与分析顾客带来的创新信息与资料	1　2　3　4　5
07	本企业能够消化吸收从顾客那里获得的新知识	1　2　3　4　5
08	本企业可以很快找到解决突破式服务创新问题的知识	1　2　3　4　5
09	本企业能够将内部资源与获取的创新知识进行有效整合	1　2　3　4　5
10	本企业能够利用创新知识解决新的问题和挑战	1　2　3　4　5
11	本企业能够利用创新知识捕捉新的市场机遇并快速应用到关键性的竞争需求中	1　2　3　4　5
12	本企业能够应用创新知识开发新的突破式服务创新	1　2　3　4　5

(五)此部分问卷设计旨在了解贵企业近两年创新价值实现的实际情况,请您根据公司实际情况,选择最符合的选项。

序号	问　题	完全不同意←→完全同意
01	本企业进行突破式服务创新能够有效地改进创新流程	1　2　3　4　5
02	本企业进行突破式服务创新使技术方面得到了提升	1　2　3　4　5
03	本企业进行突破式服务创新能够提供更多定制化服务	1　2　3　4　5
04	本企业进行突破式服务创新使企业利润增加	1　2　3　4　5
05	本企业进行突破式服务创新提高了企业市场占有率	1　2　3　4　5
06	本企业进行突破式服务创新比竞争对手有更高的销售额	1　2　3　4　5
07	本企业进行突破式服务创新使顾客优先考虑本企业的服务产品	1　2　3　4　5
08	本企业进行突破式服务创新使顾客满意度提高	1　2　3　4　5
09	本企业进行突破式服务创新使老顾客推荐更多新顾客	1　2　3　4　5

(六)此部分问卷设计旨在了解贵企业对信息技术创新的态度情况,请您根据公司实际情况,选择最符合的选项。

序号	问　题	完全不同意←→完全同意
01	本企业经常关注信息技术与互联网发展的速度与导向	1　2　3　4　5
02	本企业经常在信息技术的研发和设计方面分配资源	1　2　3　4　5
03	本企业高层管理者很重视信息技术创新	1　2　3　4　5
04	在本行业通常率先引进突破性新的技术	1　2　3　4　5
05	面对信息技术创新的不确定性会作出大胆的决策	1　2　3　4　5
06	本企业倾向于采用高风险、高回报的突破性技术以实现企业目标	1　2　3　4　5
07	本企业鼓励管理者和员工进行突破性技术创新	1　2　3　4　5

参 考 文 献

[1] 蔺雷，吴贵生. 服务产业创新的"逆向产品周期"模型[J]. 科研管理，2004，25: 1-7.

[2] Linton J D, Walsh S T. Integrating innovation and learning curve theory: an enabler for moving nanotechnologies and other emerging process technologies into production [J]. R & D Management, 2004, 34(5): 517-526.

[3] 秦剑. 突破性创新：国外理论研究进展和实证研究综述[J]. 技术经济，2012，31(11): 21-30.

[4] Schumpeter J A. The theory of economic development—Harvard economic studies [J]. The Money Interest and the Public Interest, 1934, 355(1403): 159-192.

[5] Schumpeter J A, Opie R, Elliott, John E. The theory of economic development: an inquiry into profits, capital, credit, interest, and the business cycle [J]. Social Science Electronic Publishing, 1934, 25(1): 90-91.

[6] Gallouj F, Weinstein O. Innovation in services [J]. Research Policy. 1997, 26(4-5): 537-556.

[7] Sundbo J. Management of innovation in services [J]. Service Industries Journal, 1997, 17(3): 432-455.

[8] Van d A W, Elfring T. Realizing innovation in services [J]. Scandinavian Journal of Management, 2002, 18: 155-171(17).

[9] Tidd J, Hull F M. Managing service innovation: the need for selectivity rather than 'best practice' [J]. New Technology, Work and Employment, 2006, 21(2): 139-161.

[10] Blazevic V, Lievens A. Managing innovation through customer coproduced knowledge in electronic services: an exploratory study [J]. Journal of the Academy of Marketing Science, 2008, 36(1): 138-151.

[11] 蔺雷，吴贵生. 我国制造企业服务增强差异化机制的实证研究[J]. 管理世界，2007 (6): 103-113.

[12] 许庆瑞，吕飞. 服务创新初探[J]. 科学学与科学技术管理，2003，35(3): 34-37.

[13] Djellal F, Faïz Gallouj. Mapping innovation dynamics in hospitals [J]. Research Policy, 2005, 34(6): 817-835.

[14] De Vries E J. Innovation in services in networks of organizations and in the distribution of services [J]. Research Policy, 2006, 35(7): 1037-1051.

[15] Sundbo J. Innovation and strategic reflexivity: an evolutionary approach applied to services [J]. The International Handbook on Innovation, 2003: 97-114

[16] Sundbo J, Orfila-Sintes F, Sorensen F. The innovative behaviour of tourism firms, comparative studies of denmark and spain[J]. Research Policy, 2007, 36(1): 88-106.

[17] Miles I. Knowledge-intensive business services [J]. Productivity, 1995, 44(4): 100-128.

[18] Pavitt K. Sectoral patterns of technical change: towards a taxonomy and a theory [J]. Research Policy, 1984, 13(6): 343-373.

[19] Barras R. Towards a theory of innovation in services [J]. Research Policy, 1986, 15(4): 161-173.

[20] Gadrey J, Gallouj F, Weinstein O. New modes of innovation: how services benefit industry [J]. International Journal of Service Industry Management, 1995, 6(3): 4-16.

[21] Miles I, Andersen B, Boden M et al. Service production and intellectual property [J]. International Journal of Technology Management, 1995, 20(1-2): 95-115.

[22] Avlonitis G J, Papastathopoulou P G, Gounaris S P. An empirically—based typology of product innovativeness for new financial services: success and failure scenarios [J]. Journal of Product Innovation Management, 2001, 18(5): 324-342.

[23] 魏江, 陶颜, 王琳. 知识密集型服务业的概念与分类研究[J]. 中国软科学, 2007, (01)33-41.

[24] 王琳, 魏江. 顾客互动对新服务开发绩效的影响——基于知识密集型服务企业的实证研究[J]. 重庆大学学报(社会科学版), 2009, 15(01): 35-41.

[25] 戴延寿. 企业服务创新中的文化冲突及其调适[J]. 企业经济, 2003(4): 47-48.

[26] 张秋莉, 盛亚. 国内服务创新研究现状及其评述[J]. 商业经济与管理, 2005(7): 20-24.

[27] 张宇, 蔺雷, 吴贵生. 企业服务创新类型探析[J]. 科技管理研究, 2005(9): 131-133.

[28] 黄锐, 郝磊. 企业服务创新类型及其基本驱动力分析[J]. 商业时代, 2012(22): 82-84.

[29] Brentani U D. New industrial service development: Scenarios for success and failure[J]. Journal of Business Research, 1995, 32(2): 93-103.

[30] Cooper R G. Perspective third-generation new product processes [J]. Journal of Product Innovation Management, 1994, 11(1): 3-14.

[31] Tether B S, Hipp C, Miles I. Standardisation and particularisation in services: evidence from Germany [J]. Research Policy, 2001, 30(00): 1115-1138.

[32] Drejer I. Identifying innovation in surveys of services: a Schumpeterian perspective [J]. Research Policy, 2004, 33(3): 551-562.

[33] Hipp C, Grupp H. Innovation in the service sector: the demand for service-specific innovation measurement concepts and typologies [J]. Research Policy, 2005, 34(4): 517-535.

[34] Atuahene‐Gima K. Differential potency of factors affecting innovation performance in manufacturing and services firms in Australia [J]. Journal of Product Innovation Management, 1996, 13(1): 35-52.

[35] Atuahene-Gima K. Market orientation and innovation [J]. Journal of Business Research, 1996, 35(2): 93-103.

[36] Tether B S, Hipp C. Knowledge Intensive, Technical and Other Services: Patterns of Competitiveness and Innovation Compared[J]. Technology Analysis & Strategic Management, 2002, 14(2): 163-182.

[37] Tether B S. Who co-operates for innovation, and why: an empirical analysis [J]. Research Policy, 2002, 31(6): 947-967.

[38] Miles I. Patterns of innovation in service industries [J]. Ibm Systems Journal, 2008, 47(1): 115-128.

[39] Toivonen M, Tuominen T. Emergence of innovations in services [J]. The Service Industries Journal, 2009, 29(7): 887-902.

[40] Oke A. Innovation types and innovation management practices in service companies [J]. International Journal of Operations & Production Management, 2007, 27(6): 564-587.

[41] Leonard D, Rayport J F. Spark innovation through empathic design [J]. Harvard Business Review, 1997, 75: 102-115.

[42] Alam I, Perry C. A customer-oriented new service development process [J]. Journal of Services Marketing, 2002, 16(6): 515-534.

[43] Alam I. Removing the fuzziness from the fuzzy front-end of service innovations through custmer interactions [J]. Industrial Marketing Management, 2006, 35(4): 468-480.

[44] Matthing J, Sanden B, Edvardsson B. New service development: learning from and with customers [J]. International Journal of Service Industry Management, 2004, 15(5): 479-498.

[45] Menor L J, Tatikonda M V, Sampson S E. New service development: areas for exploitation and exploration [J]. Journal of Operations Management, 2002, 20(2): 135-157.

[46] Menor L J, Roth A V . New service development competence in retail banking: Construct development and measurement validation [J]. Journal of Operations Management, 2007, 25(4): 825-846.

[47] Szymanski D M, Henard D H. Customer satisfaction: a meta-analysis of the empirical evidence [J]. Journal of the Academy of Marketing Science, 2001, 29(1): 16-35.

[48] Burton J, Story V M, Raddats C, et al. Overcoming the challenges that hinder new service development by manufacturers with diverse services strategies[J]. International Journal of Production Economics, 2017, 192: 29-39.

[49] Bessant J, Rush H. Building bridges for innovation: the role of consultants in technology transfer [J]. Research Policy, 1995, 24(1): 97-114.

[50] Silverman K S, Brenner M R, Shannon G E. Toward a vision for network and service management [J]. Bell Labs Technical Journal, 2000, 5(4): 21-30.

[51] 汪琦. 美国服务业技术创新与贸易竞争优势的互动实证分析[J]. 世界经济与政治论坛, 2006(6): 27-32.

[52] Paiola M, Gebauer H. Internet of things technologies, digital servitization and business model innovation in B to B manufacturing firms [J]. Industrial Marketing Management, 2020, 89: 245-264.

[53] Alsmadi D, Prybutok V. Sharing and storage behavior via cloud computing: security and privacy in research and practice [J]. Computers in Human Behavior, 2018, 85(AUG.): 218-226.

[54] Parida V, Sjödin D R, Lenka S, et al. Developing global service innovation capabilities: how global manufacturers address the challenges of market heterogeneity [J]. Research-Technology Management, 2015, 58(5): 35-44.

[55] Lehrer C, Wieneke A, Vom Brocke J A N, et al. How big data analytics enables service innovation: materiality, affordance, and the individualization of service[J]. Journal of Management Information Systems, 2018, 35(2): 424-460.

[56] Dess G G, Beard D W. Dimensions of organizational task environments [J]. Administrative Science Quarterly, 1984, 29(1): 52-73.

[57] March J G. Exploration and exploitation in organizational learning [J]. Organization science, 1991, 2(1): 71-87.

[58] Chandy R K, Tellis G J. Organizing for radical product innovation: the overlooked role of willingness to cannibalize [J]. Journal of Marketing Research, 1998, 35(4): 474-487.

[59] Godoe H. Innovation regimes, R&D and radical innovations in telecommunications [J]. Research Policy, 2000, 29(9): 1033-1046.

[60] Leifer R, McDermott C M, O'connor G C, et al. Radical innovation: how mature companies can outsmart upstarts[M]. Harvard Business Press, 2000.

[61] Abernathy W J, Utterback J M. Patterns of innovation in technology [J]. Technology Review, 2005, 80(7): 40-47.

[62] Song M, Di Benedetto C A. Supplier's involvement and success of radical new product development in new ventures [J]. Journal of Operations Management, 2008, 26(1): 1-22.

[63] Chandy R K, Tellis G J. Organizing for radical product innovation: the overlooked role of willingness to cannibalize [J]. Journal of Marketing Research, 1998: 474-487.

[64] Chandy R K, Tellis G J. The incumbent's curse? Incumbency, size, and radical product innovation [J]. The Journal of Marketing, 2000: 1-17.

[65] Leifer R, O'Connor G C, Rice M. Implementing radical innovation in mature firms: the role of hubs [J]. The Academy of Management Executive, 2001, 15(3): 102-113.

[66] 张洪石. 突破性创新动因与组织模式研究[D]. 浙江大学，2005.

[67] 秦剑. 跨国公司在华资源配置对突破性创新影响绩效的影响机理研究[D]. 南开大学，2009.

[68] 陈光，钟方媛，明翠琴，刘凤. 中国突破性创新的理论模式与实践研究[J].软科学，2021，35(10): 22-30.

[69] Jones M, Samalionis F. From small ideas to radical service innovation [J]. Design Management Review, 2008, 19(1): 20-26.

[70] Perks H, Gruber T, Edvardsson B . Co-Creation in Radical Service Innovation: A Systematic Analysis of Microlevel Processes[J]. Journal of Product Innovation Management, 2012, 29(6): 935-951.

[71] Cheng C. Dynamic service innovation capability, radical service innovation and open business models.[J]. International Journal of Services Technology & Management, 2011, 16: 229-242.

[72] Albury D. Creating the conditions for radical public service innovation [J]. Australian Journal of Public Administration, 2011, 70(3): 227-235.

[73] John Bessant, Lynne Maher. Developing radical service innovations in healthcare — The role of design methods [J]. International Journal of Innovation Management, 2009, 13(4): 555-568.

[74] Duverger P, Hassan S. An empirical study to identify new sources of radical service innovation ideas using the toolkit for idea competition[C]//Proceedings of MCPC 2007, The World Conference on Mass Customization and Personalization. Boston: MIT, 2007: 10-17.

[75] Scupola A, Nicolajsen H W . Customers as Partners in Radical Service Innovation[M]. 2009.

[76] Johansson A E, Raddats C, Witell L. The role of customer knowledge development for incremental and radical service innovation in servitized manufacturers[J]. Journal of Business Research, 2019, 98: 328-338.

[77] Myhren P , Witell L , Gustafsson A , et al. Incremental and radical open service innovation[J]. Journal of Services Marketing, 2017, 32(2): 101-112.

[78] Flint D J, Woodruff R B, Gardial S F. Customer value change in industrial marketing relationships: a call for new strategies and research [J]. Industrial Marketing Management, 1997, 26(2): 163–175.

[79] 叶志桂. 西方顾客价值研究理论综述[J]. 北京工商大学学报(社会科学版)，2004，19(3): 11-15.

[80] HE Butz Jr, Goodstein L D. Measuring customer value: gaining the strategic advantage [J]. Organizational Dynamics, 1996, 24(3): 63-77.

[81] Gale B T. Managing customer value: creating quality and service that customers can see [J]. Business Quarterly, 1994(3): 83-84.

[82] Slater S F, Narver J C. Intelligence generation and superior customer value [J]. Journal of the Academy of Marketing Science, 2000, 28(1): 120-127.

[83] Oliver R L. Whence Consumer Loyalty? [J]. Journal of Marketing, 1999, 63(1): 33-44.

[84] Woodruff R H, Franklin R J. Growth factors and remyelination in the CNS. [J]. Histology & Histopathology, 1997, 12(2): 459-466.

[85] Zeithaml V A. Consumer perceptions of price, quality, and value: a means-end model and synthesis of evidence [J]. Journal of Marketing, 1988, 52(3): 2-22.

[86] 肖怀云. 服务占优逻辑下物流服务创新的价值创造机理[J]. 中国流通经济，2013，27(8): 44-48.

[87] 钟振东，唐守廉. 基于服务主导逻辑的价值共创研究[J]. 软科学，2014，28(1): 31-35.

[88] Vargo S L, Lusch R F. Evolving to a new dominant logic for marketing [J]. Journal of Marketing, 2004, 68(1): 1-17.

[89] Lusch R F, Vargo S L. Service-dominant logic: reactions, reflections and refinements [J]. Marketing Theory, 2006, 6(3): 281-288.

[90] Vargo S L, Maglio P P, Akaka M A. On value and value co-creation: a service systems and service logic perspective [J]. European Management Journal, 2008, 26(3): 145-152.

[91] Prahalad C K, Ramaswamy V. The future of competition: co-creating unique value with customers [M]. Harvard Business Press, 2013.

[92] Grönroos C, Helle P. Adopting a service logic in manufacturing: conceptual foundation and metrics for mutual value creation [J]. Journal of Service Management, 2010, 21(5): 564-590

[93] Grönroos C. A service perspective on business relationships: the value creation, interaction and marketing interface [J]. Industrial Marketing Management, 2011, 40(2): 240-247.

[94] Grönroos C, Voima P. Critical service logic: making sense of value creation and co-creation[J]. Journal of the Academy of Marketing Science, 2013, 41(2): 133-150.

[95] Aarikka-Stenroos L, Jaakkola E. Value co-creation in knowledge intensive business services: a dyadic perspective on the joint problem solving process [J]. Industrial Marketing Management, 2012, 1(1): 15-26.

[96] 简兆权,肖霄. 网络环境下的服务创新与价值共创:携程案例研究[J]. 管理工程学报,2015,29: 20-29.

[97] 周文辉.知识服务、价值共创与创新绩效——基于扎根理论的多案例研究[J].科学学研究,2015,33(4): 567-573+626.

[98] 郭朝阳,许杭军,郭惠玲. 服务主导逻辑演进轨迹追踪与研究述评[J]. 外国经济与管理,2012,34(7): 17-24.

[99] Prahalad C K, Ramaswamy V. Co-creating unique value with customers [J]. Strategy & Leadership, 2004, 32(3): 4-9.

[100] Maglio P P, Vargo S L, Caswell N, et al. The service system is the basic abstraction of service science [J]. Information Systems and e-Business Management, 2009, 7(4): 395-406.

[101] 林潇. 亚马逊的中国样本[J]. 电子商务,2008(5): 38-41.

[102] Rau H A, Normann H T. Step-level public goods: experimental evidence[C]// Annual Conference 2011 (Frankfurt, Main): The order of the world economy—Lessons from the crisisverein für socialpolitik / German economic association, 2011.

[103] Lusch R F, Vargo S L, Gustafsson A. Fostering a trans-disciplinary perspectives of service ecosystems [J]. Journal of Business Research, 2016, 69(8): 2957-2963.

[104] Greer C R, Lusch R F, Vargo S L. A service perspective: key managerial insights from service-dominant (S-D) logic[J]. Organizational Dynamics, 2016, 45(1): 28-38.

[105] 刘林青,雷昊,谭力文. 从商品主导逻辑到服务主导逻辑——以苹果公司为例[J]. 中国工业经济,2010: 57-66.

[106] 戴勇. 基于服务主导逻辑的 PBC 模式价值创新机理研究[J]. 科研管理,2014,35(7): 67-74.

[107] 高素英,张烨,金相杉. 技术赋能视角下企业服务生态系统动态演化机理研究[J]. 科学学与科学技术管理,2021,42(4): 104-126.

[108] Menor L J, Tatikonda M V, Sampson S E. New service development: areas for exploitation and exploration [J]. Journal of Operations Management, 2002, 20(2): 135–157.

[109] Song M, Benedetto C A D, Zhao Y. The antecedents and consequences of manufacturer–distributor cooperation: an empirical test in the U.S. and Japan [J]. Journal of the Academy of Marketing Science, 2008, 36(2): 215-233.

[110] Hamel G. Strategy innovation and the quest for value [J]. Sloan Management Review, 1998, 39(2): 7-14.

[111] Kerssens van Drongelen I, Bilderbeek J. R&D performance measurement: more than choosing a set of metrics [J]. R&D Management, 1999, 29(1): 35-46.

[112] Montaguti E, Kuester S, Robertson T S. Entry strategy for radical product innovations: a conceptual model and propositional inventory [J]. International Journal of Research in Marketing, 2002, 19(1): 21-42.

[113] 赵公民. 基于社会网络的高技术服务机理及评价研究[D]. 北京交通大学, 2013.

[114] Adner R, Levinthal D A. The emergence of emerging technologies [J]. California Management Review, 2002, 45(1): 50-66.

[115] Grulke W. Lessons in radical innovation: out of the box-straight to the bottom line [M]. Pearson Education, 2002.

[116] 郭政. 后发企业破坏性创新的机理与路径研究[D]. 上海交通大学, 2007.

[117] Paswan C A A. Getting past the trash bin: attribution about envelope message, envelope characteristics, and intention to open direct mail [J]. Journal of Marketing Communications, 2009, 15(4): 247-265.

[118] Benner M J, Tushman M L. Exploitation, Exploration, and process management: the productivity dilemma revisited [J]. Academy of Management Review, 2003, 28(2): 238-256.

[119] Cova B, Salle R. Marketing solutions in accordance with the S-D logic: co-creating value with customer network actors [J]. Industrial Marketing Management, 2008, 37(3): 270-277.

[120] Sundbo J. The theory of innovation: entrepreneurs, technology and strategy[J]. Economist, 1998, 148(2): 114-115.

[121] Payne A F, Storbacka K, Frow P. Managing the co-creation of value [J]. Journal of the Academy of Marketing Science, 2007, 36(1): 83-96.

[122] Caswell N S, Nikolaou C, Sairamesh J, et al. Estimating value in service systems: a case study of a repair service system[J]. Ibm Systems Journal, 2008, 47(1): 87-100.

[123] Drucker, Peter F. The discipline of innovation. [J]. Leader to Leader, 1985, 63(9): 67-72.

[124] Nonaka I, Toyama R. The knowledge-creating theory revisited: knowledge creation as a synthesizing process [J]. Knowledge Management Research & Practice, 2003, 1(1): 2-10.

[125] Teece D. Time-cost tradeoffs: elasticity estimates and determinants for international technology transfer projects[J]. Management Science, 1977, 23(8): 830-837.

[126] Cheng C C, Krumwiede D. The role of service innovation in the market orientation—new service performance linkage[J]. Technovation, 2012, 32(7-8): 487-497.

[127] Ojasalo J. Management of innovation networks: a case study of different approaches [J]. European Journal of Innovation Management, 1998, 11(1): 51-86.

[128] Kwan, Cheung M M, Pak-Keung. The knowledge transfer process: from field studies to technology development [J]. Journal of Database Management, 2006, 17(1): 16-32.

[129] Cordey-Hayes G M. Understanding the process of knowledge transfer to achieve successful technological innovation [J]. Technovation, 1996, 16(96): 301-312.

[130] Cummings J L, Teng B S. Transferring R&D knowledge: the key factors affecting knowledge transfer success [J]. Journal of Engineering & Technology Management, 2003, 20(1-2): 39–68.

[131] Skyrme D, Amidon D. The knowledge agenda [J]. Journal of Knowledge Management, 1997, 1(1): 27-37.

[132] Hanley S, Dawson C. A framework for delivering value with knowledge management: the AMS knowledge centers [J]. Information Strategy the Executives Journal, 2000, 16(4): 27-36.

[133] Kahn, Kenneth B. Interdepartmental integration: a definition with implications for product development performance [J]. Journal of Product Innovation Management, 1996, 13(2): 137-151.

[134] Dhanaraj C, Tihanyi L. Managing tacit and explicit knowledge transfer in IJVs: the role of relational embeddedness and the impact on performance [J]. Journal of International Business Studies, 2004, 35(5): 428-442.

[135] Gilbert Probst, Steffen Raub, Kai Romhardt. Managing knowledge: building blocks for success [M]. Wiley, 2000: 296-321.

[136] Szulanski G. The process of knowledge transfer: a diachronic analysis of stickiness [J]. Organizational Behavior & Human Decision Processes, 2000, 82(1): 9-27.

[137] Gold A H, Malhotra A, Segars A H. Knowledge management: an organizational capabilities perspective. [J]. Journal of Management Information Systems, 2001, 18(1): 185-214.

[138] Gabriel Szulanski. Exploring internal stickiness: impediments to the transfer of best practice within the firm [J]. Strategic Management Journal, 1996, 17(S2): 27-43.

[139] Zhen Li, Derrick Tate, Christopher Lane, et al. A framework for automatic TRIZ level of invention estimation of patents using natural language processing, knowledge-transfer and patent citation metrics [J]. Computer-Aided Design, 2012, 44(10): 987–1010.

[140] Brentani U D. Success and failure in new industrial services [J]. Journal of Product Innovation Management, 1989, 6(4): 239-258.

[141] Nonaka, Ikujiro. A dynamic theory of organizational knowledge creation [J]. Organization Science, 1994, (1): 3-42.

[142] Bernstein B, Singh P J. Innovation generation process: applying the adopter categorization model and concept of "chasm" to better understand social and behavioral issues [J]. European Journal of Innovation Management, 2008, 11(3): 366-388.

[143] Thomas O, Brocke J V. A value-driven approach to the design of service-oriented information systems—making use of conceptual models [J]. Information Systems and e-Business Management, 2010, 8(1) : 67-97.

[144] Nonaka I. A dynamic theory of organizational knowledge creation[J]. Organization Science, 1994, 5(1): 3-42.

[145] 张杨. 服务创新过程中的知识转移机制研究[D]. 武汉理工大学，2009.

[146] Zaichkowsky J L. Measuring the involvement construct [J]. Journal of Consumer Research, 1985, 12(3): 341-52.

[147] Lievens A, Moenaert R K, Jegers R S. Linking communication to innovation success in the financial services industry: a case study analysis[J]. International Journal of Service Industry Management, 1999, 10(1): 23-48.

[148] Moorman K M. A functional theory of creative reading: process, knowledge, and evaluation [M]. Georgia Institute of Technology, 1997.

[149] Majchrzak A, Cooper L P, Neece O E. Knowledge reuse for innovation [J]. Management Science, 2004, 50(2): 174-188.

[150] 陈庆. SDL 下顾企互动与共创价值的关系研究[D]. 华中科技大学, 2012.

[151] Higgins K T. The value of customer value analysis[J]. Marketing Research, 1998, 10(4): 38.

[152] Mention A L. Co-operation and co-opetition as open innovation practices in the service sector: which influence on innovation novelty? [J]. Technovation, 2011, 31(1): 44-53.

[153] Normann R, Ramírez R. From value chain to value constellation: designing interactive strategy.[J]. Harvard Business Review, 1993, 71(4): 65-77.

[154] Agarwal S, Erramilli M K, Dev C S. Market orientation and performance in service firms: role of innovation[J]. Journal of Services Marketing, 2003, 17(1): 68-82.

[155] Preissl B. Service innovation: what makes it different? empirical evidence from germany [M]// Innovation Systems in the Service EconomySpringer US, 2000.

[156] Pittaway L, Robertson M, Munir K, et al. Networking and innovation: a systematic review of the evidence [J]. International Journal of Management Reviews, 2004, 5(3-4): 137-168.

[157] Nooteboom B. Innovation and inter-firm linkages: new implications for policy [J]. Research Policy, 1999, 28(99): 793-805.

[158] 刘衡, 李垣, 李西垚, 等. 关系资本、组织间沟通和创新绩效的关系研究[J]. 科学学研究, 2010, 28(12): 1912-1919.

[159] 陶颜, 魏江, 王甜. 金融服务创新过程中的知识转移分析[J]. 大连理工大学学报(社会科学版), 2007, 28(1): 11-16.

[160] 赵红丹, 彭正龙, 梁东. 组织信任、雇佣关系与员工知识分享行为[J]. 管理科学, 2010, 23(4): 33-42.

[161] 卢俊义, 王永贵. 顾客参与服务创新与创新绩效的关系研究——基于顾客知识转移视角的理论综述与模型构建[J]. 管理学报, 2011, 22(8): 1566-1574.

[162] Cohen W M, Levinthal D A. Absorptive capacity: a new perspective on learning and innovation[J]. Administrative Science Quarterly, 1990(1): 128-152.

[163] Hurley R F, Hult G T M. Innovation, market orientation, and organizational learning: an integration and empirical examination [J]. Journal of Marketing, 1998, 62(3): 42-54.

[164] Davenport T, Prusak L. Learn how valuable knowledge is acquired, created, bought and bartered [J]. Australian Library Journal, 1998, 47(3): 268-272.

[165] Chen Y C, Chen J S . The study of mobile service innovation on service performance[C]. IEEE, 2011: 223-226.

[166] Fortuin F T J M, Janszen F, Omta S W F. The cusvalin model: a longitudinal study of customer value learning in innovation, 1997 to 2002[J]. Technology Management A Unifying Discipline for Melting the Boundaries, 2005: 253 - 261.

[167] Zolfagharian M. An exploratory investigation of the effects of co-production and co-consumption on the characteristics and adoption of service innovations: The customer's perspective [D]. University of North Texas, 2007.

[168] Bettencourt L A. Customer voluntary performance: customers as partners in service delivery [J]. Journal of Retailing, 1997, 73(97): 383-406.

[169] Chen J S, Tsou H T. Performance effects of IT capability, service process innovation, and the mediating role of customer service [J]. Journal of Engineering & Technology Management, 2012, 29(1): 71-94.

[170] Gruen T W, Acito S F. Relationship marketing activities, commitment, and membership behaviors in professional associations [J]. Journal of Marketing, 2000, 64(3): 34-49.

[171] Lovelock C H, Quelch J A. Consumer promotions in service marketing [J]. Business Horizons, 1983, 26(3): 66-75

[172] Menguc B, Auh S, Shih E. Transformational leadership and market orientation: Implications for the implementation of competitive strategies and business unit performance [J]. Journal of Business Research, 2007, 60(4): 314-321.

[173] Tsai H, Cheung C, Lo A. An exploratory study of the relationship between customer-based casino brand equity and firm performance [J]. International Journal of Hospitality Management, 2010, 29(4): 754-757.

[174] Claycomb, Cindy, Lengnick-Hall, Cynthia A, Inks, Lawrence W. The customer as a productive resource: a pilot study and strategic implications.[J]. Center for business and Economic Research, 2001,18 (1).

[175] Gow H R, Oliver L D, Gow N G. Value creation in farmer-driven marketing channels: the case of murrellen pork [J]. Journal of Food Distribution Research, 2003, 34(1).

[176] Lievens A, Ruyter K D, Lemmink J. Learning during new banking service development [J]. Journal of Service Research, 1999, 2: 145-163.

[177] Gallouj, F. Innovation in services and the attendance old and new myths [J]. Journal of Socio-Economics, 2002, 31(2): 137-137.

[178] Gupta S, Hanssens D, Hardie B, et al. Modeling customer lifetime value [J]. Journal of Service Research, 2006, 9(9): 139-155.

[179] Holbrook M B. Consumption experience, customer value, and subjective personal introspection: an illustrative photographic essay [J]. Journal of Business Research, 2006, 59(6): 714-725.

[180] Ju T L , Li C Y , Lee T S . A contingency model for knowledge management capability and innovation[J]. Industrial Management & Data Systems, 2006, 106(5/6): 855-877.

[181] Bou-Wen Lin, Chung-Jen Chen. Fostering product innovation in industry networks: the mediating role of knowledge integration [J]. International Journal of Human Resource Management, 2006, 17(1): 155-173.

[182] Van Wijk R, Jansen J, Lyles M. Organizational knowledge transfer: a meta-analytic review of its antecedents and outcomes [J]. Academy of Management Annual Meeting Proceedings, 2007(1): 1-6.

[183] 钱锡红，杨永福，徐万里. 企业网络位置、吸收能力与创新绩效——一个交互效应模型[J]. 管理世界，2010，22(5): 118-129.

[184] Cooper R G, Kleinschmidt E J. New products: what separates winners from losers? [J]. Journal of Product Innovation Management, 1987, 4(3): 169-184.

[185] Ulrike de Brentani. Firm size: implications for achieving success in new industrial services [J]. Journal of Marketing Management, 1995, 11(1): 207-225.

[186] D I Prajogo，PK Ahmed. Relationships between innovation stimulus, innovation capacity, and innovation performance [J]. R&D Management, 2006, 36(5): 499-515.

[187] Girish Ramani, V. Kumar. Interaction Orientation and firm performance[J]. journal of marketing, 2008, 72(1): 27-45.

[188] J Tidd，FM Hull. Service innovation: organizational responses to technological opportunities and market imperatives[M]. Imperial College Press, 2003.

[189] Sundbo J. Customer-based innovation of knowledge e-services: the importance of after-innovation[J]. International Journal of Services Technology & Management, 2008, 9(9): 218-233.

[190] C. Storey, D. Kelly. Measuring the performance of new service development activities [J]. Service Industries Journal, 2001, 21(2): 71-90.

[191] Nooteboom B. Institutions and forms of co-ordination in innovation systems [J]. Organization Studies, 2000, 21(5): 915-939.

[192] Diamantopoulos A, Siguaw J A. Formative versus reflective indicators in organizational measure development: a comparison and empirical illustration [J]. British Journal of Management, 2006, 17(4): 263-282.

[193] 李清政，徐朝霞. 顾客共同生产对服务创新绩效的影响机制——基于知识密集型服务企业在 B2B 情境下的实证研究[J]. 中国软科学，2014(08): 120-130.

[194] 卢文岱. SPSS for Windows 统计分析[M]. 北京：电子工业出版社，2000.

[195] 骆克任. 社会经济定量研究与 SPSS 和 SAS 的应用[M]. 北京：电子工业出版社，2002.

[196] Harman H H. Modern factor analysis [M]. University of Chicago Press, 1976.

[197] Bollen K A. Structural equations with latent variables [M]. John Wiley & Sons Inc, 1989.

[198] Flannery M J, James C M. The effect of interest rate changes on the common stock returns of financial institutions [J]. Journal of Finance, 1984, 39(4): 1141-1153.